CIRCOS

international
architecture
competition
2013

JN253671

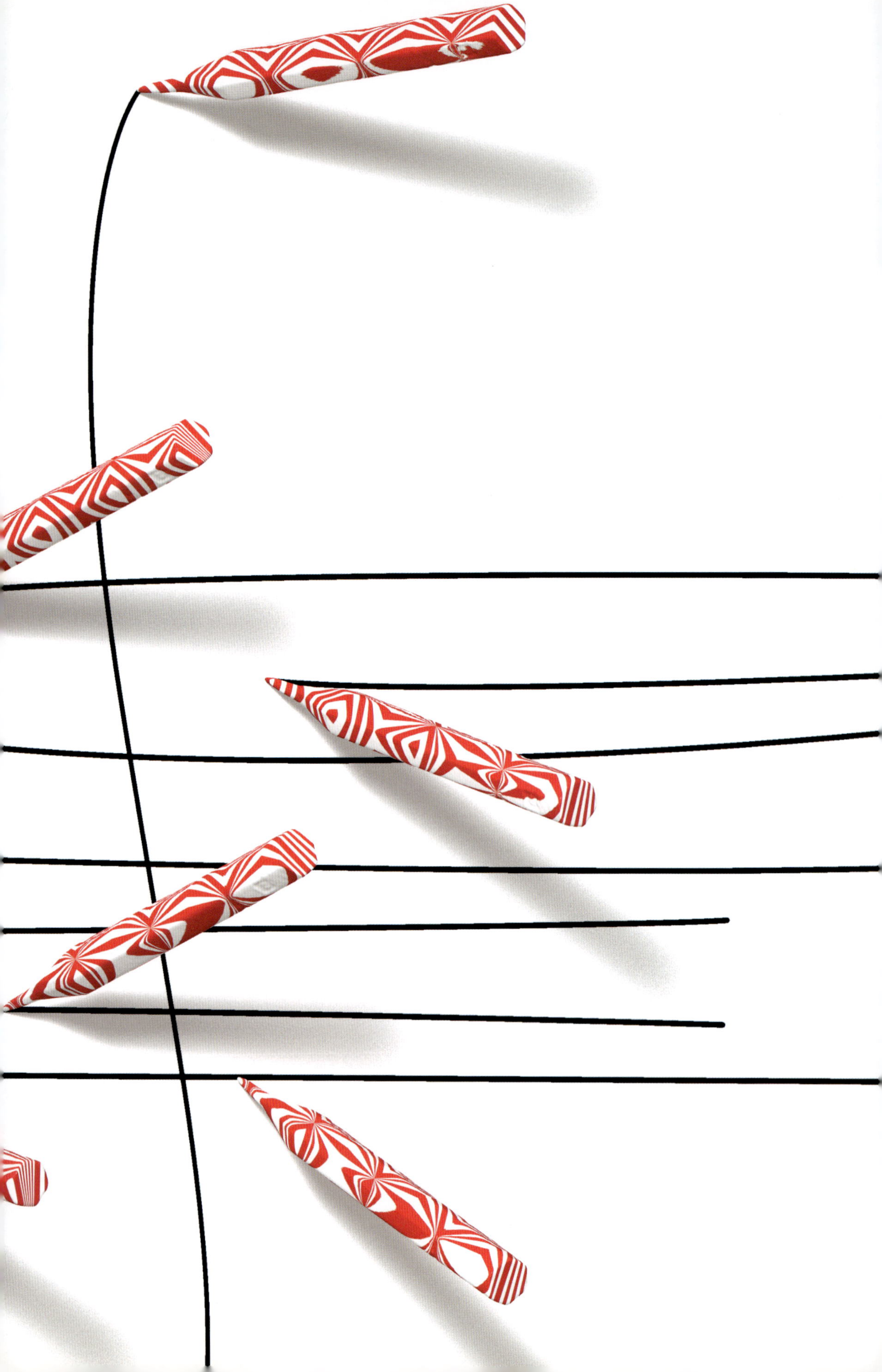

CIRCOS

international
architecture
competition

2013

CIRCOS

international architecture competition

2013

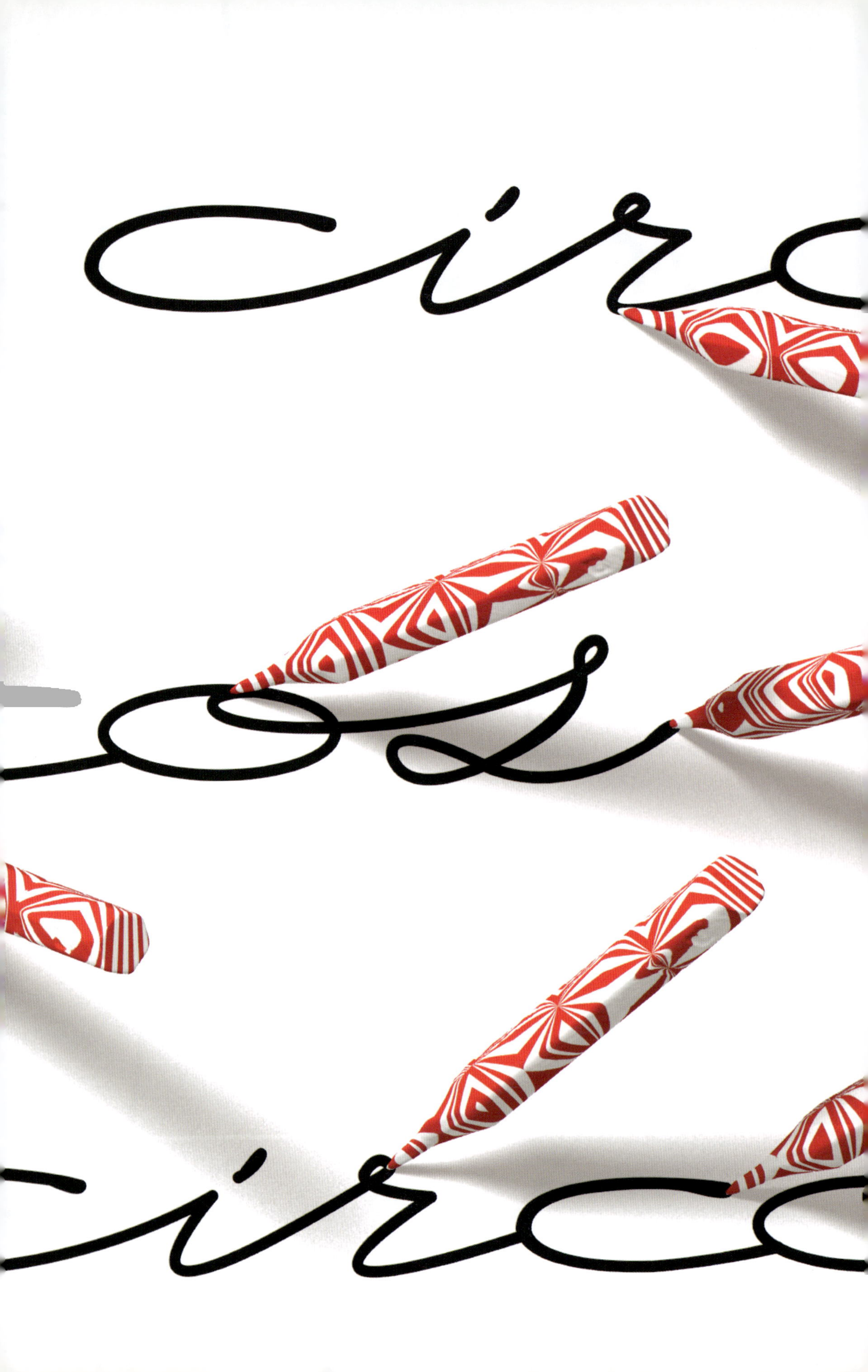

CIRCOS?

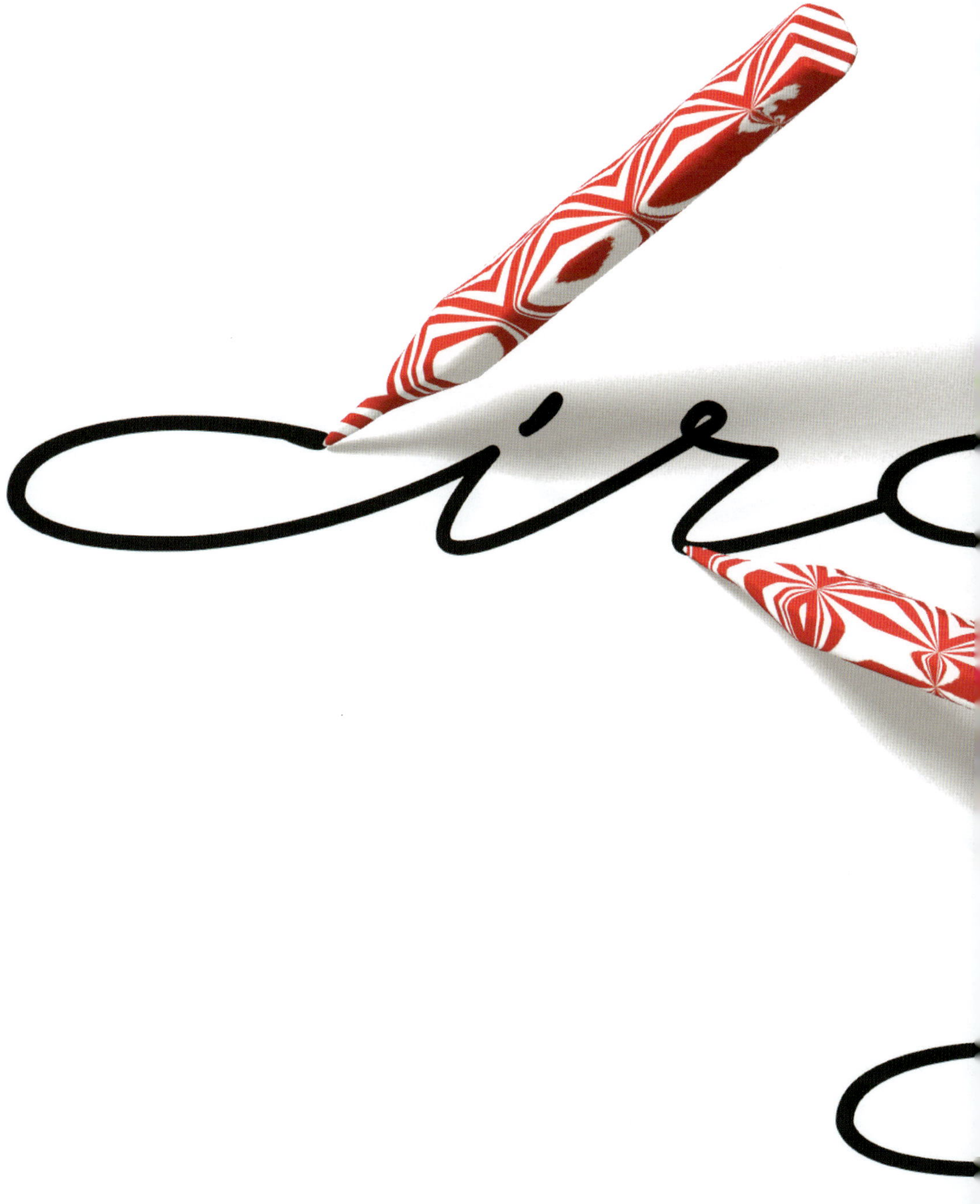

CIRCOS［キルコス］とは？

『円形競技場』の原義であるサーカス。その複数形がキルコスの語源です。

応募者と審査員、一人ひとりが表現を通して、
互いにアイデンティティを高め合うことを目指します。

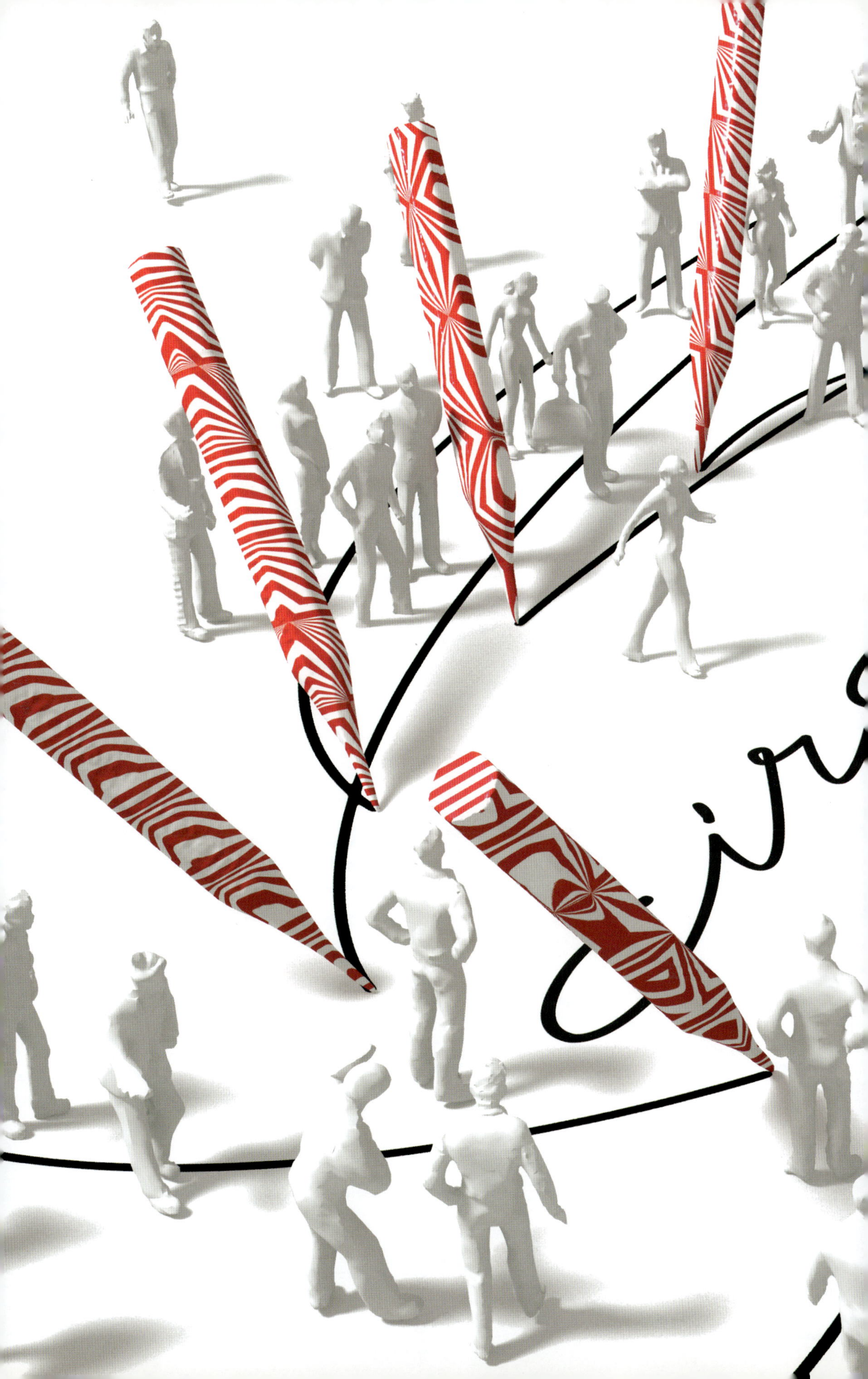

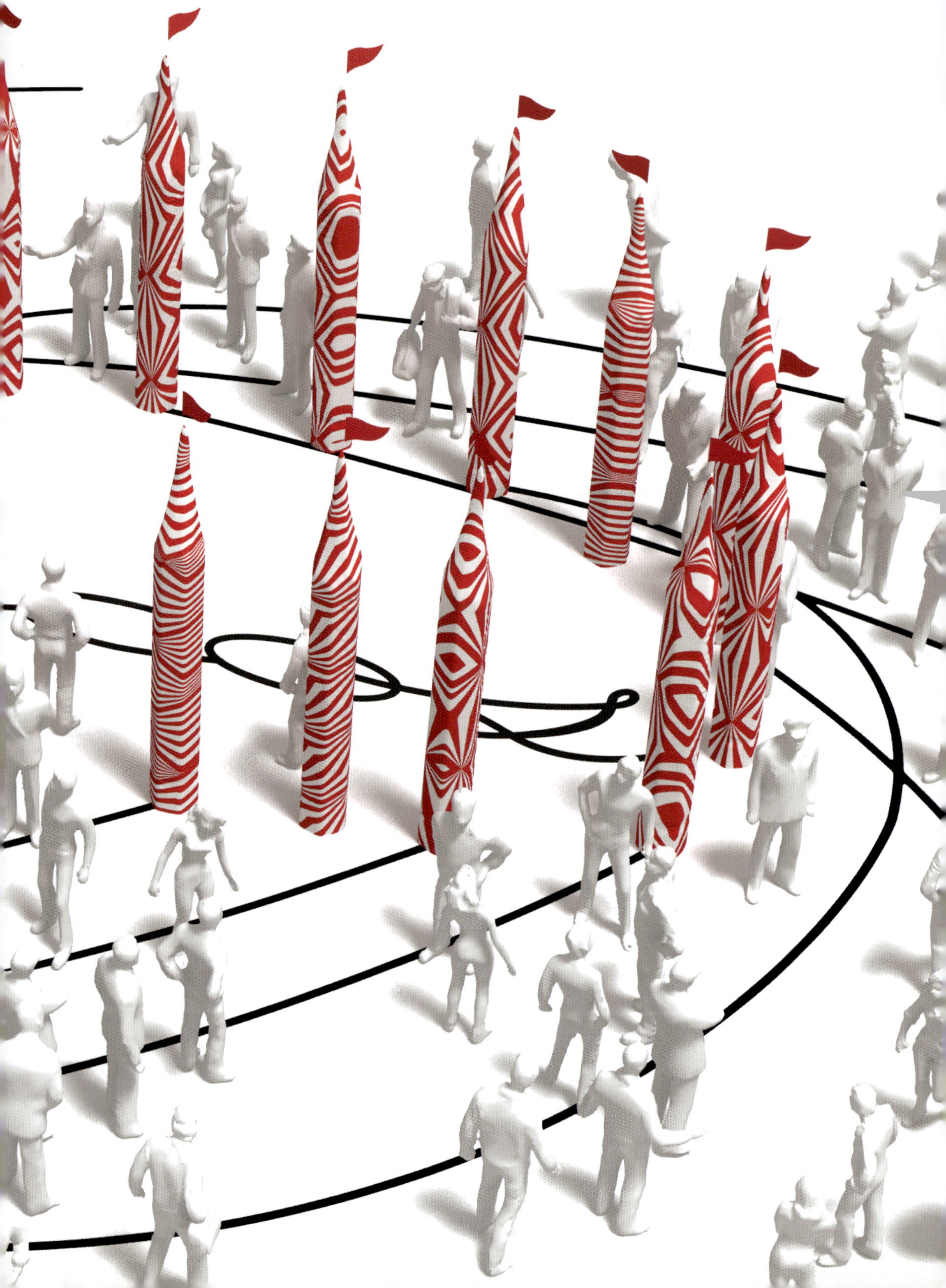

20の視点から建築を考える。
審査員が作品を見る、応募者が審査を見る。
可能性を見逃さないコンペティションです。

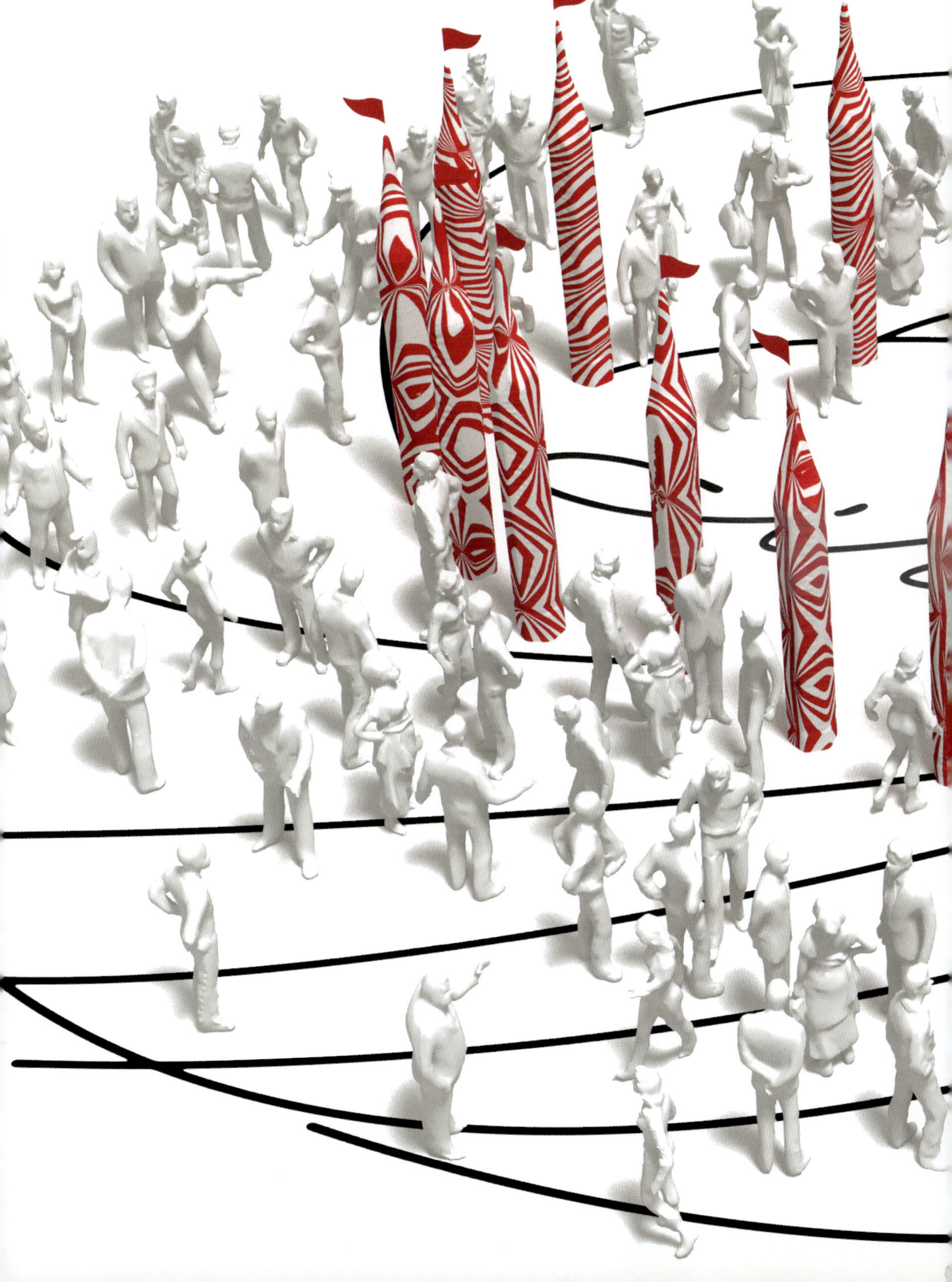

見えないこと

〈**結果発表**〉2013年12月25日(水)12:00(日本時間)
コンペティションのウェブサイトにて発表します。

〈**WEBサイト**〉http://www.circos.jp/

〈**応募締切**〉2013年10月31日(木)24:00(日本時間)

〈**その他**〉図面には、応募者の氏名、所属などがわかるようなものを記入してはいけません。応募作品は、ほかの設計競技等と二重応募になる作品、あるいはすでに発表された作品は応募できません。応募作品の著作権は応募者に帰属します。入選作品の出版権はコンペ主催者が保有します。応募要項については、要項に書かれている範囲内で応募者が各自判断してください。応募作品は、本人のオリジナル作品で未発表のものに限ります。応募作品の一部あるいは全部が他者の著作権を侵害するものであってはいけません。また、雑誌や書籍、WEBページなど、著作物から複写した画像を使用してはいけません。著作権侵害の恐れがある場合は、主催者の判断により入選と応募を取り消す場合があります。

〈**主催**〉キルコス国際建築設計コンペティション
実行委員会

〈**協賛**〉トヨタホーム株式会社

〈**協賛**〉株式会社総合資格

〈**後援**〉中日新聞社

〈**後援**〉建築系ラジオ

〈テーマ〉

見えること

Art of the Visible. Comfort of the Invisible.

応募要項

〈応募資格〉 どなたでも、いくつでも、応募可能。

〈審査方法〉 審査員一人ひとりが各自、審査します。

〈賞〉 各審査員賞として、金賞1点、銀賞1点、銅賞1点、必要に応じて佳作数点を選定し全てを表彰します。1つの応募作品を複数の審査員が選定した場合はそれぞれの審査員賞を授与いたします。

〈審査講評〉 審査結果の発表に続き、審査結果各審査員からの講評を、インターネットラジオにて配信します。各審査員には、生の声で想い想いに審査講評を語っていただきます。

〈応募方法〉 コンペティションのウェブサイトから応募して下さい。応募フォーマットに応募者全員の氏名・年齢・職業、代表者の住所・電話番号・ファックス番号・e-mailアドレス、設計主旨(200字以内)を入力してください。応募作品は一案ごとに別々にアップロードして下さい。 アップロード完了すると自動的に事務局より応募完了メールが届きます。応募締切間際は回線の混雑が予想されます。お早めの応募をお願いします。なお回線混雑による提出遅れは対応しかねますのであらかじめご了承下さい。応募作品は各自で内容を確認の上、送信して下さい。ウェブサイトには全応募作品を掲載予定です。応募後の作品差し替えは不可とします。

〈要求図面〉 配置図、平面図、立面図、断面図、アクソノメトリックまたは投影図、パース、その他設計意図を説明するのに必要と思われる図面や、模型写真、グラフなどの図版、設計主旨(日本語または英語で記すこと)などを自由に組み合わせ、わかりやすく表現して下さい。サイズはA2版(420mm × 594mm) 1枚で、JPEG形式(画質は最高品質に設定)、解像度は150dpi (3,508 × 2,480pixel)、ファイルサイズ:10MB以下にして下さい。

INDEX

金賞

銀賞

銅賞

佳作

20組の審査員

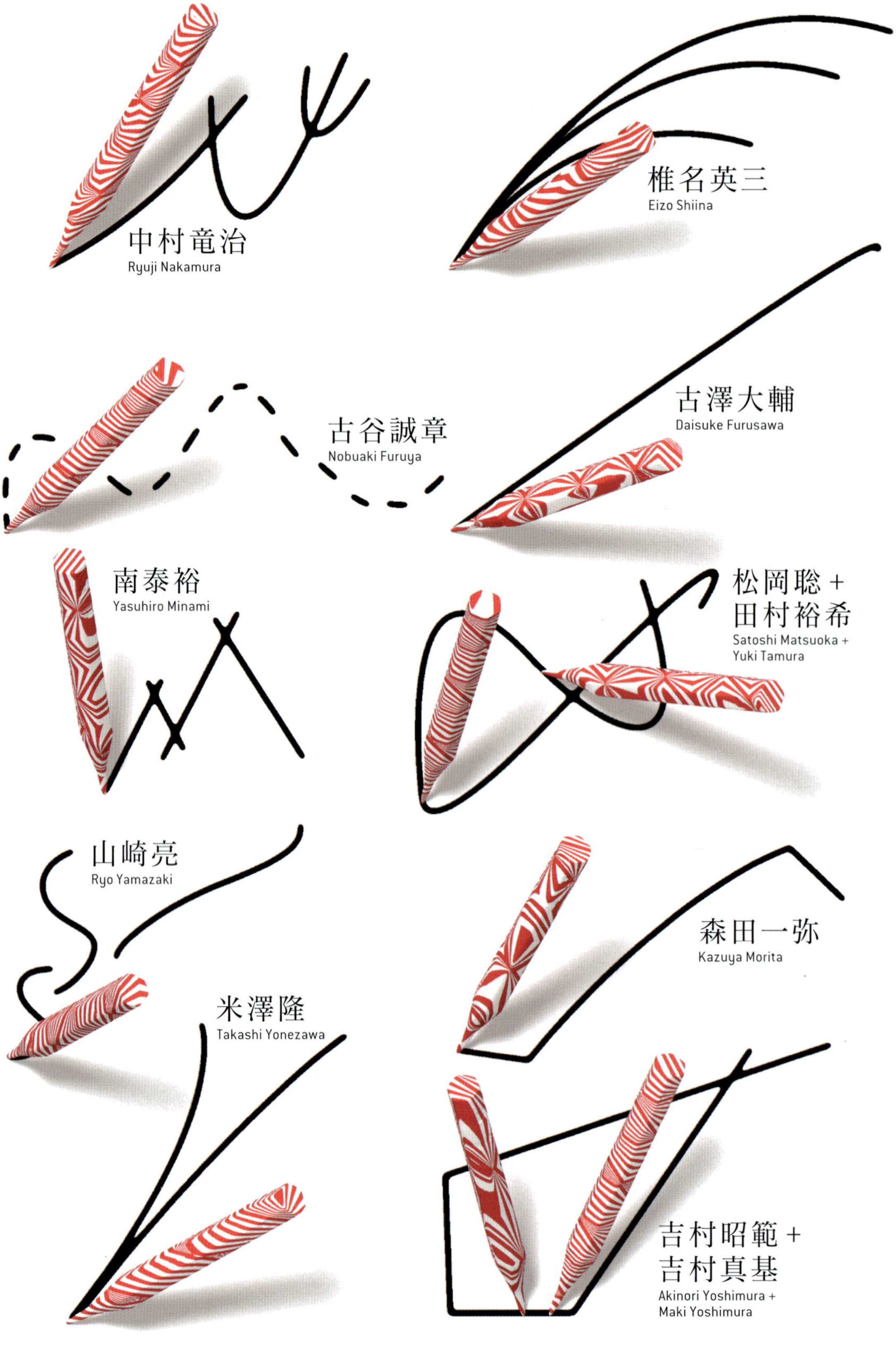
中村竜治
Ryuji Nakamura
古谷誠章
Nobuaki Furuya
南泰裕
Yasuhiro Minami
山崎亮
Ryo Yamazaki
米澤隆
Takashi Yonezawa
椎名英三
Eizo Shiina
古澤大輔
Daisuke Furusawa
松岡聡＋
田村裕希
Satoshi Matsuoka +
Yuki Tamura
森田一弥
Kazuya Morita
吉村昭範＋
吉村真基
Akinori Yoshimura +
Maki Yoshimura

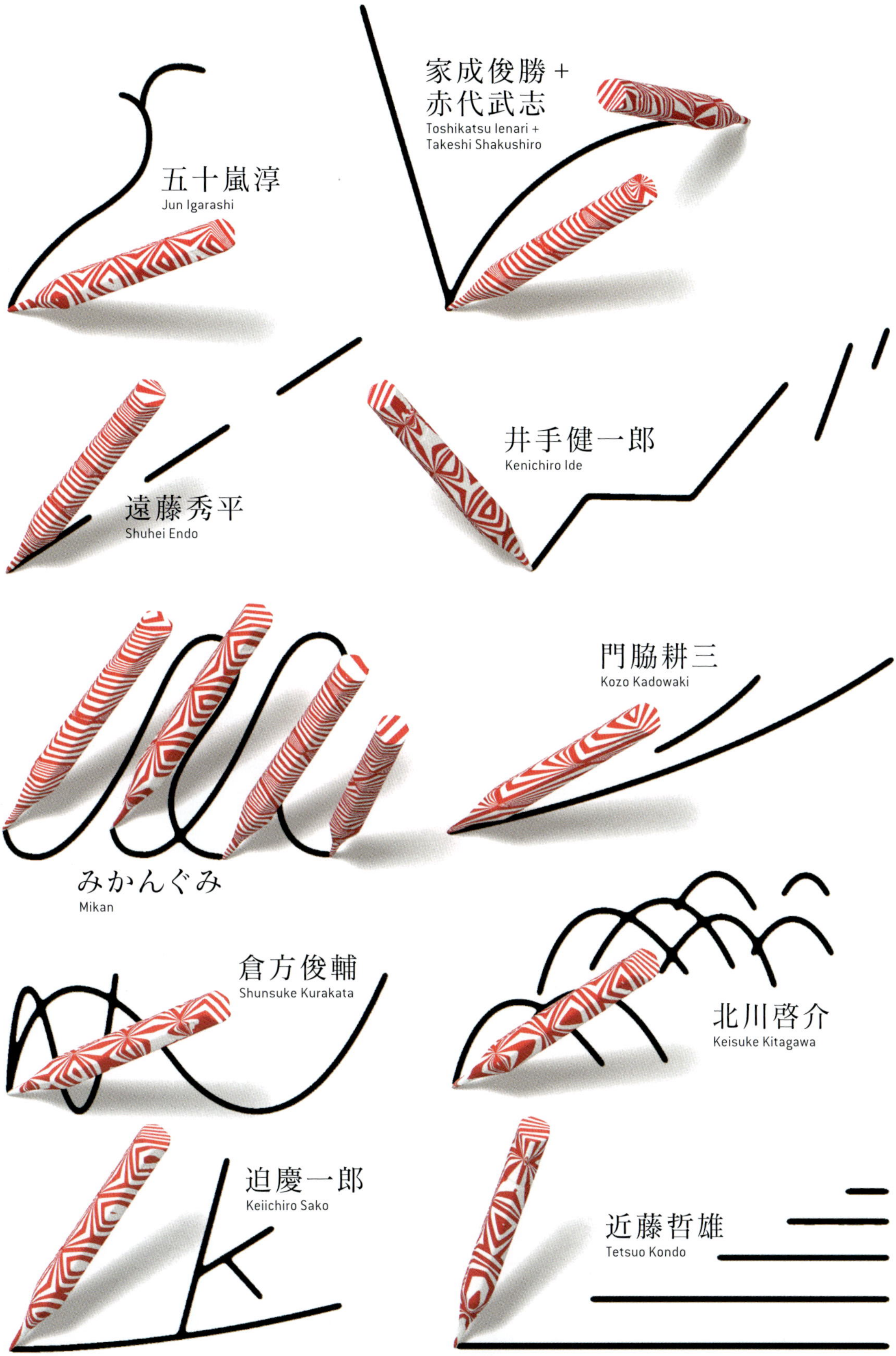
家成俊勝＋
赤代武志
Toshikatsu Ienari +
Takeshi Shakushiro
五十嵐淳
Jun Igarashi
井手健一郎
Kenichiro Ide
遠藤秀平
Shuhei Endo
門脇耕三
Kozo Kadowaki
みかんぐみ
Mikan
倉方俊輔
Shunsuke Kurakata
北川啓介
Keisuke Kitagawa
迫慶一郎
Keiichiro Sako
近藤哲雄
Tetsuo Kondo

家成俊勝＋赤代武志

Toshikatsu Ienari + Takeshi Shakushiro

ルールや制度という「見えないもの」の可視化で、建築や街を変えられないか。

いろんな視点から多様な案が出ていて、選定には苦労しました。全体的に雨、水、境界といったキーワードを用いた作品が多い中、そうした言葉に単純には回収されないような深い考察に届いているものを選びました。結果的に「見えること／見えないこと」というテーマに対し「見えないことを可視化する」というアプローチを取った作品を多く選んだ形になりました。現代においては、人のつながり、エネルギー、道徳的な規範、ルールなど、見えないものは極端に見えないまま成り立つ状況があります。僕たちの生活や設計の下敷きになっているルールや制度を少し変えることで、街や建築がどう変わるか、それは我々が普段意識していることとも共通点があります。

家成俊勝　建築家 ◎1974年兵庫県生まれ。◎2000年大阪工業技術専門学校卒業。◎現在、ドットアーキテクツ共同主宰、京都造形芸術大学特任准教授など。
赤代武志　建築家 ◎1974年兵庫県生まれ。◎1997年神戸芸術工科大学卒業。◎現在、ドットアーキテクツ共同主宰、大阪市立大学非常勤講師など。
◎作品：『No,00』『Inclusive Architecture』『Umaki camp』など。◎建築設計だけに留まらず、現場施工、アートプロジェクト、さまざまな企画にもかかわる。

My Select

金賞

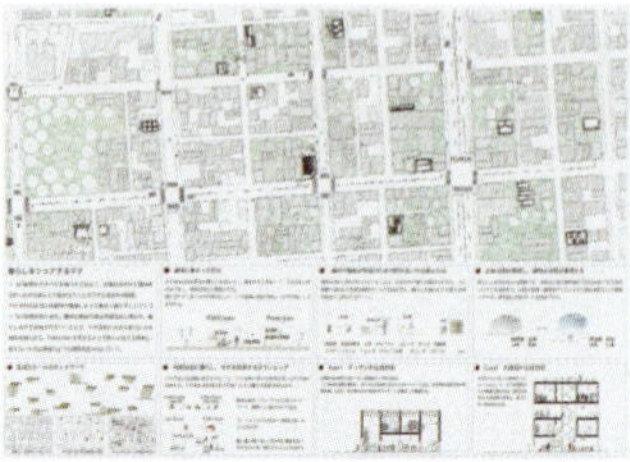

銀賞

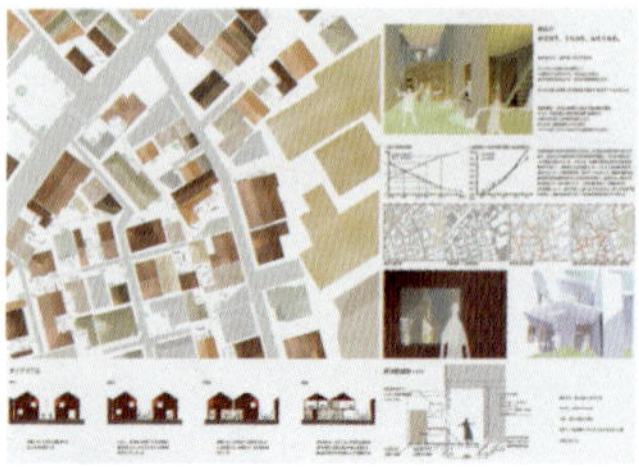

銅賞

佳作

My Select

金賞

銀賞

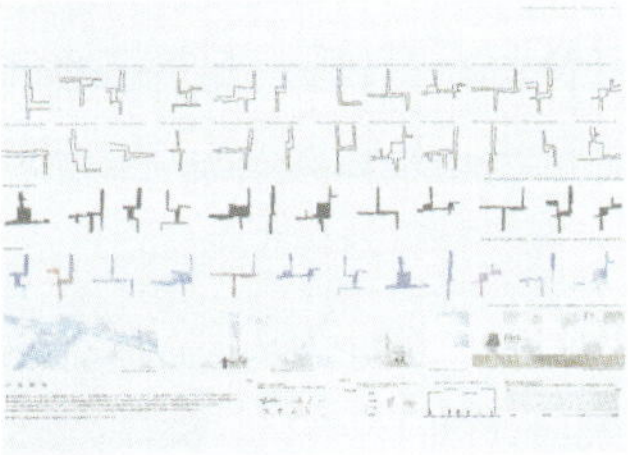

銅賞

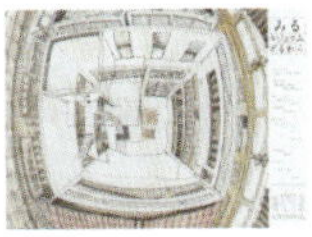

佳作

五十嵐淳

Jun Igarashi

人の身体的な感覚に沿った、現実的な建築を提案してほしい。

このコンペのために考えられた案というのは、提出案にはあまり多くないのではないでしょうか。だからテーマ「見えること／見えないこと」にはとらわれずに選定しました。僕は人間の根源的な喜びのような部分に重点を置いて考えられ、さらにリアリティを感じられるようなものがよいと思っています。建築家が社会から信頼されていないと感じられることは多く、実際に著名建築家を起用してうまくいかなかった施設も多く存在します。うまくいかない要因の1つは、建築家が人間をベースに建築を設計していないこと。無意識に、建築は都市に従属し、人間が建築に従属する、というような考え方でつくってしまう。そうではなく建築は、人の喜びや快楽といった感覚に沿って判断され、構築されていくべきで、そうすればスケールアウトを起こすこともなく、変な断面や平面があらわれることもなく、おだやかに連続した空間ができるのではないかと思います。コンペではどんなテーマであれ、ゲーム感覚で取り組まず、誰を幸せにするためにどんな建築をつくるのかということを考えてほしいと思います。

建築家 ◎1970年北海道生まれ。1997年株式会社五十嵐淳建築設計事務所設立。名古屋工業大学非常勤講師。オスロ建築大学客員教授(2012年)。 ◎著書:「五十嵐淳／状態の表示」(2010年、彰国社)、「五十嵐淳／状態の構築」(2011年、TOTO出版)。◎主な受賞:第19回吉岡賞、大阪現代演劇祭仮設劇場コンペ最優秀賞、BARBARA CAPPOCHINビエンナーレ国際建築賞グランプリ、JCD優秀賞、グットデザイン賞、AR AWARDS2006、豊田市生涯学習センター逢妻交流館プロポーザルコンペ優秀賞、JI環境建築賞優秀賞、JIA新人賞

井手健一郎

Kenichiro Ide

目に見えない関係性を生む
カタチをデザインすることが大事。

建築をつくる上でのリアリティを評価したいと考えて、以下の4つの視点で作品を見ました。1.現代的な問題を拾い上げる着眼点のよさ、2.1で発見した問題や状況に対する分析の確かさ、3.解釈の新しさ。つまりその問題や状況を乗り越えるための方法について、どう言葉で表現しているか、4.1～3を踏まえた上で、どうイメージや形として提案がされているかという表現の豊かさ、です。で、最初の3つができている人は多いんですが、4まで達成している人はすごく少ない印象です。僕らが建築を設計する上でやっていることは、基本的には色や形を決めることだと思います。でも真の目的は形をつくること自体ではなく、その形を通じて今までになかった「よりよい関係性」を生むことです。「見える／見えない」は表裏一体で、大事なのは見える部分を設計した先に生まれる、見えない部分をいかにデザインしていくかということだと考えています。

建築家 ◎1978年福岡県生まれ。2000年に福岡大学工学部建築学科卒業後、渡欧。2004年に自身の事務所「rhythmdesign/リズムデザイン」設立。◎主な仕事に、飯塚の住宅・武雄の週末住宅・今宿の礼拝堂などの建築設計、KYOYA薬院ビル・ハイアットレジデンシャルスイート福岡などのリノベート、(株)パルコ初の自主編集ショップ「once A month」のインテリアデザイン、H.P.FRANCEが展開する展示会「BAtoMA」の会場デザインなど。◎現在、福岡のデザインイベント「DESIGNING?」の企画・プロデュース(共同主宰)を務める。

My Select

金賞

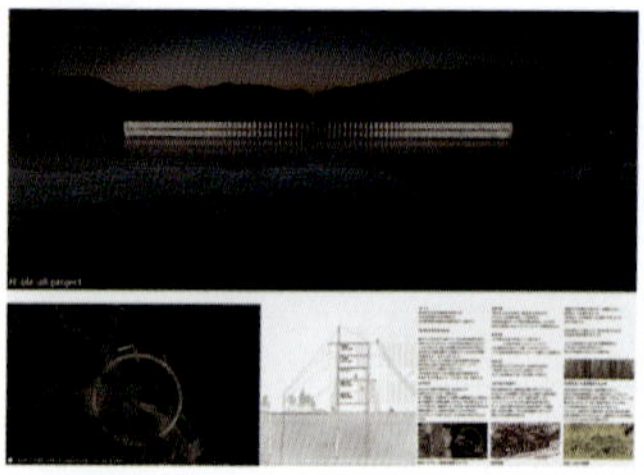

銀賞

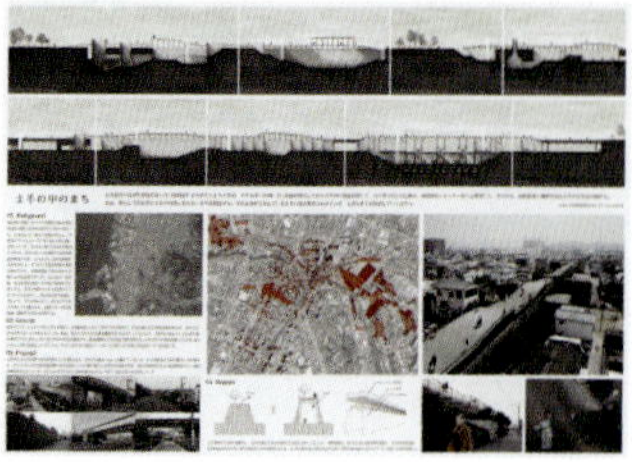

銅賞

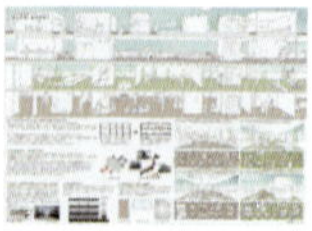

佳作

遠藤秀平
Shuhei Endo

**日常的な視点から発想する際にも、
時間軸からイメージを広げること。**

気配とか、音とか、未来・現在・過去といった時空間にイメージを広げている作品を選びました。私は普段から「見えること／見えないこと」というテーマに取り組んでいるわけではありませんが、非常に重要な視点だと思います。時間的な変化を踏まえ、現在の延長上にある未来をどうイメージするかということが建築を考える上では重要ととらえているからです。
一方で応募者のみなさんがイメージするものは日常性が非常に高く、身の回りから発想する傾向が強いという印象があります。それにはよい面もあるのですが、やや大きな視野が欠けているのではないかという感想を持ちました。日常的な視点からアイデアを考えるときに、問題やイメージを矮小化してはいけません。

建築家 ◎1960年 滋賀県生まれ。1986年 京都市立芸術大学大学院修了。1988年 遠藤秀平建築研究所設立。2007年～神戸大学大学院教授。◎作品:Bubbletecture H（ひょうご環境体験館）（2008年）、Looptecture F（福良港津波防災ステーション）（2010年）、Looptecture A（淡路人形座）（2012年）など。◎著書:「Paramodern Architecture」（2003年/Electa/イタリア）、「Paramodern manifesto」（2007年/Codex/フランス）、「ENDO SHUHEI Design Peak 05」（2010年, 2011年/EQUAL BOOKS/韓国）など。◎受賞:2004年 第9回ベネツィアビエンナーレ金獅子賞特別賞〈SPRINGTECTURE びわ〉（イタリア）、2007年 アルカシア建築賞ゴールドメダル〈筑紫の丘斎場〉（スリランカ）、2011年 IOC/IAKS Award 2011 and IPC/IAKS Distinction 2011〈ブルボンビーンズドーム〉（ドイツ）など。

My Select

金賞

銀賞

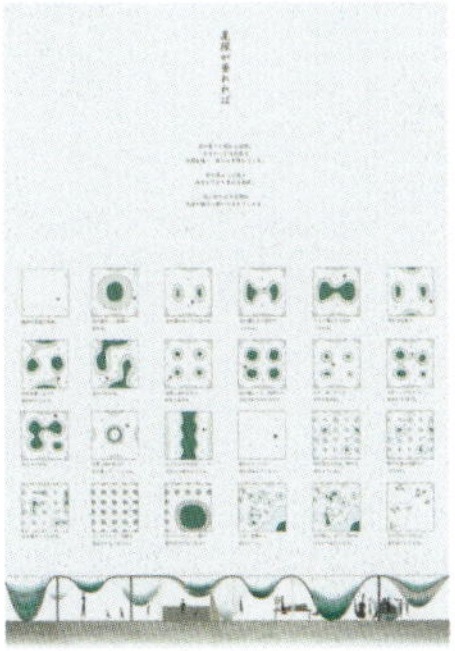

銅賞

門脇耕三

Kozo Kadowaki

**「見えないもの」を「見せる」操作に
強度が感じられる提案を選んだ。**

提案者自身が「見せる」ということに対してリアリティを持っている作品を選びました。何らかの見えないものを顕在化させ、見えるものに転化させるという操作は、それを見る人に対してある種の強制力をともないます。このとき、見えないものを見せるための操作の方法が問題になるわけですが、そこが強引な提案が多かったように思います。本当にそこでそれを見せたいの？ と疑問に感じる作品もある中で、「美しさ」「日常性」といったそれぞれの軸で強度のある操作ができている作品を評価しました。
現代建築はかなり視覚に頼って発達してきたところがありますが、現代建築が根拠にしている「見えること／見えないこと」をあえてテーマにおくことによって、視覚芸術としての建築の限界が顕在化するとともに、音や熱のような、建築表現としてなかなか先鋭化しにくいものの可能性が見えてきたのではないでしょうか。そのような「見えないもの」はこれからの建築を考える上で、重要なテーマだと思います。

建築学者 ◎1977年神奈川県生まれ。2000年東京都立大学工学部卒業。2001年東京都立大学大学院工学研究科修士課程修了。2001年東京都立大学大学院工学研究科助手。2007年首都大学東京大学院都市環境科学研究科助教。現在、明治大学理工学部専任講師。◎作品：『目白台の住宅（メジロスタジオと協働）』『LCCM住宅デモンストレーション棟（小泉雅生ほかと協働）』など。◎著書：『シェアをデザインする』（学芸出版社、2013）など。◎受賞：『都市に関する研究奨励賞 優秀賞』など。

My Select

金賞

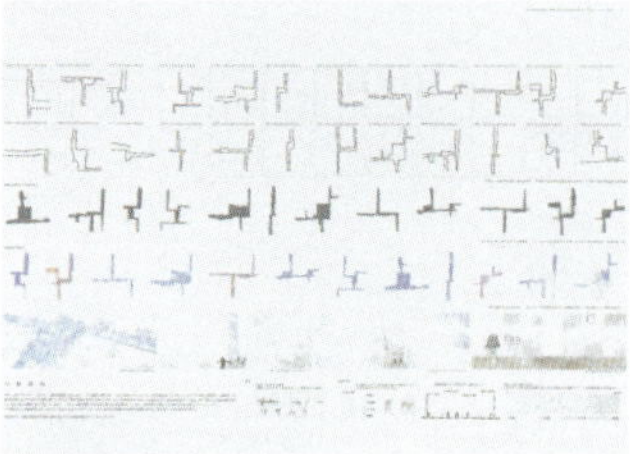

銀賞

銅賞

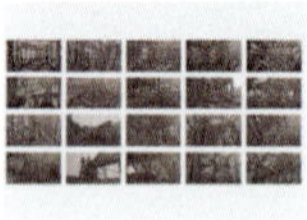

佳作

みかんぐみ

Mikan

**端的なイメージと言葉から、読み手に
想像させる「余白」のある作品を。**

非常に多くのアイデアが一堂に集まっていて、作品選びはとても難しかったです。アイデアが1枚のプレゼンテーションに集約されているので、まずは魅力がグラフィックとして端的にあらわれているものと、言葉にあらわれているものをピックアップしていきました。その中から、「見えない」魅力があると言いますか、こちらが想像をふくらませて可能性を見つけていけるような、余白のある作品を選んでいった感じです。建築には法律などの見えないいろいろな要素が混じっています。建築とは、それらを統合してひとつの形をつくるものです。で、ふとしたときにそうした制度や自然現象、人との関係といったものが立ちあらわれてきてこそ空間じゃないかと思うんです。空間は絶対的なものでも限定的なものでもなくて、線を引くことであいまいさを残しながらどう区切りをつけるかというのが、難しくも面白いところではないかと思っています。

建築家 ◎加茂紀和子、曽我部昌史、竹内昌義、マニュエル・タルディッツによる建築設計事務所。1995年NHK長野放送会館の設計を機に共同設立。現在『mAAch ecute神田万世橋』計画が進行中。◎代表作品：『伊那東小学校』(2008)、『あかね台中学校』(2010)、『マルヤガーデンズ』(2010) 他。◎著書：『別冊みかんぐみ1&2』(エクスナレッジ)、『団地再生計画　みかんぐみのリノベーションカタログ』(LIXIL出版) 他。

My Select

金賞

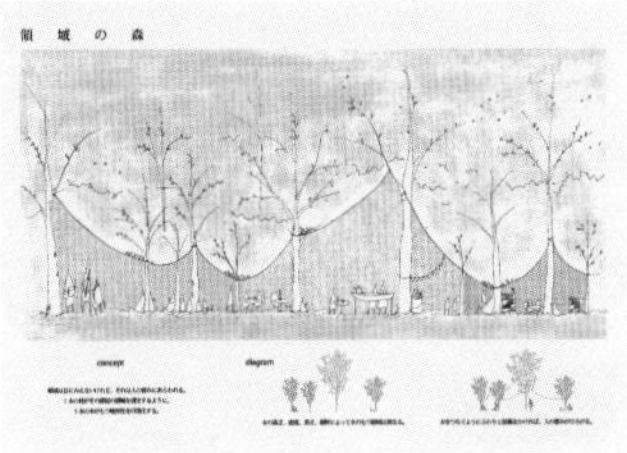

銀賞

銅賞

佳作

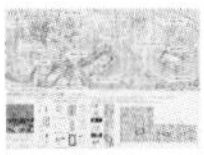

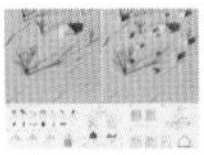

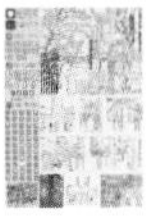

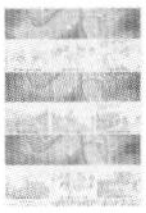

北川啓介

Keisuke Kitagawa

「見えているもの」を超え、人の認識に踏み込んだ提案を評価した。

3回目となる今回、よい傾向だと感じたのは、建築のハードの提案のみならず、そこで生まれる人間の営みに着目した提案が多かったことです。このコンペでは画像ファイルにおさまるように情報を絞りこまなくてはならないのですが、そうした形式を超えて、提案されている場所に行ってみたい、提案した人に話を聞いてみたいと思える、想像力をふくらませられる作品が多いように思いました。

今回の「見えること／見えないこと」というテーマは、人の認識に関わるものです。これは建築に限らず社会的にも重要なテーマじゃないかと思うんです。たとえばニュースも、内容を鵜呑みにするのではなく一度自分で解釈することが大事だったりします。目の前に見えているものがすべてではないということは、私自身も常に意識していることです。物理的に見えるかどうかを問題にしている案もあれば、「見える／見えない」を人の認識に委ねた案もありましたが、私は後者のスタンスを大事にしながら作品を見るようにしました。

建築家、研究者 ◎1974年愛知県生まれ。◎1996年名古屋工業大学工学部卒業。1999年ライザー+ウメモト事務所。2001年名古屋工業大学大学院工学研究科博士後期課程修了、博士(工学)。現在、国立大学法人名古屋工業大学大学院工学研究科准教授。建築系ラジオコアメンバー。◎著作:『ハイパーサーフェスのデザインと技術』(2005年)、『もうひとつの建築設計資料集成』(2009年)など。◎受賞:日本建築学会東海賞(2009年)、名古屋市都市景観賞(2010年)、SD Review入選(2011年)など。

My Select

金賞

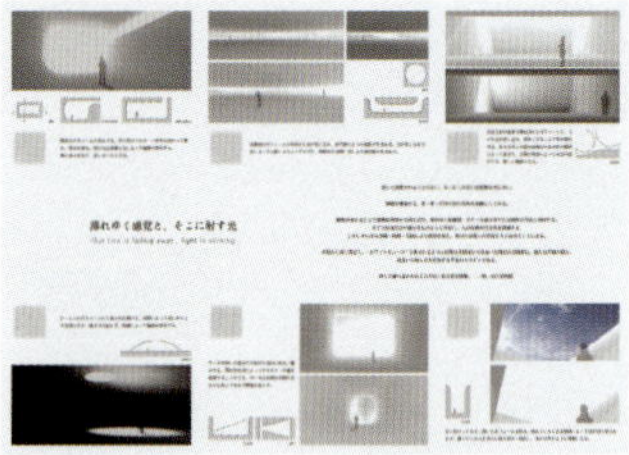

銀賞

銅賞

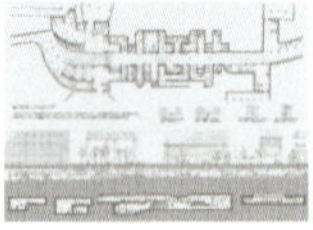

佳作

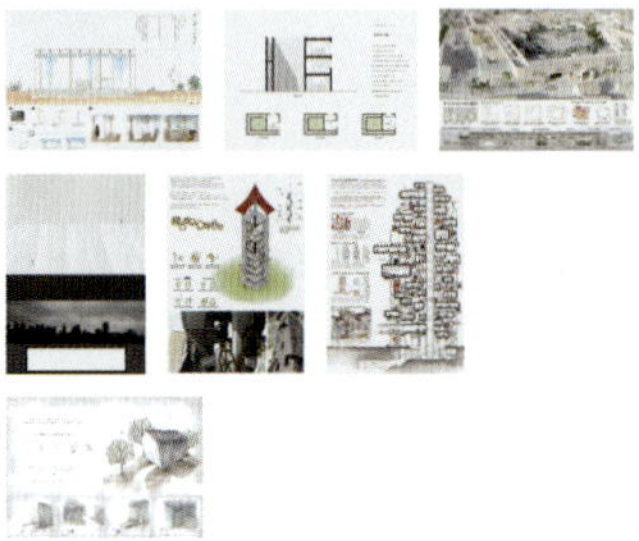

My Select

金賞

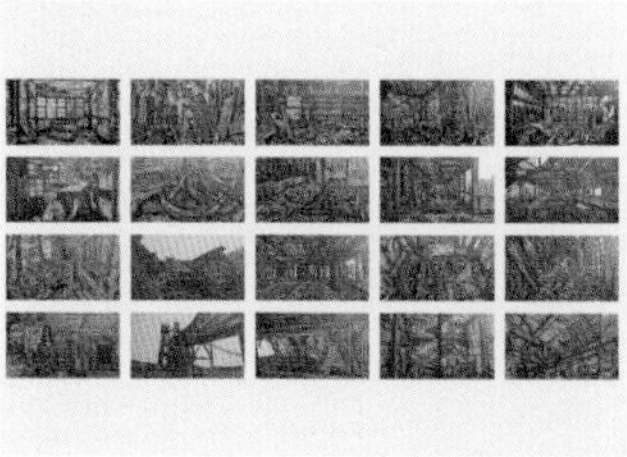

銀賞

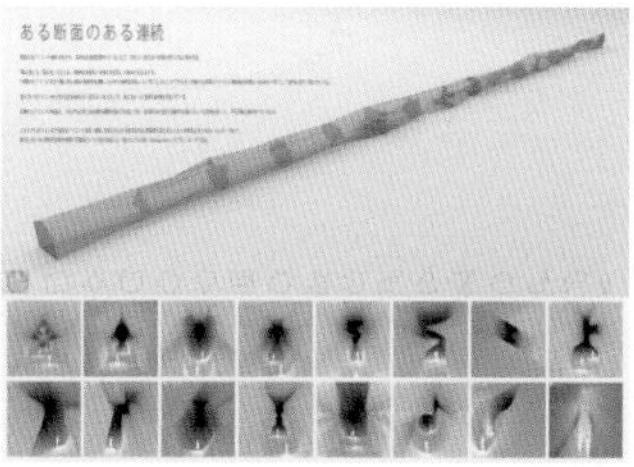

銅賞

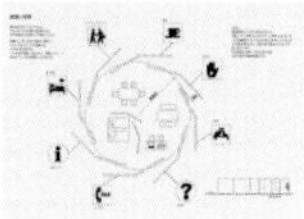

佳作

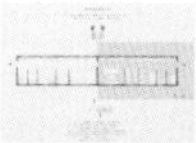

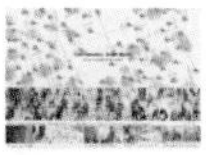

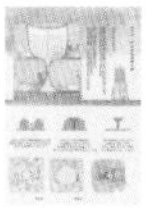

倉方俊輔

Shunsuke Kurakata

新たな空間認識の方法を提案し、「見えないもの」を「見える」ように。

実は何が見えて何が見えないかというのは、相対的な判断によりますよね。人は意識的に選びとったものだけを見ています。同じ目がついていて、同じものを見ていても「見えている人」と「見えていない人」がいるのが世の中の面白いところで、たとえば今和次郎などは典型的に「見えている人」だったのでしょう。今回はテーマである「見える／見えない」を「隠れている／現れている」と単純に解釈するのではなく、新たなものの見方、空間認識のしかたを捉えようとしている案を選ぶようにしました。見えていないものを見えるようにする。これは私が普段取り組んでいる歴史研究や批評と共通した行為です。私自身はものに対して「語る」ことを加えて、新しい存在として露わにすることが可能と信じています。それは新しい事物をつくるのと同様に、能動的·創造的な行為だと考えています。

建築史家 ◎1971年東京都生まれ。1999年早稲田大学大学院博士課程満期退学、博士(工学)。西日本工業大学准教授を経て、2011年より大阪市立大学大学院工学研究科准教授。建築系ラジオコアメンバー。◎著書:『大阪建築 みる·あるく·かたる』『東京建築 みる·あるく·かたる』『ドコノモン』『吉阪隆正とル·コルビュジエ』『伊東忠太を知っていますか』など。◎受賞:日本現代藝術奨励賞、稲門建築会特別功労賞など。

近藤哲雄
Tetsuo Kondo

多様な状態から
見えてくるもの。

「見えること／見えないこと」というテーマに対して、アプローチが多彩でよかったと思います。ストレートに視覚的に提案したものや空間的にとらえたもの、身体的なもの、抽象的なものといった具合に様々な提案がありました。審査する側としても、ひとつの基準で選ぶのではなくて、できるだけ様々なタイプの作品を選ぼうと思いました。キルコスでは毎年「見える／見えない」のような二項対立の課題が出ていますが、そもそもなぜ対立させて考えるのか、対立させて考えることで何が発見できるのかということに興味があります。本来はそんなに簡単に分けられる事はないはずです。複雑な事柄をそのままとらえたような新しい提案をぜひ見てみたいと思っています。

建築家 ◎1975年愛媛県生まれ。1999年名古屋工業大学卒業。1999年～2006年妹島和世建築設計事務所、SANAA勤務。2006年近藤哲雄建築設計事務所設立。現在、日本女子大学、法政大学、東京理科大学非常勤講師。 ◎作品＝『茶屋が坂の家』『A Path in the Forest』『Cloudscapes』など。◎著書＝『7inchProject #05 TETSUO KONDO(ニューハウス出版)』◎受賞＝『東京建築士会住宅建築賞』『AR House Awards優秀賞』『ar+d Awards for Emerging Architecture入選』など。

My Select

金賞

銀賞

銅賞

佳作

My Select

金賞

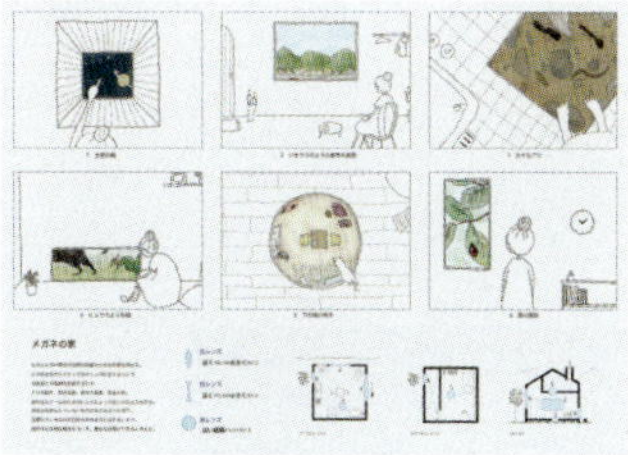

銀賞

銅賞

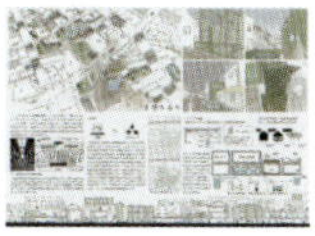

佳作

迫慶一郎

Keiichiro Sako

自分が何を伝えたいのか、
戦略的なプレゼンを意識すべき。

それぞれ自分の得意とする表現があると思いますが、コンペではまずは自分が何を伝えたいかをきちんと理解し、どうプレゼンすべきかをトータルで考え、戦略を練って挑んだ方がよいと思います。評価した作品でも、アイデアのよさを十分にプレゼンし切れていないと感じる部分がありました。たとえば金賞に選んだ作品は、シンプルで明快なプレゼンテーションで建築の本質に迫るようなアイデアをわかりやすく表現していますが、タイトルがもう1つでした。銅賞の作品はプレゼンは美しいのですが、もう少し踏み込んで世界観まで描ければもっとよくなります。取り組んでいるテーマとプレゼンの方法を、しっかり結びつけることが重要ですね。

建築家 ◎1970年福岡生まれ。◎1996年東京工業大学大学院修了。山本理顕設計工場を経て、2004年北京にてSAKO建築設計工社を設立。同年より1年間、コロンビア大学客員研究員を務める。北京と東京を拠点に現在までに100を超えるプロジェクトを、中国、日本、韓国、モンゴル、スペインで手掛ける。建築設計とインテリアデザインを中心としながらも、最近は都市計画マスタープランやアートディレクションまで手掛けるようになり、その仕事範囲は多岐に渡る。日本と中国などで受賞多数。◎近著に『希望はつくる　あきらめない、魂の仕事』(WAVE出版)

椎名英三

Eizo Shiina

**見えざるものから喚起される
イマジネーションを大事にしたい。**

私が空間をつくるときにふまえるべき要素としては、測り得るものと測り得ないものが出てくるんですね。測り得るものというのは、スケールや材料に関わるもので、それらは建築をつくる上では避けて通れないものです。一方で測り得ないものというのは、建築を人の精神に働きかける力を持つものにできるかどうか、その分かれ目になる重要な存在です。私自身、見えざる部分から喚起されるイマジネーションといったものを、とても大切にしたいと考えています。そうした意味で、今回の「見えるもの／見えないもの」というテーマは共感できる課題でした。そして審査を通じてみなさんの、テーマを真摯に捉え、その案を実際の街に適応しようという意欲やエネルギーに圧倒されました。抽象的な課題だけに多様な案が出てきていて、それらを読み解くこと自体は大変な作業だったというのは偽らざる心境ですが、みなさんが注がれたエネルギーには敬意を表したいと思います。

建築家 ◎1945年、東京都生まれ。◎1967年、日本大学理工学部建築学科卒業。小林文次研究室研究生。1968年、宮脇檀建築研究室入社。1976年椎名英三建築設計事務所設立。◎受賞:1967年、卒業設計 桜建賞(未来博物館計画)。1974年、商業空間デザイン賞 奨励賞(ブティック·マダム花井)。1976年、商業空間デザイン賞 特別賞(スーパー松坂屋)。1993年、商環境デザイン賞 優秀賞(HOTEL Y)。1998年、INTER◆INTRA SPACE design selection'98 デザイン賞(SCALA GRIGIA)。2000年、日本建築家協会 新人賞(光の森)。2003年、DANTO TILE DESIGN CONTEST 大賞(小川邸)。2008年、住宅建築賞 金賞(IRONHOUSE)。2010年、日本建築家協会 25年賞 (宇宙を望む家)。2011年、日本建築学会賞 作品 (IRONHOUSE)。2011年、大谷美術館賞 (IRONHOUSE)。◎教職歴:日本大学理工学部建築学科講師、日本大学理工学部海洋建築学科講師、日本女子大学家政学部住居学科講師、東京都立大学工学部建築学科講師、昭和女子大学環境デザイン学科講師 ◎委員歴:日本建築家協会教育研修委員会委員、日本建築学会作品選奨選考委員、日本建築学会作品選集選考委員、日本建築家協会表彰委員会委員、日本建築学会賞 作品 選考委員。

My Select

金賞

銀賞

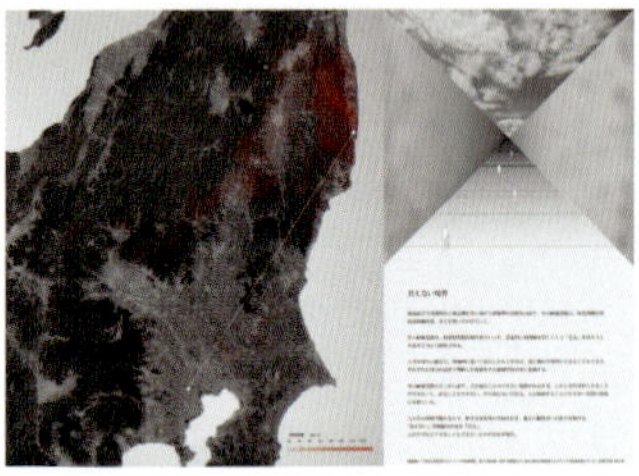

銅賞

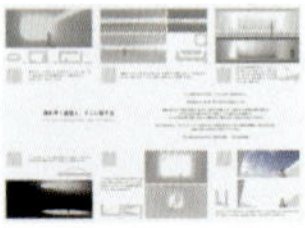

佳作

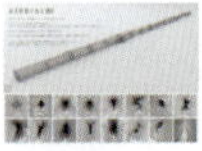

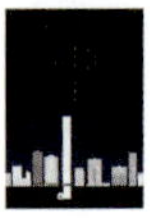

中村竜治

Ryuji Nakamura

壁を立て窓を開ける
というのは、建築特有のもの。

建築において「見える／見えない」ということは、雨風をしのぐという機能の次に重要な、建築特有の行為だと思うんですよね。壁を立てて見えなくする、窓を開けて見えるようにするという行為はすごく当たり前だけど、はたから見るとすごく特殊なことをずっとやってきていると思うんです。そういう間仕切りのようなものって、建築に欠かせない、かつ他の分野にはあまりないものでもある気がして、面白いところではないかなと。主に選んだ作品は、境界のつくり方から、空間の奥行きや隣り合う場所との関係を拡張しているものです。境界の大きさや形、境界の向こうにある場所までの距離や経路などを操作することによって、そこを通過していく体験は想像を超えるものになると考えています。

建築家 ◎1972年長野県生まれ。1999年東京藝術大学大学院修士課程終了。2000年青木淳建築計画事務所勤務。2004年中村竜治建築設計事務所設立。現在、武蔵野美術大学、法政大学、東北大学非常勤講師。 ◎作品:空気のような舞台/東京室内歌劇場オペラ「ル・グラン・マカーブル」舞台美術、とうもろこし畑/東京国立近代美術館「建築はどこにあるの?7つのインスタレーション」、梁/東京オペラシティギャラリー「感じる服 考える服:東京ファッションの現在形」会場構成。 ◎著書:コントロールされた線とされない線/LIXIL出版。 ◎受賞:くまもとアートポリス熊本駅西口駅前広場設計競技優秀賞、グッドデザイン賞、JCDデザインアワード大賞、THE GREAT INDOORS AWARD（オランダ）。

My Select

金賞

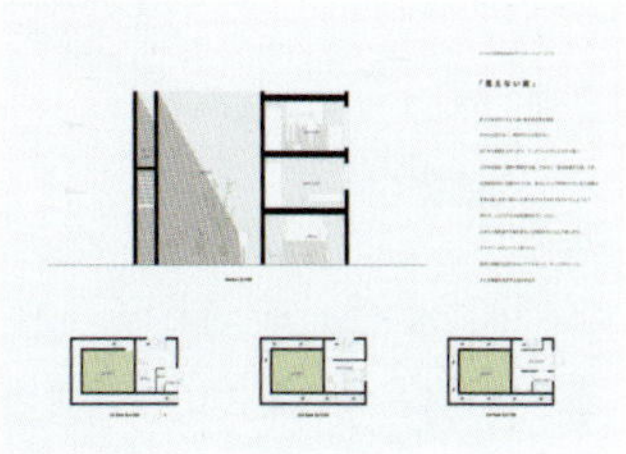

銀賞

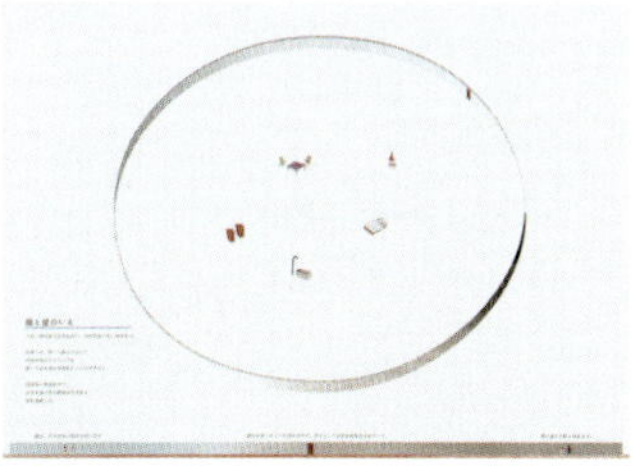

銅賞

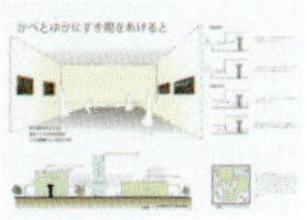

佳作

古澤大輔

Daisuke Furusawa

My Select

金賞

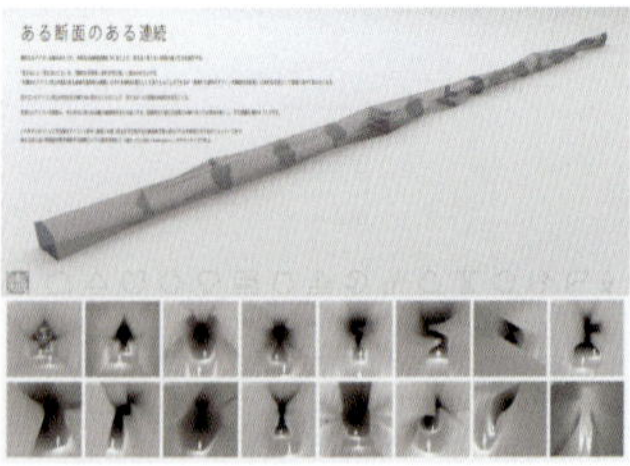

銀賞

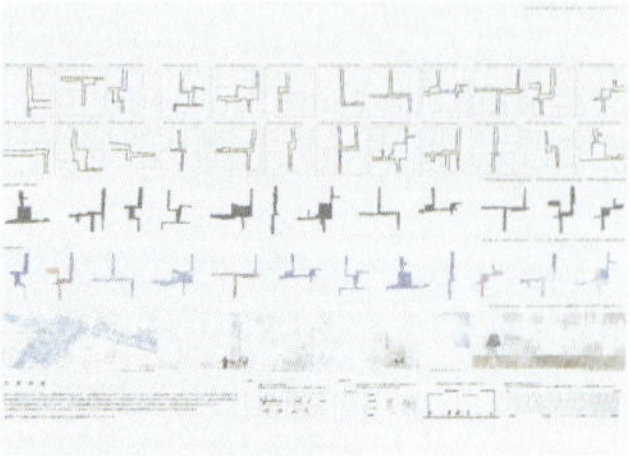

銅賞

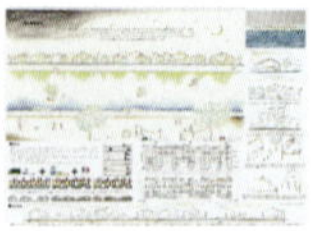

佳作

重要なのは、課題の背後にある構造を発見すること。

「見えること／見えないこと」は、建築にとって一番根源的な“視覚”を問題としたテーマですが、こうした概念的な課題をとらえる上で最も重要なのは、その背後にあるストラクチュアのようなものを探し求めることだと考えています。たとえば金賞や銀賞に選んだのは、単純な断面形や見慣れた建物の隙間に発生する空間の、特徴的な関係性を導こうと試みている作品です。「見えること／見えないこと」の背後にある構造を見つける作業は、どちらかの項に寄りかかるのではなく、根底の部分での関係性を見つけ出し融合させることだと思います。また建築設計とは、開放的な空間にしたいがセキュリティは強化したい、というような対立的な要件の共通点を見つけて融合させていく作業なので、我々は常に二項対立を意識させられます。実務で意識していることとも共通する、普遍的な課題設定だと感じました。

建築家 ◎1976年、東京都生まれ。2000年東京都立大学工学部建築学科卒業（藤木隆男研究室）、2002年、東京都立大学大学院修士課程修了（小泉雅生研究室）。同年、メジロスタジオ設立（馬場兼伸・黒川泰孝と共同パートナー）、2013年よりメジロスタジオをリライトデベロップメントへ組織改編（籾山真人・黒川泰孝と共同パートナー）。2008年～2012年、明治大学大学院、首都大学東京大学院、日本大学理工学部、東京理科大学大学院にて非常勤講師を歴任。現在、日本大学理工学部助教。◎主な作品：「3331 Arts Chiyoda」「シェアプレイス東神奈川99」「コーシャハイム千歳烏山住棟改善モデル」など。◎受賞：SDレビュー朝倉賞（2011年）、日本建築学会作品選奨（2012年）など。

古谷誠章

Nobuaki Furuya

人の五感に働きかけることで「見える／見えない」を操作する。

テーマに対する回答として、視覚的な意味に限定されず、聴覚、触覚など五感にまでイメージを膨らませられているかどうかを評価しました。選定した作品には、直接的な空間操作で視覚に働きかけるようなものではなく、見えないことが逆に想像を喚起させるといったアプローチで「見えること／見えないこと」を際立たせているようなものが多くなりました。居心地のよい空間というのは、自由に行為を選択できる場所なんですよね。人は大がかりな装置で強制しなくても視線を変えるだけで、見えるところ、見えないところを瞬時につくり出すことができるんです。だから設計をするときには、見えない場所をつくり出すために人の意識からどうはずしていくかというような、間接的なアプローチも活用しています。

建築家 ◎1955年東京都生まれ。1978年 早稲田大学理工学部建築学科卒業。1980年 早稲田大学大学院博士後期課程修了。早稲田大学助手、近畿大学工学部講師を経て、1994年に早稲田大学助教授に就任。1997年より現職(教授)。1986年から文化庁建築家芸術家在外研究員としてスイスの建築家マリオ・ボッタの事務所に在籍。1994年に八木佐千子と共同してスタジオナスカ(現 NASCA)を設立。◎作品:「詩とメルヘン絵本館」「やなせたかし記念館」「會津八一記念博物館」「ZIG HOUSE／ZAG HOUSE」「近藤内科病院」「高崎市立桜山小学校」「茅野市民館」◎受賞:日本建築家協会新人賞(1999年)、日本建築学会作品選奨、日本建築学会賞作品賞(2007年)、日本建築学会作品選奨、日本建築家協会賞、BCS賞、日本芸術院賞(2011年)など。◎著書:「Shuffled 古谷誠章の建築ノート」(TOTO出版)「がらんどう」(王国社)「マドの思想」(彰国社)など。

My Select

金賞

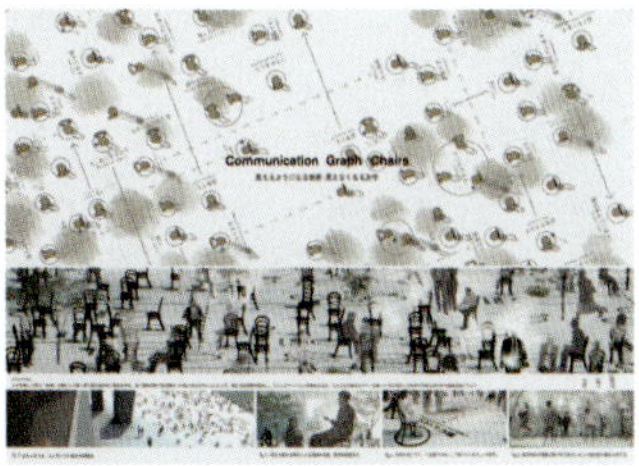

銀賞

銅賞

佳作

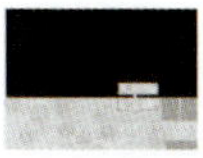

松岡聡＋田村裕希

Satoshi Matsuoka + Yuki Tamura

視点の置き方や認識の方法を掘り下げ、設計の解像度を上げる。

見えていたものを見失ったり、周囲にまぎれていたものが見えてくる体験は、視覚という感覚の危うさと同時に、豊かさも示しています。見えること／見えないことの境界線をやわらかく引きなおすことで、ものや場所はずいぶん変わって感じられるはずです。すでに存在する街や空間の中に潜む、図化・表現し難いものを捉えよう（見せよう）と工夫することが、逆に、デザインを構想する際に捉えがたいものを表現する（見せる）力になっていきます。形にならないものを、見方を変えて形あるものへと変換していくなかで、見えない存在が明らかになっていく。そういった繰り返しが、アイデアの解像度を上げていくものだと思います。

松岡聡　建築家 ◎1973年愛知県生まれ。東京大学大学院博士課程単位習得退学。SANAA等勤務後、2005年松岡聡田村裕希設立。現在、近畿大学准教授。
田村裕希　建築家 ◎1977年東京都生まれ。2004年東京藝術大学大学院修了後、SANAA勤務。2005年松岡聡田村裕希設立。現在、東京藝術大学教育研究助手。
◎作品：『バルーンコート』『AREX』『SLIDE西荻』『日立の増築』など。◎著書：『サイト－建築の配置図集』など。◎受賞：『AR+Dアワード2005』『JCDデザインアワード2006金賞』『SDレビュー2008』『2014年日本建築学会教育賞』。

My Select

金賞

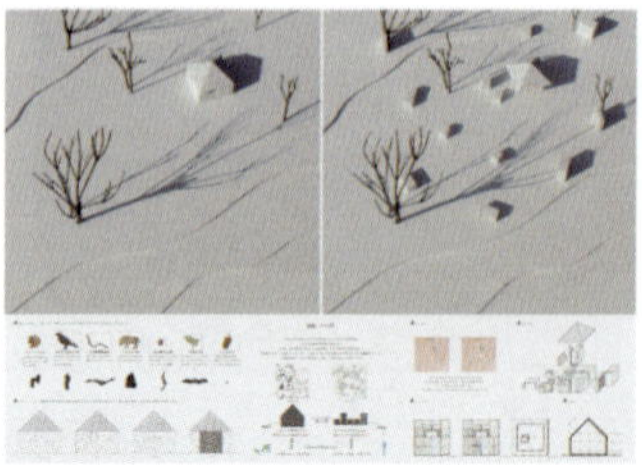

銀賞

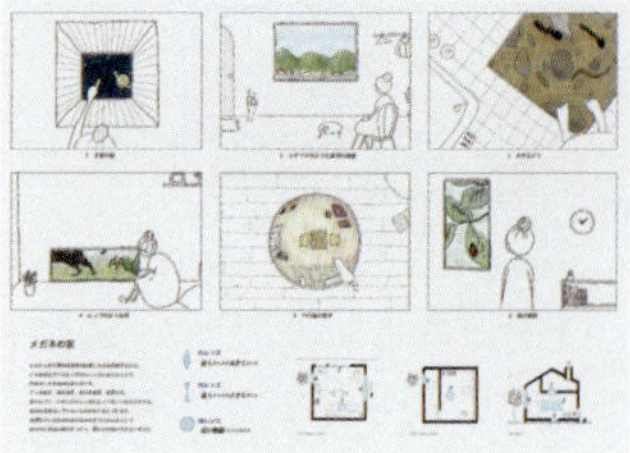

銅賞

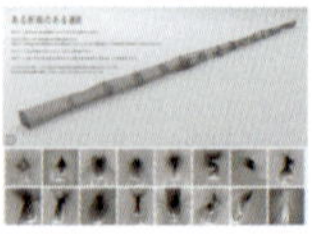

佳作

南泰裕
Yasuhiro Minami

目に見えないイメージから形を生み、計測不可能な領域へと昇華させる。

「見える／見えない」という抽象的なテーマを深く消化している作品を選びました。このテーマは、建築のプランニングだけで到達できる問題ではないと思うんです。そこで空間の形態だけに留まらず、その空間をどう人に認識させるか、といった、踏み込んだ提案へと到達している作品を選定しました。ルイス・カーンは建築設計を「measurable=計測できること」と「immeasurable=計測できないこと」に分類しています。建築の設計は計測できないイメージからはじめるべしというのがカーンの考え方だったのですが、設計を進めていく上では建築というものに落とし込まなくてはならないので、具体的な寸法や材料など計測可能なものに変換する必要があるわけです。でも最終的に目指すものは、空間の気配、居心地といった計測が難しい領域です。今回のテーマは、私だけではなく多くの設計者が無意識のうちに問題としている普遍的なテーマなのではないかと思います。

建築家 ◎1967年 兵庫県生まれ。1991年 京都大学工学部建築学科卒業。1997年 東京大学大学院博士課程単位取得退学。同年 アトリエ・アンプレックス設立。2007年 国士舘大学理工学部准教授。2012年 同大学教授。◎作品:《PARK HOUSE》《南洋堂ルーフラウンジ》《spin-off》《日吉seven-B》《アトリエ・カンテレ》など。 ◎著書:『住居はいかに可能か』(東京大学出版会)、『トラヴァース』(鹿島出版会)、『ブリコラージュの伝言』(アートン新社)、『建築の還元』(青土社)など。

My Select

金賞

銀賞

銅賞

佳作

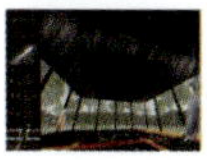

森田一弥

Kazuya Morita

リサーチを行い、建築の世界での蓄積を踏まえた上で独自性を出す。

すべての建築がテーマにしているといってもいいほどに「見えること／見えないこと」というのは普遍的なテーマですが、掘り下げて考えられている案は意外に少なかったような気がします。自分が考えたアイデアというものは、既に誰かがやっていることが多いはずなんです。似たようなテーマのコンペでどのようなアプローチが取られているのか、似たようなことをしている建築家がいればどんな方法を取っているのか、まずは本を数冊読むなどしてリサーチした上で、自分がやるとしたらどのようなオリジナリティを出せるのかを考えるべきです。自分の世界だけで完結せずに、これまでの建築の世界での蓄積をリスペクトした上でできることを考えると、もっと面白い世界が広がるんじゃないかと思います。

建築家 ◎1971年愛知県生まれ。1994年京都大学工学部建築学科卒業。1997-2001年左官職人として京都の文化財修復に従事。2000年森田一弥建築工房 設立。現在、森田一弥建築設計事務所代表、滋賀県立大学非常勤講師。◎作品:『Mayu』『Concrete-pod』『Shelf-pod』など。◎著書:『京都土壁案内』など。◎受賞:『JCDデザイン賞新人賞』『AR AWARD 優秀賞』『渡辺節賞』など。

My Select

金賞

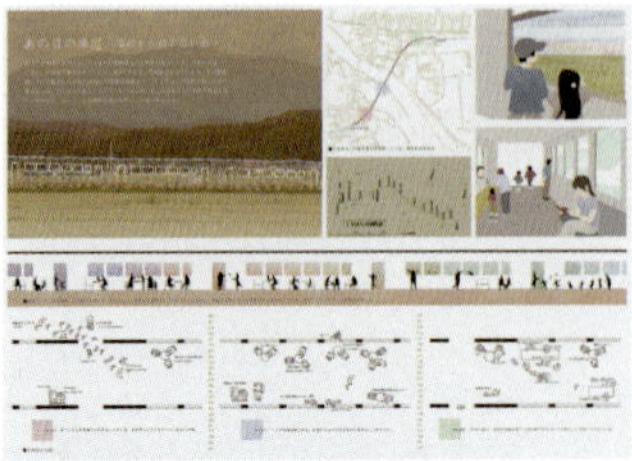

銀賞

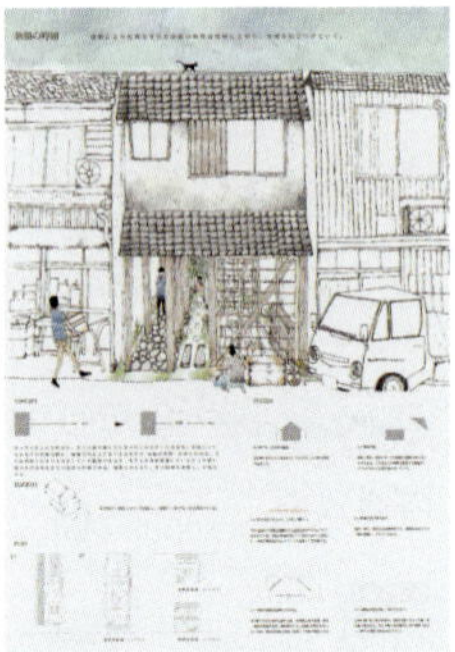

銅賞

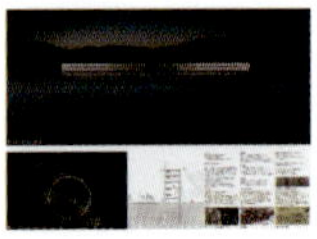

佳作

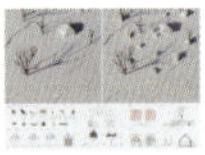

My Select

金賞

銀賞

銅賞

佳作

山崎亮

Ryo Yamazaki

「見えない」価値を実現するために、
「見える」ものを注意深くつくる。

見える建築をどーんと提案しているものよりは、見えない関係性であったり、あるときは見えるけどあるときには見えなくなるものであったり、普段の建築のコンペで出てくるものよりも奥深いというか、いろんな様相を持った提案が多かったように思います。そうした案の中から、社会的なニーズを的確に捉えている、環境との関係のつくり方が上手である、といった観点でよいと思える案を選びました。
コミュニティデザインという仕事においては、見えない人間関係や地域の価値を顕在化するためには、どうしても見えるものをデザインするということが必要になります。このときにプロばかりでそれをしてしまうと、住民は「ええのつくってくれましたな」と待っているだけになって、本当につくろうとしていた見えない部分が実現できない可能性があるんです。だから目に見えるものをつくる際には、誰を巻き込みどんなプロセスで、どのくらいのクオリティでつくるべきなのかということを、普段から注意しています。

コミュニティデザイナー ◎1973年愛知県生まれ。大阪府立大学大学院および東京大学大学院修了。博士(工学)。建築・ランドスケープ設計事務所を経て、2005年にstudio-Lを設立。◎現在、studio-L代表。東北芸術工科大学教授(コミュニティデザイン学科長)。京都造形芸術大学教授(空間演出デザイン学科長)。慶応義塾大学特別招聘教授。◎著書:『コミュニティデザイン』(学芸出版社)、『コミュニティデザインの時代』(中公新書)、『ソーシャルデザイン・アトラス』(鹿島出版会)、『まちの幸福論』(NHK出版)など。◎受賞:「海士町総合振興計画」「マルヤガーデンズ」「studio-L伊賀事務所」でグッドデザイン賞、「親子健康手帳」でキッズデザイン賞など。

吉村昭範＋
吉村真基

Akinori Yoshimura +
Maki Yoshimura

環境の中にどう建築を存在させるか、
よく考えられた案を評価した。

審査を通じ、普段、都市の中で隠されているもの、見えなくされているものについて考えることが大事だとあらためて感じました。全体的には、環境の中にどう建築を存在させるかという点をしっかり考えている案、都市や環境工学、時間的な視点など建築の諸元を踏まえ、空間的にもよく練られていると感じられる案を評価しています。賞に選んだもの以外にも気になった作品も多く、そのうち6作品をこちらで紹介します。高田圭太／鼻和秀一「動く家」、戸田雄大「地球に教わる」、加藤聖也「跡－生活景の通過－」、竹中祐人／伊藤彩「そっと微分して、そのままにしてみた。」、塩川正人「救済のベール　-見えないものから守るイエ-」、山口昇「2／2住宅」です。

吉村昭範　建築家 ◎1998年、早稲田大学理工学部建築学科卒業。2000年、早稲田大学大学院修士課程古谷誠章研究室修了。2000年～2004年、鈴木了二建築計画事務所。2005年、D.I.G Architects設立。現在、早稲田大学芸術学校非常勤講師、名古屋市立大学非常勤講師、愛知工業大学非常勤講師、名古屋大学非常勤講師。
吉村真基　建築家 ◎1998年、早稲田大学理工学部建築学科卒業。2000年、早稲田大学大学院修士課程石山修武研究室修了。2000年～2004年、FOBA（梅林克）一級建築士事務所。2005年、D.I.G Architects設立。現在、名古屋市立大学非常勤講師、愛知淑徳大学非常勤講師。
D.I.G Architectsとして ◎主な作品：M HOUSE、フクシマモデル、K HOUSE、CmSOHOなど。◎受賞：SDレビュー2006鹿島賞、SDレビュー2008SD賞、日本建築学会東海賞、中部建築賞など。

My Select

金賞

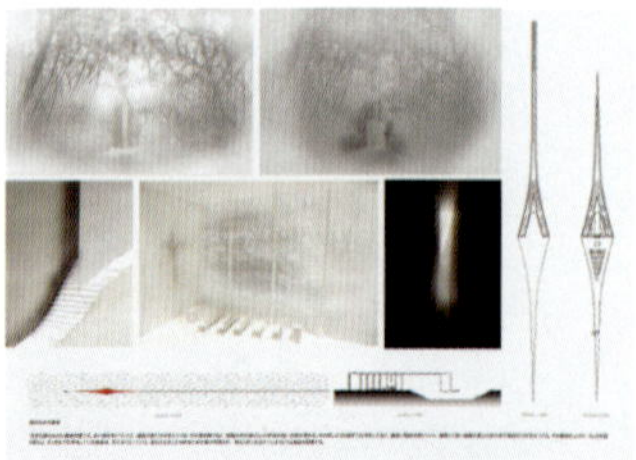

銀賞

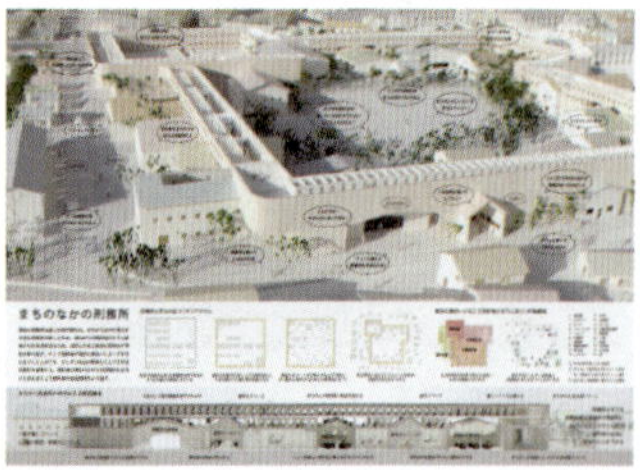

銅賞

佳作

気になるもの

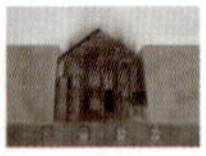

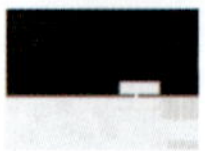

米澤隆

Takashi Yonezawa

My Select

金賞

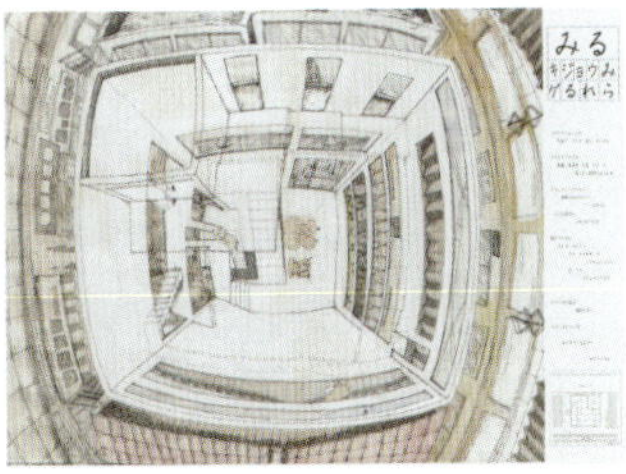

銀賞

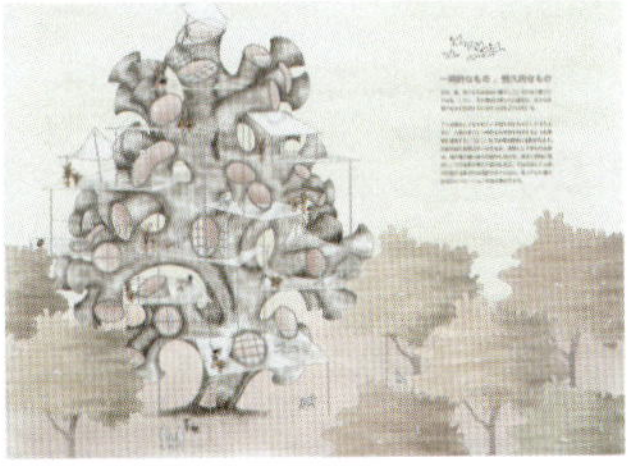

銅賞

佳作

実像と虚像が一体となった
建築のあり方を提示したい。

340件近くの応募作品から、現代社会の抱えているさまざまな課題や建築関係者たちの問題意識が可視化され、その裏側にある「見えないこと」が逆に浮かび上がってきたのではないかと思います。僕が取り組んだ博士論文のテーマは実像と虚像です。そこでは目に見える実体としての実像に、時間や関係性、感覚、感情やコミュニティといった目に見えないものが重ね合わされることで、虚像が生まれると捉えています。「見える／見えない」の関係とは、主体と客体、建築と風景というふうに、明確に2つに分けられるものではないのではないと感じます。そこで今回は、それらが一体となった建築のあり方を提示しているような作品を選びました。僕自身、実体だけではなく、それらを取り巻く目に見えないものを含めた広い視野で建築を考えていきたいと思っています。

建築家 ◎1982年京都府生まれ。◎2011年名古屋工業大学大学院修士課程修了。現在、同大学大学院工学研究科博士課程／米澤隆建築設計事務所（HAP+）主宰。◎作品：『公文式という建築』、『パラコンテクストアーキテクチャー』、『Glass Pavilion』など。◎受賞：『SDReview2008入選』、『京都デザイン賞』、『AR Awards 2011 Highly commended』、『JCDデザインアワード2012 金賞＋五十嵐太郎賞』、『U-30 Glass Architecture Competition 最優秀賞』、『THE INTERNATIONAL ARCHITECTURE AWARD 2013』など。

所属別応募数

日本大学…36
芝浦工業大学…19
九州大学…17
早稲田大学…15
近畿大学…14
京都工芸繊維大学…13
神戸大学…12
東海大学…12
Tamkang University…11
北九州市立大学…10
名城大学…10
三重大学…9
大阪大学…9
東北大学…9
信州大学…8
東京理科大学…8
フリー…7
東京電機大学…7
北海道芸術デザイン専門学校…6
大阪市立大学…5
東京藝術大学…5
東洋大学…5
立命館大学…5
宇都宮大学…4
工学院大学…4
千葉大学…4
大阪工業大学…4
法政大学…4
Universidad Autonoma Metropolitana…3
広島大学…3
国士舘大学…3
山口大学…3
首都大学東京…3
前橋工科大学…3
北海道工業大学…3
A University…2
Technical University of Vienna…2
Tianjin University…2
関西大学…2
島根大学…2
東京工業大学…2
東京都市大学…2
奈良女子大学…2
日本工業大学…2
北海道大学…2
Pedro Miguel Santos…1
Taller Veinticuatro…1
Universidad Politécnica de Valencia…1
安井建築設計事務所…1
愛知工業大学…1
横浜国立大学…1
岡山県立大学…1
株式会社 torico…1
宮城大学…1
京都建築専門学校…1
金沢工業大学…1
慶應義塾大学…1
古森弘一建築設計事務所…1
佐賀大学…1
札幌市立大学…1
滋賀県立大学…1
小山工業高等専門学校…1
昭和女子大学…1
筑波大学…1
東京大学…1
富山大学…1
武蔵野美術大学…1
福山市立大学…1
名古屋工業大学…1
明治大学…1
和歌山大学…1

地方別応募数

東京都…93 人
大阪府…29 人
福岡県…28 人
神奈川県…22 人
千葉県…14 人
埼玉県…13 人
兵庫県…12 人
北海道…12 人
台湾…11 人
愛知県…11 人
宮城県…10 人
広島県…10 人
三重県…10 人
滋賀県…10 人
長野県…9 人
京都府…8 人
福島県…5 人
メキシコ…4 人
栃木県…4 人
奈良県…4 人
山口県…3 人
島根県…3 人
イタリア…2 人
オーストリア…2 人
中国…2 人
スペイン…1 人
兵庫県…1 人
ポルトガル…1 人
岡山県…1 人
群馬県…1 人
石川県…1 人
富山県…1 人
和歌山県…1 人

学年別応募数

学部 1 年…7 人
学部 2 年…6 人
学部 3 年…57 人
学部 4 年…43 人
学部 5 年…6 人
修士 1 年…145 人
修士 2 年…60 人

年齢別応募数

18 歳…2 人
19 歳…3 人
20 歳…16 人
21 歳…45 人
22 歳…69 人
23 歳…121 人
24 歳…61 人
25 歳…10 人
26 歳…3 人
27 歳…3 人
29 歳…1 人
30 歳…1 人
36 歳…1 人
37 歳…3 人

※数値は全て応募代表者のものです。

DATA sheet

集合住宅…7
少し…7
消費…7
身近…7
生き…7
設計…7
祖父…7
挿入…7
足下…7
太陽…7
中心…7
同じ…7
非日常…7
部分…7
無数…7
目指…7
問題…7
夕日…7
余韻…7
余白…7
様子…7
歴史…7
曖昧…7
アクティビティ…6
エネルギー…6
コンクリート…6
ダム…6
ハコ…6
バス…6
ランドスケープ…6
違う…6
価値…6
過去…6
開発…6
獲得…6
感情…6
看板…6
建築物…6
見えず…6
見えなくなって…6
見えるよう…6
互い…6
更新…6
考え…6
行動…6
作り…6
思い…6
時代…6
自ら…6
社会…6
周り…6
周辺環境…6
住居…6
瞬間…6
商店街…6
植物…6
新た…6
生まれ…6
生まれた…6
素材…6
続ける…6
多い…6
対して…6
大きさ…6
地面…6
電車…6
内側…6
二つ…6
日常生活…6
日常的…6
日本…6
発見…6
発生…6
表現…6
不思議…6
舞台…6
歩く…6
暮らす…6
本提案…6
役割…6
余り…6
欲求…6
良い…6
アーティスト…5
アイコン…5
イメージ…5
テーブル…5
パターン…5
リノベーション…5
椅子…5
一人…5
影響…5
何気…5
家具…5
開口部…5
外濠…5
概念…5
角度…5
関わり…5
希望…5
気付…5
居心地…5
近い…5
形態…5
見えたり…5
見えて…5
見えていた…5
見慣…5
呼応…5
故人…5
広場…5
災害時…5
在り…5
作り出す…5
使い…5
死者…5
持ち…5
時差…5
自己…5
自然環境…5
集う…5
集まる…5
住空間…5
住宅地…5
渋谷…5
成長…5
全体…5
創造…5
想い…5
対応…5
誰か…5
知れない…5
知覚…5
長い…5
直線空間…5
転換…5
都会…5
東京…5
動物…5
同時…5
入り…5
波紋…5
範囲…5
美術館…5
不安…5
墓地…5
豊か…5
豊かさ…5
本来…5
満た…5
無い…5
明日…5
理解…5

設計趣旨内のキーワード

空間…165
見えない…168
建築…138
見える…114
提案…89
場所…82
生活…75
都市…74
存在…58
変化…56
自分…55
自然…51
時間…47
住宅…46
ガラス…44
世界…41
見る…35
私たち…34
風景…33
新たな…31
生まれる…30
境界…28
建物…28
可視化…27
環境…27
感じる…26
大きな…26
記憶…25
新しい…25
屋根…24
関係…24
日常…24
家族…23
人間…22
領域…22
モノ…21
意識…20
見えてくる…20
部屋…20
考える…19
持つ…19
小さな…19
変える…19
多様…18
現在…17
外部…16
居場所…16
子供…16
身体…16
暮らし…16
要素…16
関係性…15
共有…15
考えた…15
未来…15
一つ…14
気配…14
空気…14
輪郭…14
感覚…13
機能…13
隙間…13
地域…13
敷地…13
インフラ…12
距離感…12
構成…12
出会…12
大切…12
認識…12
必要…12
表情…12
本当…12
意味…11
一方…11
空き…11
形成…11
計画…11
見え隠れ…11
見た…11
現代…11
行為…11
情報…11
地下…11
地球…11
内部…11
普段…11
現象…10
作品…10
住民…10
多く…10
大人…10
透明…10
賑わい…10
豊かな…10
与える…10
シャッター…9
ヒト…9
マンション…9
可能…9
可能性…9
景色…9
現れる…9
高い…9
作る…9
思う…9
住まい…9
住まう…9
住む…9
従来…9
出来…9
象徴…9
状態…9
天井…9
当たり…9
変わる…9
防波堤…9
利用…9
例えば…9
連続…9
イエ…8
スケール…8
活動…8
感じ…8
気持…8
距離…8
空白…8
見せる…8
個人…8
視界…8
周囲…8
集落…8
生み…8
生む…8
想像…8
他者…8
他人…8
体験…8
対し…8
地上…8
着目…8
土地…8
動き…8
物語…8
魅力…8
流れ…8
カタチ…7
ビル…7
異なる…7
移動…7
一部…7
過程…7
感じられる…7
繰り…7
継承…7
繋ぐ…7
見えなかった…7
残す…7
視覚…7
周辺…7

SYMPODIUM

on March 1.2014

キルコス国際設計コンペティション とは?
20組の審査員一人ひとりが、金賞・銀賞・銅賞・佳作を選定する
国際建築設計コンペティションです。
多くの作品を選定するのは、そのアイデアを見逃さないことで、
建築の可能性を広げられるのではないか。
そう強く信じるからです。
キルコス

シンポジウム

見えること／見えないこと

〈参加審査員〉

米澤隆（司会）
北川啓介
倉方俊輔
近藤哲雄
森田一弥
吉村昭範
吉村真基

20組の審査員がそれぞれの事務所や大学で審査を進めたキルコス国際建築設計コンペティション。審査結果が発表になる12月25日のその日まで、お互いに情報を共有することはありませんでした。それぞれの審査結果に込めた思いを胸に3ヶ月後にはじめて一堂に会し、受賞者を前に議論を繰り広げました。キルコス国際建築設計コンペティションの審査を経ての感想、審査員自身がどのような考え方で、どんな作品を評価したのかという評価軸、そしてコンペや設計に対する取り組み方や戦略論へと議論は展開していきました。

自分が見落とした作品を誰かが拾ってくれる

米澤　キルコスはコンペのしくみが特殊で、20組の審査員がそれぞれの価値観でそれぞれの賞を選んでいくというところに特徴があると思います。審査員のみなさんは、どのように考えて審査をされたのでしょうか。

吉村（真）　一般的なコンペでは、応募者は結果を公表されて初めて知る、審査員はすべて知っているという非対称性があるんですけれども、このコンペは審査もばらばらにするので、審査員も結果発表の時にワクワクしました。テーマの解釈の範囲が広く、応募作品が多岐にわたっていたので、きちんとした評価軸を設定しないと選びにくいなと思いました。

吉村（昭）　僕らは「見えること／見えないこと」に対してコミットしているものという基準で選んでいます。それから、実際に建った時に、社会に対してどういうインパクトがあるものか、意味が見出せるものがあるかということも選ぶ基準にしていきました。

森田　審査員がそれぞれに賞を選ぶので、私が見落とすものがあってもいいだろうなという気がしました。自分の琴線に触れるものを選べば、自分が見落とした作品を誰かが拾ってくれるだろうと。アイデアコンペのいいところは、実現が前提となっていないので、図面が拙くても、実際に役に立つかどうか怪しくても、将来技術ができた時に実現する可能性があるということです。だからまず、どういったところに目を付けているのかというのを基準に選んだつもりです。

コンペのしくみも面白いんですけれど、北川先生の研究室を中心とする学生が運営しているというのが、教育として素晴らしいプロジェクトだなと思います。学生たちが会場をセッティングすること、コンペを運営するためのオーガナイズをすることは、まさに建築をつくりあげる上で必要なことですしね。

倉方　審査員としてキルコスが特徴的だなあと思うのは、三回も面白いこと。一回目の面白さは、何百という作品と向き合い、悩みながら選定している時にやってきます。そして20組の審査員の結果が発表された時も面白い。自分とは全然違う指向だと思っていた人が同じ作品を選んでいたとか、自分が気になって落としたものがこの人に評価されたんだとか、他の審査員の選び方が刺激的な二回目です。三回目は本になった時。他の審査員のコメントを読んで、たとえ自分と同じ作品を選出していてもこれほど目線が違うのかなどと発見的です。

自分は今回から少し選び方を変えようと思って、案の完成度よりも、次世代を担うような人をピックアップすることにしました。今は常識から外れていても、自分なりの止むに止まれぬ思いを「見えること／見えないこと」というテーマにかぶせながら訴えているものにアンテナを張って、頭というよりも感情で選んだつもりです。

近藤　毎年５００案ぐらい送られてきて、それを20人が独自の解釈で賞を決めて、しかも本に残していくというのは、すごく面白い取り組みだと思います。北川さんは10年続けたいとおっしゃっていましたが、たしかにこのスタイルで10年続けると興味深いアーカイブができそうな気がします。審査については、４～５人の審査員で話し合いながら一等を決める通常のスタイルとは選ぶ基準が違うと思います。森田さんがおっしゃっていたように、自分が見落としても誰か拾ってくれるかなぐらいの気持ちで、そつなくまとめている案よりは多少荒くても着眼点が素晴らしいとか、できあがったものが面白そうだとか、プレゼンテーションが美しいとか、何かに秀でている案をなるべく選ぼうと思いました。

北川　キルコスで選ぶ時と合議制で選ぶ時とは違うとおっしゃっていましたが、合議制ではどういう着眼点で選ばれていますか。

近藤　合議制の場合は審査員全員で一等を決めるので、みんなで作品を作っていくようなところがあると思います。審査員同士で話し合い、提案に対する理解が深まるにつれてより良くなったりそうじゃなくなったり。だから最初は、自分は「ちょっとどうかな」と思うような案やよく理解できないような案でも、みんなで話し合うレベルに達していると思うものはとりあえず落とさないようにしています。自分の意見をただ主張するだけよりも、いろいろな人の違った考え方を聞いてみたいですからね。

どう価値観を共有して、新しい文化まで高めるか

米澤　一般的にコンペや卒業設計や建築新人戦では、一番になるというのが応募者のモチベーションになっています。でもキルコスはそのオルタナティブというか、また違った価値観のしくみを提示してしまったと思うんです。これに関して皆さんどのように思っていらっしゃいますか。

北川　キルコスを始めて3年になりましたが、金賞総舐めとか、金銀10個ぐらいとる作品が出てくると思ってたけど、結局出ていない。受賞数の最大は6個で、すごく意外だったんですよ。魅力的な作品が多く応募されてくるから賞が一つの作品に固まらない傾向があって、私自身はびっくりしました。

倉方　キルコスは一番であることをちゃんと涵養するしくみじゃないかと私は考えています。合議だと、へたすると誰も一番だと思っていない案が一等になってしまう可能性があるでしょう。でもやっぱり一番じゃないとだめなんですよ（笑）。「多様性」という言葉はよく聞くけど、それは何でもいいということではなくて、さまざまな「一番」がたくさんある状態として捉えたほうがいい。地域性にしても、人の個性にしても……。キルコスは環境工学の分野からも、構造の分野からも、日本全国どこからでも一番になりうるしくみだと理解して、初回から応援しています。

森田　金賞が一つの案に集まらないというのはすごい発見ですね。たしかに僕も、これは誰かに選ばれるだろうなと思う作品をあえて外してみたら、通常のアイデアコンペなら選ばなかったものが残ったりしました。

一方で心配になるのは、バリエーションは出るけれど、一つの建築として強いメッセージ性を持ったり、未来を指し示したりするには、また別の努力が必要ということ。このコンペはその点は参加者に投げているわけですよね。価値観を広げておしまいではなくて、新たに発見された価値観を誰と共有して、どのように切磋琢磨していくのか、どうやって新しい文化まで高めていくのかが問われているんだろうなと思います。

吉村（真）　実はどんなコンペも最初はそういう評価のばらけた状態ですよね。通常のコンペでは、審査員がこれはいい、これは違うと議論しながら、受賞作を一つに絞っていくという過程を経ます。そうなると、結果はもちろん大事なんだけれども、参加者にとって大事なのはその過程の方だと思うんです。仙台の卒業設計日本一決定戦も、何百という数の作品が審査員の意見を吸い上げながら一つに収斂していく過程をみんな聞きに行くわけですよね。だからこそ公開である意味がある。そういう意味でキルコスは、過程を結果にしちゃったということだと思うんです。

吉村（昭）　僕も当初は、賞を総舐めする人が出てくるんじゃないかなと思ってたんですけど、それがないということが現実を表しているんだと再確認しました。魅力的なものはばらけているというのは、大きな発見でした。

面白いアイデアをいかに共有するか

倉方　今、吉村（真）さんが言われたことが面白かった。卒業設計日本一決定戦などの審査だと、プレゼンテーションを聞いているうちに審査員の評価が変わっていったりするじゃないですか。そうすると、プレゼン前は男女半々でも、プレゼン後は見事に女性しか残らなかったりするんですよね。キルコスはその過程がないでしょう。それは誰に有利か？　男子だと思うんです（笑）。自分の意見をしっかり持ちながら他人の言ったことに合わせていくというのは、女性

入賞者の入選作品と評価がひと目でわかる表彰状。

のほうが上手な傾向にある、生物として。コミュニケーションをとることと、洞穴に潜るように未来を考えることでは、現代では前者の方が尊ばれるわけです。それがキルコスでは、黙々とやっていても誰かが評価してくれるかもしれない。男性を応援してるなあと思います。今日の表彰でも、コミュニケーションがあまりうまくなさそうな人もいて、いいなあ、と（笑）。

米澤　近年、卒業設計イベントとかコンペで一番になるための手続きにフィットするように、学生が建築を考え始めていると思うんですよ。いかに1分で伝わる案を考えるかということを学生が平気で言ってしまうんですね。建築ってたかが1分でわかるようなものであっていいのかという疑問はあるんですけど、でもそうしないと勝てないという、ある種のゲーム化した状況があると思うんです。

先ほどからの議論のキーワードとして、多様化というのと、地方というのが挙げられるかと思います。でもメディアが発達して、たとえば各大学に今まであったスクールカラーのような基準のほかに、卒業設計日本一決定戦のような場で一つのルールとか価値観が提示されてしまった。そちらの基準の方が強くなってしまって、学生も勝つための建築の考え方になってしまっているんじゃないかと思うんです。このあたり、みなさんいかが思われますか。

森田　勝つための戦略は常に必要なんじゃないかなと僕は思っています。ただ、どのゲームに参加するのか、どのルールに乗るのかというのが、その人のセンスが問われるところであり、そこで個人の生き方が変わってくるのかなと。

僕は大学を出て左官職人になり、大都市に行かず京都の小さな集落で事務所をやっていて、そこにいるからこそ何をつくるべきなのかと、常に考えています。学生の頃もコンペをやりましたけれど、いかに勝つかを考えて案をつくった覚えはないんですよ。自分が何をやりたいのか考えて、どのコンペに出すべきなのかってことをとにかく考えましたね。ルールに合わせて案をつくるのは全然クリエイティブじゃないけど、自分がつくったものをどこで勝負すべきなのかというところは、本人のクリエイティビティが問われるんじゃないかと思います。

近藤　米澤さんが言っているのは、過剰にゲームチックに攻略法を求めるのはよくないということですよね。それはもちろんよくないと思いますけど、わかってくれる人だけに伝わればいいというような閉じた考え方もよくないですよね。自分が考えた面白いアイデアをどうすればみんなで共有できるかという点については、努力をすべきだと思います。

集合知として問題への方策を競うコンペ

吉村（昭）　森田さんの話にもあったんですけど、ルールを明確にするとそれを競う技術になってしまうので、そうでないコンペを目指すというのは新しい試みだと、僕も共感します。「見えること／見えないこと」というテーマは非常に哲学的なので、もうちょっとポジティブなテーマだと、そのありようが多様になってもっと面白くなるかなと思いました。たとえば「何かを楽しませる建築」とか。

吉村（真）　今回のテーマだと、どのぐらい人と違う解釈ができるか、裏から解釈できるか等、解釈の多様性を競うようになってしまいがちかと思うんですけど、もっとストレートにテーマ自体を競うようにすると面白いことになるかもしれませんよね。

倉方　それはたしかに面白いですね。「他のみんな」というのを前提としているから、裏をかこうとか、みんなこっち行くから自分はこうしよう、みたいなゲームになってしまう危険性がある。それよりも、解決すべき問題とか、もっと改善が可能な問題に対して、その方策を競っていく方がポジティブですよね。集合知として、このコンペで出た200いくつのアイデアは誰が使ってもいいですよ、みたいにするとかね。

米澤　出展された方や受賞された方は、キルコスというコンペに限らず、そのあたりはどのように思われますか。

出席者1　建築がどんどん社会に開いていく中で、建築を評価する側にいるのが建築家だけでいいのかなと疑問に思いました。

倉方　私がコーディネーターを務めたDiploma x Kyoto 2011では、少しキルコスに似ていて、3日間毎日それぞれ一位を決めたんです。1日目は建築家の北山恒さんと手塚貴晴さんと青木淳さんに決めてもらって、2日目は坂口恭平さんやアーティストの東芋さん、社会システム理論の井庭崇さん、テキスタイルデザイナーの安東陽子さんに審査してもらって、3日目は学生自身が学生の審査をする。そうしたらベスト3は全部違ったし、入選作もあまり重なっていないぐらい違っていました。

やっぱり建築家ってなんだかんだ言って、あれだけ作風が違う3人が、最後は一位が全員一致したんですよ。建築家はドリーミングなのを選ぶんです。で、アーティストは変にアートっぽい作品を選ばない。現実的なんですね。屋根から雨水がこう流れてきてこうなりますって学生が説明したら、それ小さい模型作って実験したの？って東芋さんが聞くんです。つまり、普通のことを言うんですよ。建築界ってへたすると普通のことを言わないでしょ。他のジャンルの人に普通のことを言われるのはすごく大事だと気づかされました。コンペがゲーム化しているとしたら、当たり前のことを誰も突っ込まないというのも一因かもしれません。

米澤　出展者の方は、このコンペをどういうふうに捉えているんですか。何か狙い撃ちとかしているんでしょうか？

出席者2　コンペに出す際にはやっぱりテーマを中心に考えていて、あまり狙いはしていないですね。でも結果的に誰が評価してくれたのかは楽しみです。この方が選んでくださったのか、という面白さがあります。

出席者3　自分が考えたことを人に伝えたいと思っているので、キルコスでは応募案が公表されるところがいいなと思って応募しました。

出席者4　僕は狙い撃ちはしていないです。選んでくれた人に共鳴してもらえたんだなと嬉しかったです。正直、いろんなコンペに出してもなかなか通らなくて、「なんでこれが一位やねん」って思うことが多々あるんですが、それとは違うコンペで受賞できてすごく嬉しかったです。

出席者5　キルコスは普通のコンペと違って、お祭りみたいなイメージがありました。一つのテーマに向かってみんなで楽しいアイデアを投げ込んで、一斉に箱を開けて、それを共有して議論することがキルコスならではの楽しみ方と考えていました。

出席者6　他のコンペでは、入賞を狙うとなるとやっぱりインパクトがないとダメだろうとか、いろんな縛りを自分でつくってしまうんですけど、キルコスだと、いろんな方々が見てくれるので、素直にやりたいことを表現できていると思います。

北川　個人的な話なんですけど、去年のシンポジウムの後ぐらいに住宅を設計する機会があって、その時に参考にしたのが宮脇檀さんでした。前から作品がすごく好きだったんですが、もう亡くなられていて、じきじきに建築のことをお話していただくことはもうできない。それで今年は、宮脇檀さんの愛弟子の椎名英三さんが審査員にいらっしゃるので、椎名さんが何を選ぶかというのがずっと気になってたんですよ。椎名さんは講評ですごく長いインタビューに答えてくださった。その一言一言が今も心に残っていて、宮脇さんから教えを受けたような感覚があります。

シンポジウムの様子。北川啓介氏によるあいさつ。前列に各審査員が並ぶ。

倉方　受賞者の話を聞いていると、キルコスではやっぱり「誰々の賞」というのが一番ぐっとくるところなんでしょうね。結果が発表された後、この人はどこを評価したんだろうと考えたり、この人が選び取った自分って何だろうと自問したりする。そこで間接的に審査員と対話する状況が生まれます。他の審査員と会わずに選ぶといったキルコスの仕組みは、現代的なディスコミュニケーションを象徴しているのではなくて、その点において、人間の熱い部分がそのまま残るコミュニケーションのシステムでもある。間接的な対話の方が、実は直接的な対話より深いことだってあるでしょう？　宮脇檀さんと直接対話を交せないからこそ、深読みしたり考えたりできるところが、建築の深みなんだと思います。明示的で表面的な会話が蔓延する現代において、暗示的な対話を促すキルコスはいいカウンターではないかと。

米澤　倉方さんがおっしゃったように、まさしくそこがこのコンペの特徴であって、同時に審査する側も見られている怖い状況があります。僕が選ばなかった案の後ろに、たとえばそれを選んだ中村竜治さんがいて、「お前はこの案わからなかったの？」と問われているような気がして、それでもう一

表彰状の説明をする実行委員。
左は最多の６人から賞が与えられた作品のためのもの。

度見直して、中村竜治さんはなぜこの案を選んだのか、僕が見落としたのか、価値観が違うのか、本当に間接的対話みたいなことになるんです。選んでいる僕らの側にも、20組との対話からの再発見がある。だから選ぶからには下手なことは言えなくて、価値観を提示してちゃんと選ばないといけない。僕が選んでいない案からも他のいろんな価値観が見えてくるので、面白いコンペだなと感じています。

森田　さっき集合知というお話がありましたけれど、まさにコンペってそういう場所だなと思うんですね。いろんな人がひとつのテーマにアイデアを出し、順位付けはするんだけれども、実はそれぞれに可能性がある。それを北川さんたちがアーカイブしてくれて、トヨタホームさんと総合資格さんがバックアップして、ウェブサイトですべての案を見ることができるというのは、素晴らしいことだなと思いますよ。後々に誰かがそこからインスピレーションを得て、もっといいアイデアをつくるっていうのは、人間が建築を通してずっとやってきていることですよね。

北川　「建築」っていい言葉だと思うんですけど、築いていくという意味がありますよね。だから本当は建築が社会をフォローする立場じゃなくて、社会が建築をフォローしてくれるようになっていくと理想的だなと思いますね。そういう意味で、ドリーミングなものが出てきていることは、それだけまだいい状況にあるのかなと思っているんですけど。

建築は、自分たちの生きていることを確認する手段

倉方　近藤さんはオーソドックスな住宅もつくる一方で、アートのインスタレーションみたいなのもつくる。社会への影響力のようなことはどう捉えてるのですか。

近藤　例えば、僕たちは資本主義社会に生きているのでそのことは無視できませんよね。柱1本の値段が建築のプランにも関係してきますし、コストが合わないと建たない。都市に緑を残したいと思っても他人の土地に勝手に木を植えたりはできません。でも、お金とは別の価値観が主流だったらどうでしょう。ほんの少し前までそうだったわけだし、この先もすぐに変わってしまうかもしれません。アイデアコンペでも、敷地境界線を無視した提案とか社会制度に踏み込んだ作品がたくさんありますよね。それはつまり、建築の本質についてもっと自由に考えたいからそういう発想になると思うのです。特に社会への影響を考えていつも設計しているわけではないけれど、そういった開放的な視点でつくられた建築は当然社会に強い影響力を持っていると思っています。

倉方　森田さんにも聞いてみたいな。

森田　僕は大学出て5年間職人やってたこともあって、目の前にある土だとか木だとかを使ってどんなものをつくれるだろうか、と考えるんです。古い建物や遺跡を見て、この素材でこんなことができるのかと驚くことがあるんですけれど、その驚きって、人間が生きている証というのか、人はこんなことを成し遂げられるんだという達成感のようなものに繋がっているんじゃないかと思うんですね。建築っていうのは、たしかに食べるとか寝るなどの生きていく要素を満たすことではあるんだけれども、自分たちの生きていることを確認する手段という面もあって、人間自体を賛美することができるものだと思ってます。

質問1　本日の話の中で多様性という言葉が出てきましたが、そうは言っても、自分が絶対受け入れられない作品や意見は必ずあるだろうと思います。自分の軸とか好みとか、個人としての判断をそれぞれお聞きしたいです。

吉村（昭）　見えること／見えないことというテーマに対して何かいいことを言っていれば評価を上げて、欠点があればその分だ

け評価を落とすわけですが、そのバランスが審査員によって違うということが、今回よくわかりました。この審査員はここを強く評価して、この欠点は無視するんだな、とか、僕自身も勉強になりました。たしかに他の審査員の方が選んだものの中には、僕はこれはちょっと……と思うものは必ずありますが、そのあたりのバランスの違いから来ているんだと思います。このコンペみたいに多様性があるのはいいことだと思っています。

森田　こうやってコンペでいろんな案を拝見したり、いろんなところに建築を見に行ったりするのは、植物の世界でいうプラントハンターみたいなものだろうと思っています。今の世の中では役に立たないようなものでも、とにかく自分の頭にインプットして、種を保存しておく。そうすれば役に立つ場面で必ず使える。バリエーションの価値はそこにあるんじゃないかなと思います。

僕は今回はそのバリエーションの中から、時間の可視化をテーマにして選んだように思います。建築がその土地が存在していた記憶とか、そこに住んでいた人たちの時間みたいなものを、どうやって可視化したかということですね。

米澤　人と同じ案を選ぶこともあるし、逆に僕だけしか選んでいない案もある。それによって自分自身の価値観が見えてくる気がします。たとえば五十嵐淳さんがよく「ピュアなもの」っておっしゃったりするんですけど、僕は、世の中はそんなにピュアじゃないし、混沌としたものも建築は受け入れたほうがいいんじゃないかと思ったりしている。こういう価値観もあるんだと反論する意味で、あえて案を選んだりもしています。

質問2　環境的な視点の作品が多かったんじゃないかと思うのですが、どのような背景や要因があるのでしょうか。

吉村（昭）　今の住宅は自然をシャットアウトする高気密高断熱になっているし、壁は水平・垂直の壁でつくられていて、なかなか自然を取り込みにくいですよね。僕らが銅賞に選んだ作品は、そこから自由になっていて、原始的な住み方、身体に訴えかけるようなつくり方をしているところが面白いなと思いました。

森田　風や光や環境というのは、建築にとって一番オーソドックスで歴史の長いテーマで、必ず相手にしなければいけないものですよね。その割には案外みなさんリサーチしないんだなと思いました。何千年という建築の歴史の中で、世界のあらゆる地域で環境に対する知恵が生み出されてきたでしょう。なのに自分が計画するとなると、どういう知恵を参照できて、どこを変えないといけないのか、リサーチをまったくしないで、自分の思いつきだけをポンと形にしている。キルコスのウェブサイトにだっていろんな種がアーカイブされているのに、参照していないなと思いましたね。

倉方　自然の話からはずれてしまうんだけど、森田さんが言ったみたいに、リサーチがないですよね。模型を作って確かめるのもリサーチだし、自分の案が過去の似たような例とどう差別化できるかというのも、リサーチがあって初めて説得力を持つと思うんですよね。リサーチは論文でするもので、設計はアイデア一発勝負、みたいな認識はまったく間違っていて、論文にだってアイデアは必要だし、設計にだってリサーチは必要です。デザインだけが大学教育の中で過度に違った扱いをされてる傾向に、もしもコンペが拍車をかけてるとしたら、よくないと思いますね。

米澤　ドリーミングな建築とかかわいい建築って否定されがちなんですが、それはドリーミングなもの自体が悪いわけではなくて、アイデア一発勝負なのがまずいんじゃないかと思います。戦略が足りなさ過ぎるんですね。そのドリーミングなアイデアがどれだけ社会の役に立って、どんな社会を構築するかというところまで緻密に設計するには、リサーチが必要です。ドリーミング＝だめという表層だけを受け取りがちだけど、リアリティがある状態にまで持っていく戦略がないとだめだということだと思います。

司会　以上をもちましてシンポジウムを終了させていただきます。

EVENT

キルコス国際建築設計コンペティション2013
展覧会･記念シンポジウム･授賞式 in 名古屋

展覧会

開催期間：2014年3月1日（土）～3月16日（日）
10:00～18:00
場所：トヨタホーム本社セミナールーム
愛知県名古屋市東区泉1-23-22

記念シンポジウム

日時：2014年3月1日（土） 14:00～17:00
場所：トヨタホーム本社セミナールーム
愛知県名古屋市東区泉1-23-22
講師：20組のコンペティション審査員から、
倉方俊輔／近藤哲雄／森田一弥／吉村昭範／吉村真基
米澤隆／北川啓介
テーマ：キルコス国際建築設計コンペティション2013を振り返る
見えること／見えないこと

会場デザイン

コンセプトは、キルコスの語源である「円形競技場」でした。受賞作品のタペストリーを同心円状に配置し、中心部に向かうほどタペストリーの長さを短くすることで、会場全体に円形競技場の空間を演出しました。また、審査員の顔写真を最も内側のタペストリーに配置することで20名の審査員と受賞作品が向き合う構成となります。審査員は作品を審査する立場にありますが、それと同時に選んだ作品を応募者から見られる立場にもあります。こうした審査員と応募者の見る・見られるというキルコスならではの関係性を展示空間によって表現しました。会場内を歩いてみると、ひらひらとタペストリーが揺れ、紙による繊細な空間を感じ取ることができます。さらに作品の隙間から様々な作品が連続的に見え隠れする様子は、今回の「見えること／見えないこと」というテーマに相応しいのではないでしょうか。

［デザイン・制作］北川啓介（名古屋工業大学大学院准教授）、浅倉和真、坂井文也、桂川大（以上、名古屋工業大学）
［協力］高岸杏奈、山田愛、宮本祐里、彦坂奈那、國分由梨香（以上、金城学院大学）

表彰状デザイン

キルコス国際建築設計コンペティションでは、20名の審査員によってそれぞれ金賞、銀賞、銅賞、佳作が選ばれるため、受賞作品の中には複数の賞が与えられるものもあります。今回の表彰状では、ひとつの作品に与えられる賞がひと目でわかるデザインを目指しました。表彰状はふたつ折りになっており、見開きの左側には作品のタイトルと応募者名、右側には受賞した賞と作品を選出した審査員名が記載され、賞の位にあわせた色でキルコスのロゴマークがつけられています。さらに、ロゴマークの位置にあわせて開けられた切り抜きによって、表彰状を閉じていてもその作品の評価が確認できる仕組みになっています。

［デザイン・制作］北川啓介（名古屋工業大学大学院准教授）、浅倉和真、坂井文也、桂川大（以上、名古屋工業大学）
［協力］倉田駿、加藤正都、榊原崇文、田原聖、中澤真平、三浦大宗（以上、名古屋工業大学）

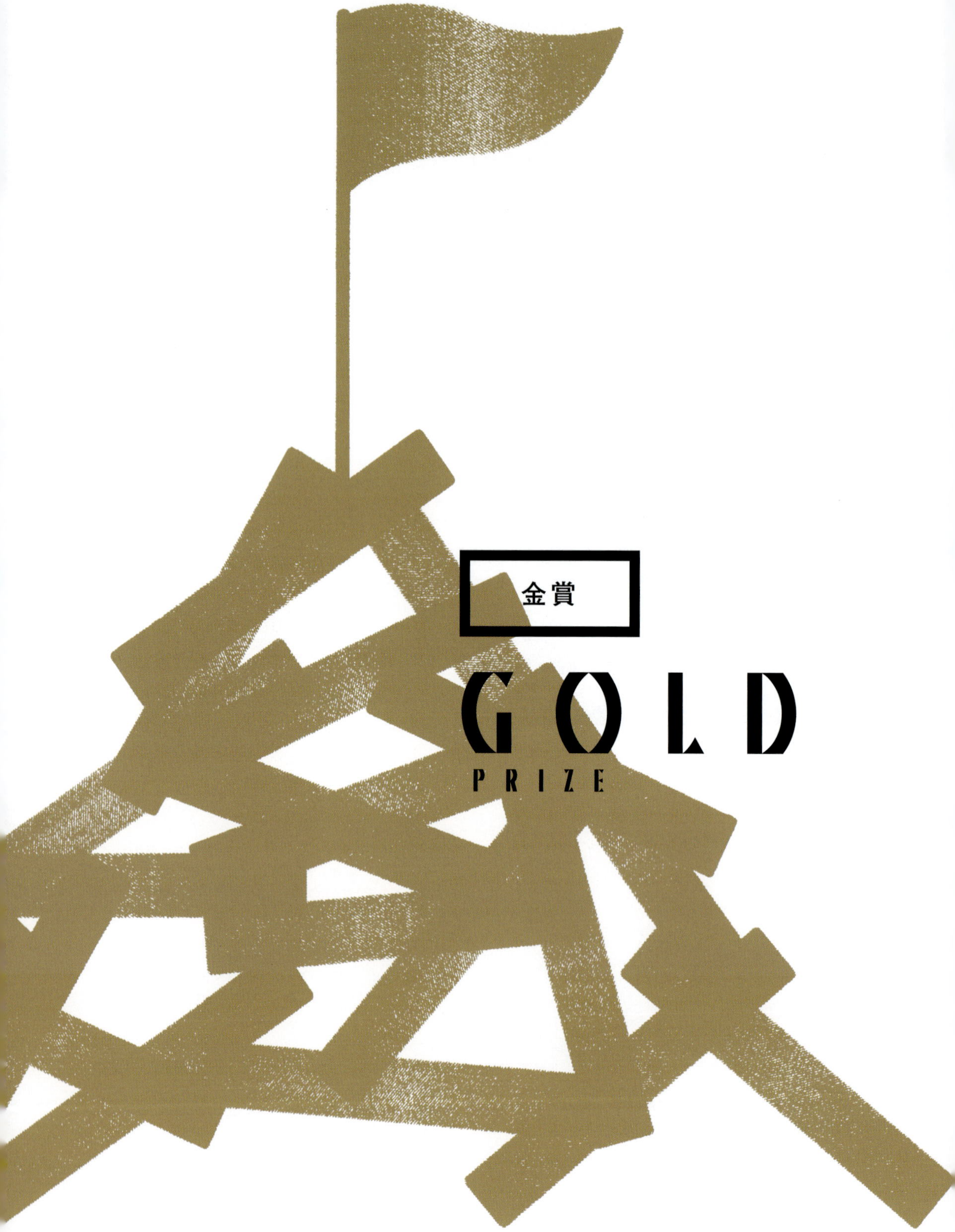

金賞

GOLD PRIZE

五十嵐淳

**巨大な計画だが、
人間的なスケールで考えられている**

平面は巨大な正円で、全体は人間を超越したスケールを持った提案です。こうしたものはともすれば威圧的で仰々しくなりがちですが、断面を見てみると人間的なスケールを持っていて、丁寧につくられていることがわかります。僕は都市や建築や街が人間から遠ざかってしまった最大の要因はスケールにあると考えています。現代の街は法律や経済、政治によって支配され、スケール感が失われつつあります。しかしこの案は、これだけ巨大な建築物を提案しながら人間の行動を誘発するようなスケール感や仕掛けを持っていて、かつ美しい。相対的に非常によい建築だと思いました。

井手健一郎

**コンセプトから表現まで、
総合的な完成度が高い**

パッと見た時に、まず造形として美しいと思ったんです。そして敷地選定や形態、素材選定の理由なども現代的な問題として組み上げ、きれいに回答していると感じました。僕はだいたいいつも、着眼点のよさ、分析の確かさ、解釈の新しさと表現の豊かさという指標で作品を見ます。このうち最初の3つまでできている人は多いんですが、そこから形にまとめるまでをできている人はすごく少ないんですよね。しかしこの案は構造の考え方から形態の表現まできっちりできていて、クオリティが高いと感じました。

森田一弥

**この土地が持つさまざまな
問題を1つの建築で可視化**

非常に美しい提案。そして建築的な機能のみならず土木的な防波堤としての機能を果たし、人の住む場所にもなっていて、人々と海との断ち切られた関係を取り戻す道にもなるという、この土地で問題になっていることを、1つの建築で可視化させています。

みかんぐみ

**巨大なのに木造、
繊細で想像を掻き立てられる案**

一見『東京計画1960』を思わせる都市計画的なスケールですが、よく見ると細やかなものが幾重にも重なってできています。実は木造という意外性もありました。震災の記憶を伝えるための場が美しいランドスケープとしてまとめられていて、不明瞭なところも多々あるんですが、いろんな想像を掻き立てる案ですね。

加藤聖也　早稲田大学大学院創造理工学研究科建築学専攻修士１年

H⁺ole→all_project

［設計趣旨］

震災から２年半あまりが経った今，近代以降の価値観を見直し，
自然と人とのつながりをとりもどす時代の転換がもとめられているのではないか．
現在，復旧復興の取組の中で今後目に見えない記録や経験をどう継承していくかが大きな課題だ．
津波被害により，まちにできてしまった，空虚な穴「Hole」を，
沿岸地区の主な構成要素である漁村，神楽や能など東北の伝統や文化をディスプレイしつつ，
分断されてしまった集落をつなぐことで，1000 年単位で起きている
大規模な津波の記憶を継承する記念碑，且つ防災拠点として，この town「Hall」を設計する。

迫慶一郎　HONOR

被災地の復興を都市、土木スケールで捉えた案

若い人が大きなプロジェクトにリアリティを持ちにくい時代ですが、都市スケールのものに興味があるなら果敢に挑むようなことを持続してほしいと、これを佳作に選びました。被災地復興の計画は、緊急的には仮設住宅のような適用性のある施設が求められるけど、長期的にはより大きな視点からの再生を考える必要があります。本作は漁港と街を含んだ、かつ建築と土木のスケールをまたぐ提案で、領域を超えるスケールで考えられている点も評価できると思いました。

南泰裕　BRONZE

リアス式海岸と単純なリングの対比

津波で大きな被害を受けた漁村の復興をテーマに、巨大なリング状の円の中にミュージアムなど、複合的なプログラムを配した案です。リアス式海岸の複雑な地形に対して極めて単純なリングを置くことで、場の記憶を引き継ぐと同時に、自然と共生しながらそれに負けないという人間の意志をうまく表現しているように思えます。今回は震災をテーマにした作品が多く、それらは再生やコミュニティといった話でまとめられがちですが、それだけに留まらない建築の強度のようなものが比較的うまく表現されていると感じました。

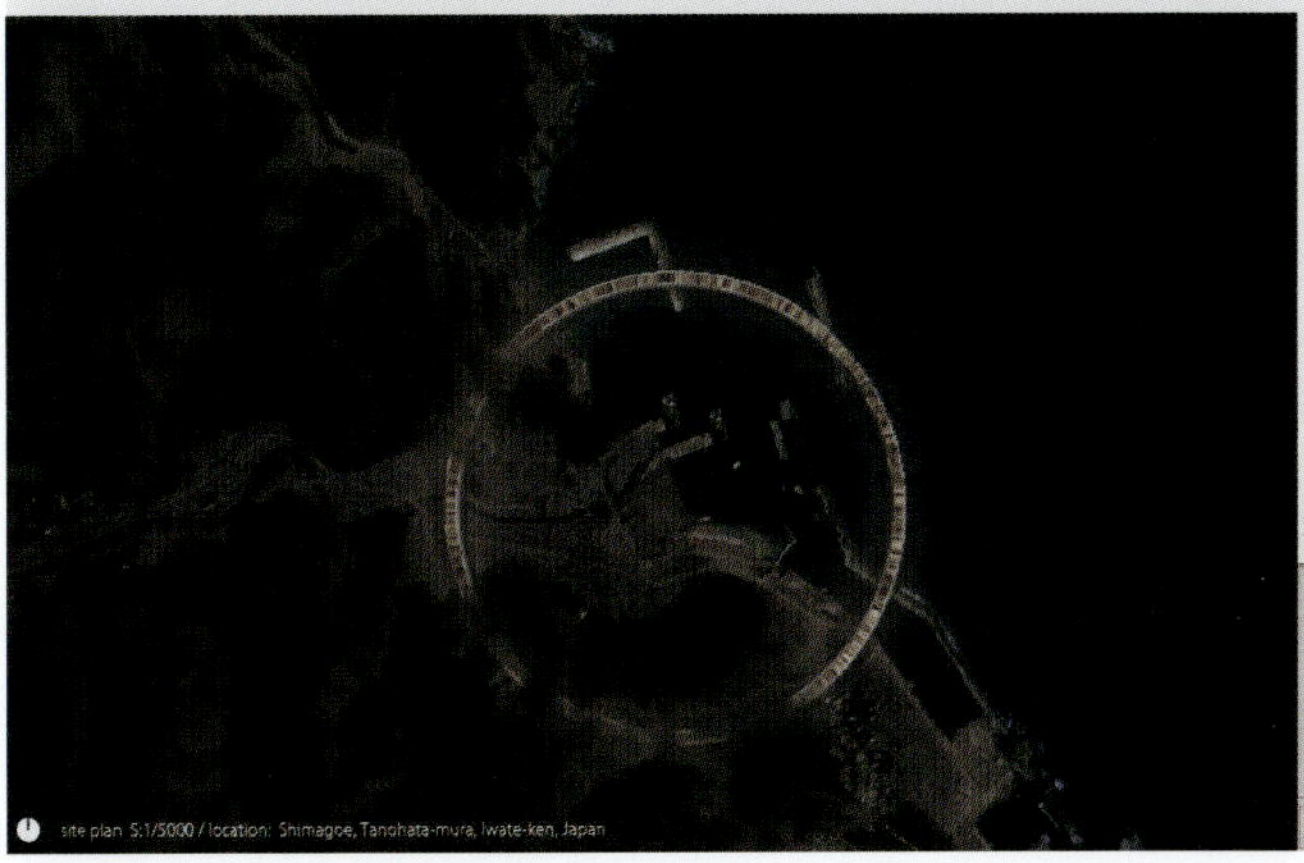

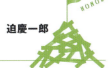

GOLD

橋本剛

フリーランス

ある断面のある連続

［設計趣旨］

既知なるアイコンを組合わせ、未知なる連続空間を創ることで、見える／見えない空間の成り立ちを試行する。『見えること／見えないこと』を『線的な多様性／点的な対立性』と読みかえる。

このモデルが創りだす空間はアイコン（条件／意図／形態）同士の対立性が生む緊張感で張り巡らされた多様性という名のシェルターであり、異なる見えない関係性を繋ぐ建築という行為を体現した『連なっている形／linkingform』のプロトタイプである。

GOLD

古澤大輔

記号を組み合わせた魅力的な思考実験

思考実験ではあるんですけど、生み出されている形が想像以上に豊かで興味を持ちました。多角形の断面の連続でできている空間なのですが、三角形四角形五角形というようなわかりやすいプロセスではなくて、記号的な多角形をまったく予想不可能な形でつないでいる。しかも家形や熊のように子どもが描くような記号をあえて選んでいる。それらをつなげていくと予想を超える豊かな空間ができていることが断面パースで示されていて、そこが魅力的でした。

それぞれの多角形同士の関係は実はよくわからない提案です。でも、そのわからない部分をうまく使って建築として構成していますね。断面の多角形の選定は魅力的な空間をつくるきっかけにすぎなくて、その判断を他者に委ねていて、他者性をうまく利用していると思いました。

SILVER

倉方俊輔

世俗と観念の間を空間化した魅力的な提案

形のもつ意味が二重の意味で曖昧だということを空間化しています。一つは形そのものがアイコンであり意味を持つという点で、形と意味の関係における曖昧さです。もう一つの曖昧さは、どこまでが形として捉えられるのかということです。目の前に見えているものが持つ意味は、ものだけでは判断ができません。観念や文化によって意味づけられるものです。認識の基盤になっているのが空間になっているという意味で、見えること/見えないことの関係性が建築空間として表されている点を評価しました。

プレゼンに描かれている全部のアイコンを重ねた正方形の形は、レオナルド・ダ・ヴィンチのウィトルウィウス的人体図にも見える。どこまでポップで、どこまで建築の根源を考えているのか。そういった世俗と観念みたいなものが結びついているという点もとても魅力的です。

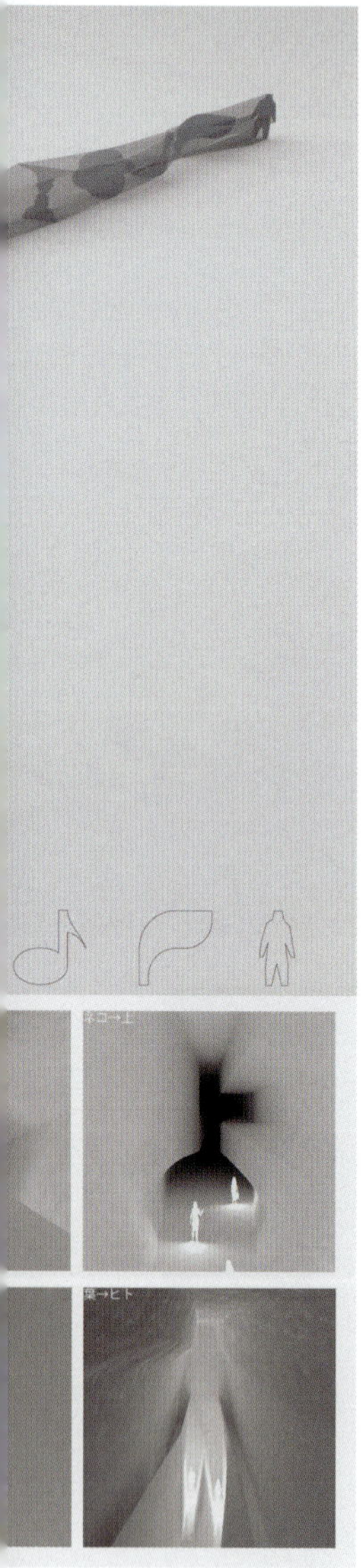

五十嵐淳

アイコンを断面に用いたときに起きる、空間の変化

一見すごく馬鹿げた形をしているアイコンが、断面になった途端に空間、建築になっています。アイコンとアイコンの間に起こる空間の変化みたいなものもすごくいい。用途としてどうだとかいうことはさておき、こういう建築は見たことがないと思いました。

椎名英三

空間をつくる方法がユニーク

ここには今まで見たこともないような体験ができるような空間が生じていて、空間をつくる方法としては非常にユニーク。僕自身も今まで全く考えたことがない方法で空間をつくれるというということを喚起させてくれた。そういう力を感じて選びました。

松岡聡＋田村裕希

見るという行為の瞬間性

「見る」という行為が、動きと変化のなかで捉えられています。走っている人の一瞬を捉えた写真が、思いもよらない姿に見えるように、瞬間と瞬間をつなぐ意識が「見る」ことの本質であると教えてくれているような気がします。一瞬の断面みたいなものが表れて、それが次の一瞬の断面との関係で形態ができて、濃淡、陰影が生まれる。そこが綺麗で面白い提案になっているので評価しました。

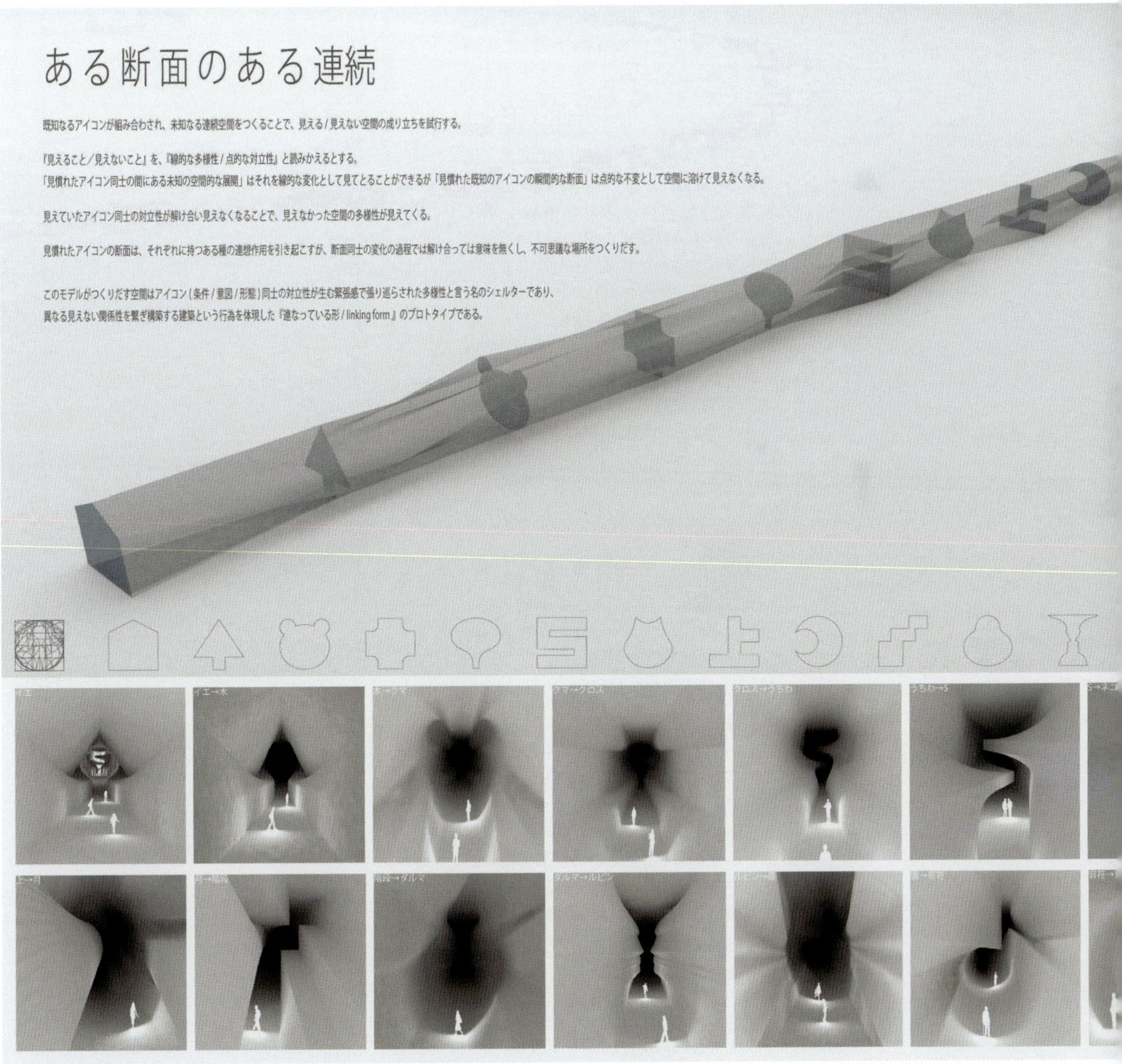

GOLD

坂上優

芝浦工業大学大学院理工学研究科建設工学専攻修士２年

白紙路地

［設計趣旨］

都市には眼を背けていた隙間が無数に存在します。

その隙間の外壁に沿ってタイルを貼っていくように、白色の紙を貼っていきます。

するとさっきまで薄暗かった隙間に、白紙の乱反射によってたちまち光が満ちていきます。

都市の裏面に新たな環境が生まれ、少しだけ快適で少しだけ人々を幸せにしてくれる眼を向けたくなるような空間が現れます。

眼を背けていた都市の隙間に生まれた眼を向けたくなる白紙路地のリーディングスペース。

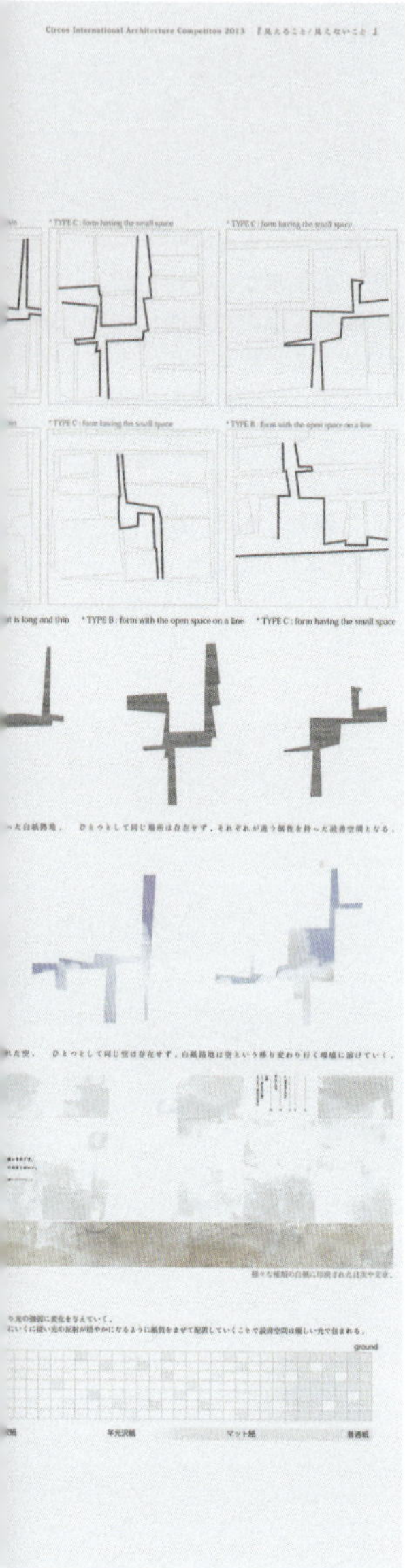

SILVER

古澤大輔

些細だけれど重要なことを気づかせてくれる

この案の強いところは、単なる形状に着目して、その形状を分類した上で細部に反応しているところですね。普段見慣れた街にある隙間がどれもひとつとして同じ形状ではないんだということを我々に気づかせてくれる、発見的な提案だと思います。しかも、隙間という隣地境界線を空間化することで、建物と建物の関係性を更新していくという想像を刺激するような案ですよね。たとえば雪が降って境界線が見えなくなると、すごく綺麗になる。そういった、些細だけれども、重要なことを気づかせてくれます。

隣地境界線というのは所有権を示すウェットな境界線ですが、そういう部分を共有して豊かな空間づくりにつなげていくことが、都市のあり方として豊かなんじゃないかなと思えました。

貼っていくのは必ずしも紙じゃなくてもいいかもしれませんが、バリエーションは今後の研究課題だとしても、選ばれた形状が美しく見えてくるというプレゼンはうまいと思いました。

SILVER

五十嵐淳

リアリティのある情景を思い浮かべられる

この提案には、人間を前提としたリアリティがあります。どんな作品であっても、リアリティのかけらもないものはよくないと思っています。実現可能かということではなくて、感覚として人間的であるかという意味です。この案は具体的には紙を貼ることしか提案していませんが、それが貼られた時の路地の風景や匂い、光、あるいは雨が降って紙がびちょびちょになって剥がれていく光景すら、僕には情景として思い浮かべられる。だから選びました。学生に限らず、身体を常に考えている人って少ないですよ。

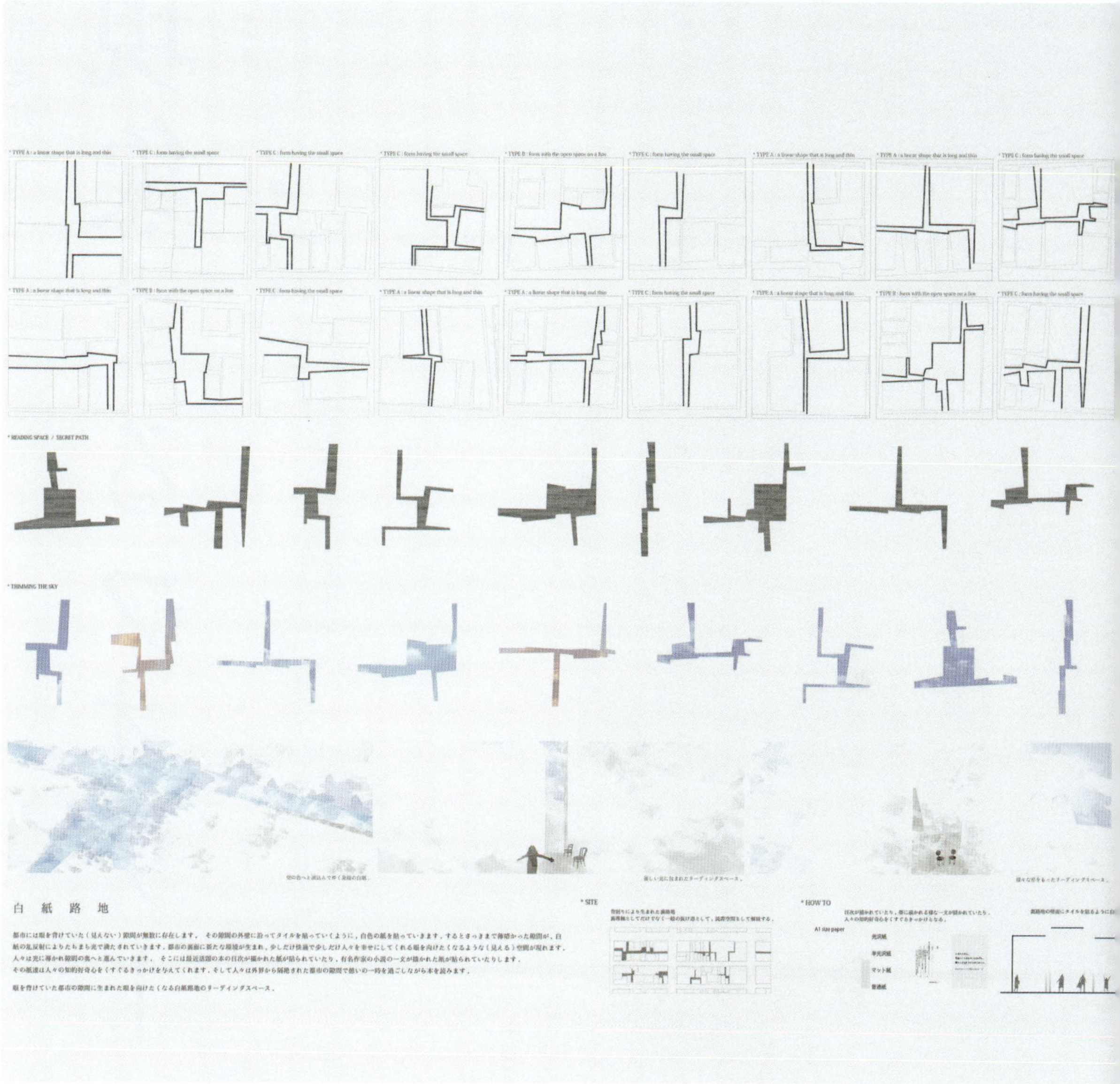

門脇耕三

人の動きを強制せず 空間の再発見がある提案

ビルが建て詰まっているような状況の都市に着目したもので、ビルの隙間に白い紙を貼って、そこを明るくしようという提案です。紙には明度の差があり、光沢紙から普通紙まで貼り分けて、隙間を一様に明るくするものです。

この提案は、見えないものを見えるようにするということに関して、それほど強制力を伴わないと思うんです。都市の中で普段気にも留めない隙間が、ただふわっと明るい。しかも、そこを歩く人の体の向きを変えさせようとまではしていないと思うんですね。何か特別なものをつくろうとしているのではなくて、日常の延長のようなものとして、隙間を再発見している。特殊なものをつくって強制的に目を配らせるような提案ではない。今回のテーマに対して極めてスマートに解いていて、共感できました。

GOLD

廣田竜介

立命館大学理工学部理工学部建築都市デザイン学科学部３年

現象するフォリー

［設計趣旨］

ある空間を“糸“で満たしてみる。

するとそれまで「見ていた」日常の風景が新たに「見えていなかった」非日常として空間に現象する。

今日もこのフォリーは人々が捉えられない日々の微小な変化を物語る。

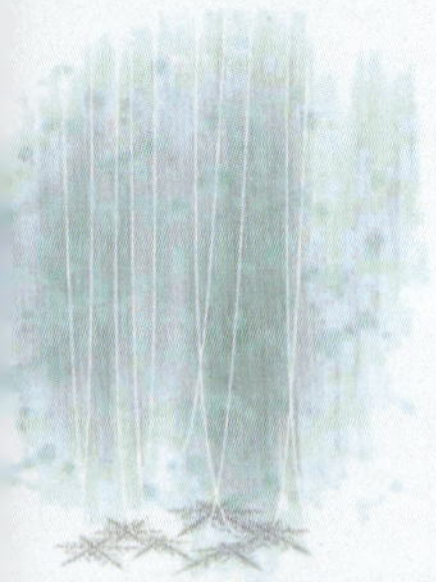

“雪”固まる

“夕日”染まる

近藤哲雄　**空気をつくっているみたい**

この作品は普段私たちの身の回りで当たり前に起こっていることが、どれくらい楽しく美しいことか伝えようとしているのかなと思いました。様々な現象をビジュアルに変換するフォリーというのは今回のテーマにわりとストレートに答えていると思います。ドローイングもきれいで本当にできたら見てみたいと思わせる説得力があります。

人間がはいるとさらに複雑でおもしろい空間になりそうですよね。すみっこで誰かがちょっと動くと全体がざわざわしたりとか。

現象するフォリー
普段意識することのない微小な空気の流れ、
光と影、天候の変化
それらが過剰に反応する糸によって再定義される
ここは「見えていること」から「見えないこと」
が現象される場
日常と非日常を司るこのフォリーは今日も
「見えないなにか」を語る
“風”揺れる
“雨”滴る

門脇耕三　突き抜けた美しさが説得力を持つ

リング状の構造物の上に透明な天井を貼って、糸を垂らすという提案です。空間を満たす糸が気象的な現象を拾うだろうという考え方ですね。雨が降れば糸に沿って水が滴るだろうし、風が吹けば揺れるだろうし、雪が降ると凍って固まって、あるいは夕日が照らすと糸が夕日色に染まるというものです。

この提案は、見えないものを顕在化させるためにかなり操作しています。ごく自然の現象を、特殊ですごく目を向けたくなるような現象に転化させて、見えるようにしている。ここまで強制力を働かせるには、やはり設計者の意図や思いが必要です。見させるということを設計者自身が信用していないような提案もある中で、この提案ではできた空間が非常に美しいものとしてつくられている。美しさというのはそこに強制的に目を向けさせるための十分な説明になると思うんですね。みんなが悩んでいたことを、美しさという強度によって突破できている素晴らしい作品だと思いました。

GOLD

メガネの家

勝又亮介
宇都宮大学大学院工学研究科地球環境デザイン学専攻修士1年

谷風美樹
宇都宮大学大学院工学研究科地球環境デザイン学専攻修士1年

稲川芽衣
宇都宮大学大学院工学研究科地球環境デザイン学専攻修士1年

［設計趣旨］

ものとものの関係は視覚的距離に大きな影響を受ける。

この家は窓ガラスをメガネのレンズに変えることで、対象物との視覚的距離を狂わす。

アリの動き、葉の葉脈、都市の風景、惑星の形。様々なスケールのものがレンズによって新しい見え方をする。

普段は意識もしていないものが見えるようになり、見慣れているものが別のもののように見える。

視覚的距離を操作し、家の中に多様な景色をつくることで、豊かな空間ができると考えた。

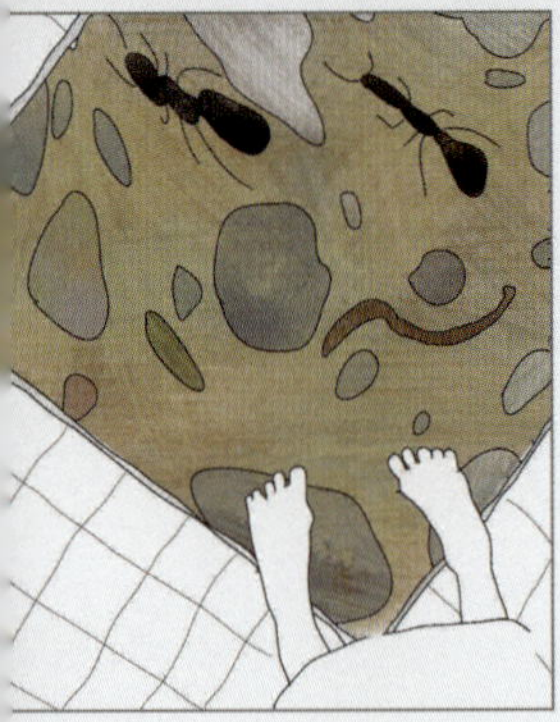

大きなアリ

6　葉の葉脈

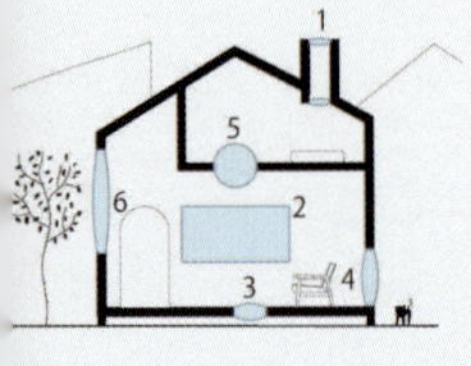

section

迫慶一郎

明確なコンセプトとプレゼンテーションが秀逸

窓は空間に時間軸を与え、それによって空間に変化を生み出すものです。その窓に平面ガラスではなく3種類のレンズを入れることによって、外部との関係を従来のものと全く違うものにしている案です。しかも、1階と2階を仕切る床にも窓を入れて、垂直の関係も新たに定義している。応募作品の中で、非常にシンプルで目につきました。漫画タッチで柔らかい雰囲気を醸し出しながらも、実は建築の本質に迫っている。そこが面白い。

コンセプトが明解な場合、このような引き算的なプレゼンでまとめるのも一つの方法ですね。レンズをブルーで表し、レンズが繰り出す風景だけを彩色している。色を必要最低限にしているので、やりたいことが非常にはっきりわかります。

難があるとすればタイトル。レンズという言葉を用いるべきだったんじゃないかな。メガネと言い換えてしまうと、最大の武器であるレンズの意味が最初は伝わりませんでした。

松岡聡＋田村裕希

レンズの特性をもっと生かせたかも

煙突で望遠鏡のように宇宙を眺めたり、床に穴を開けて顕微鏡で生きものを見たり、そういうところが純粋に楽しそうだということで選びました。見えることについてマニアックな視点をもって考えているようですが、たとえば、さらにレンズの明るさ、暗さってありますよね。部屋の明るさもレンズを使って変化させても面白かったなと思うと、ちょっと惜しいですね。

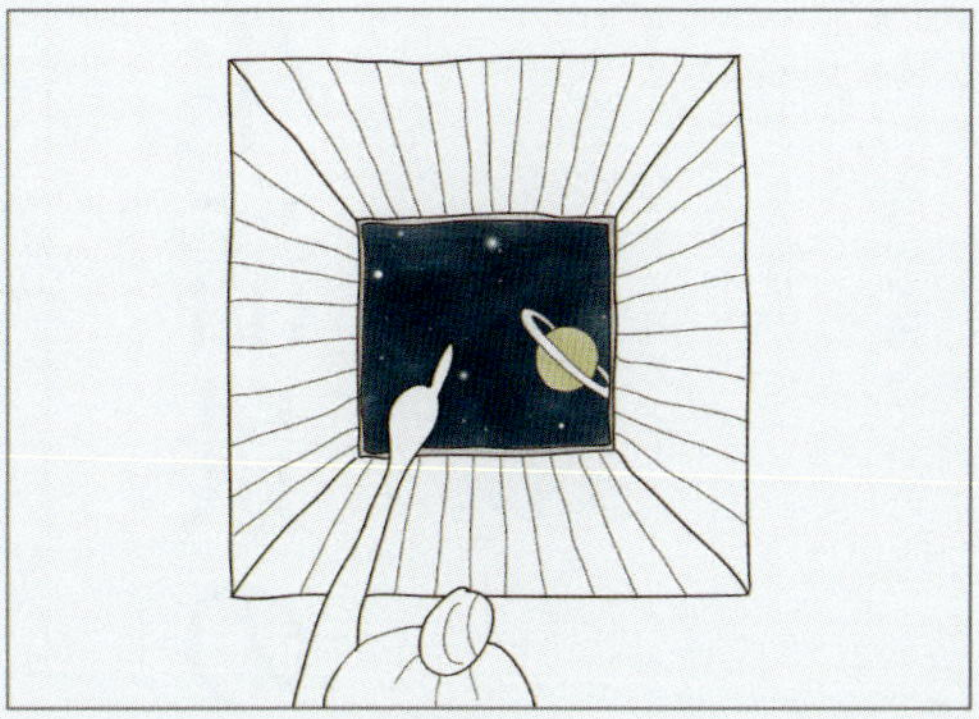

1　土星の輪

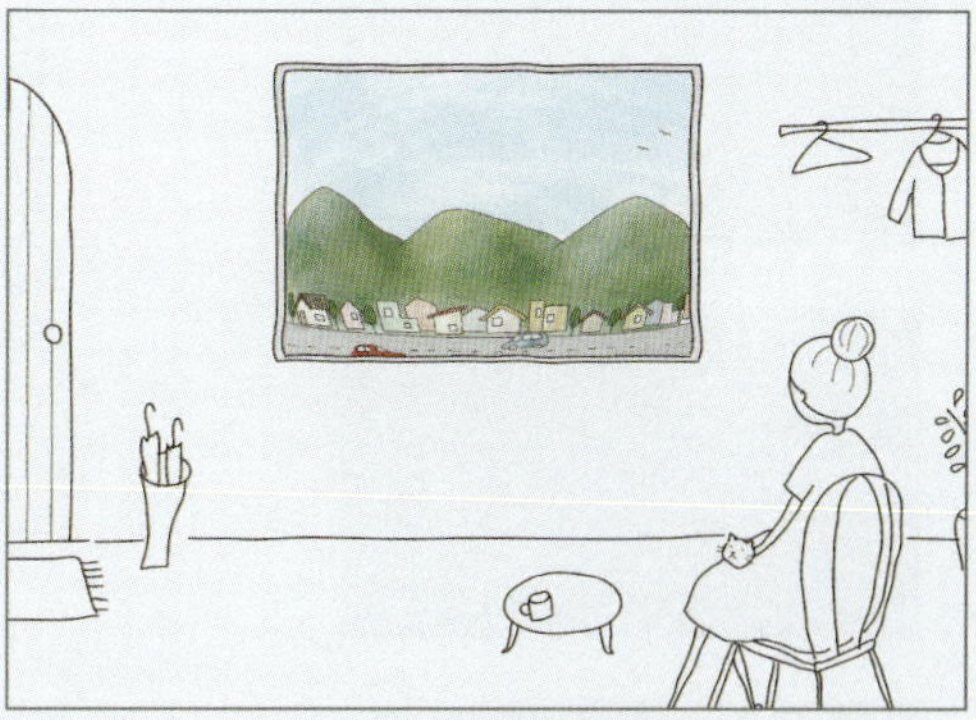

2　ジオラマのような都市の風景

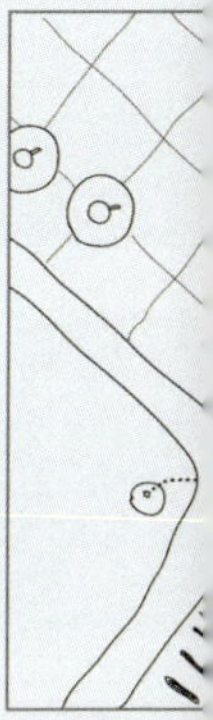

4　ヒョウのような猫

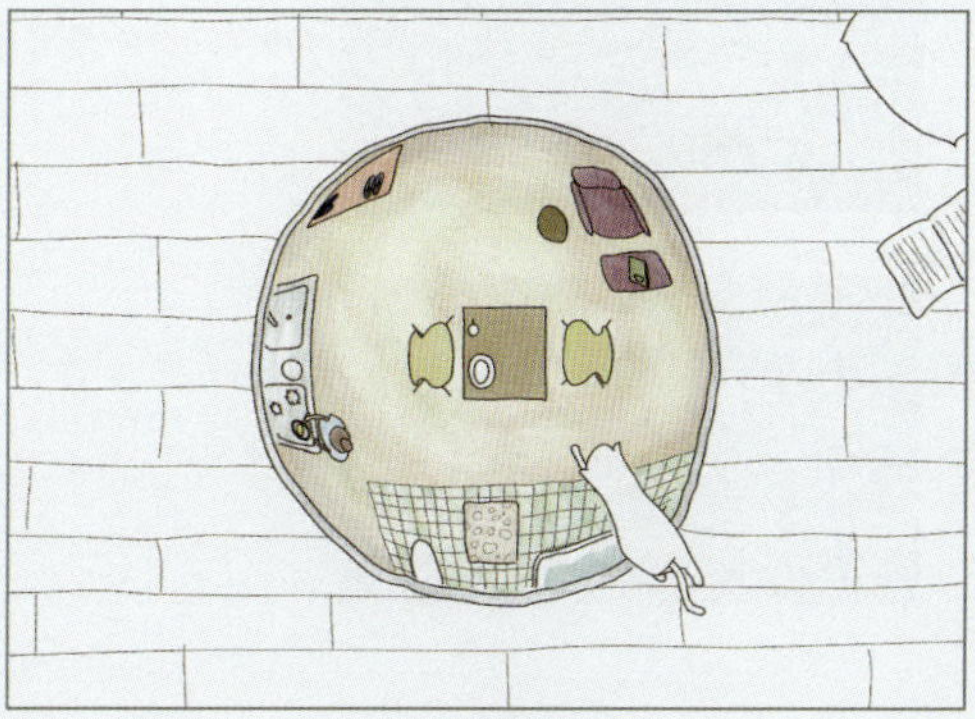

5　下の階の様子

メガネの家

ものとものの関係は視覚的距離に大きな影響を受ける。
この家は窓ガラスをメガネのレンズに変えることで、
対象物との視覚的距離を狂わす。
アリの動き、葉の葉脈、都市の風景、惑星の形。
様々なスケールのものがレンズによって新しい見え方をする。
普段は意識もしていないものが見えるようになり、
見慣れているものが別のもののように見えることで、
家の中に多様な景色をつくり、豊かな空間ができると考えた。

凸レンズ
近くのものが**大きく**見える

凹レンズ
近くのものが**小さく**見える

球レンズ
広い範囲のものが見える

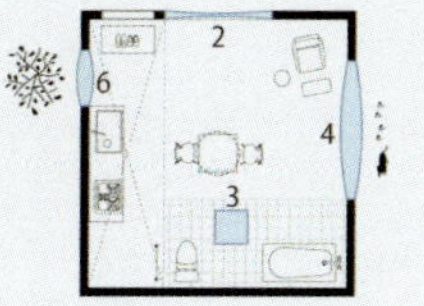

1st floor plan

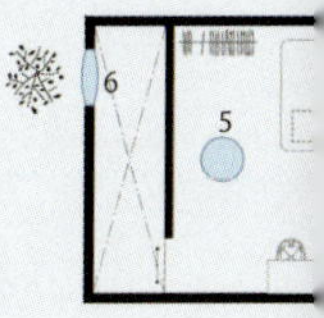

2nd floor plan

GOLD

跡
―生活景の通過―

加藤聖也
早稲田大学大学院創造理工学研究科建築学専攻修士1年

［設計趣旨］

生活景とはなんだろうか。
目に見えるような見えないような。
たしかに団地を歩いてるとそんな風景は見る。
しかし、私は廃墟を歩いている時に、
今までに見たこと無いほど鮮明に生活景が
頭の中を入り込んできた。
そこに生活の実態はない。そこに食器が落ちていたり、
リモコンが落ちていたりする。
そういった生活が過ぎ去った断片を見た瞬間に、
頭が見たこともない人の生活で満たされた。

倉方俊輔

見えているもので見えないものを可視化した作品

この作品、実は何もタイトルが書いてないんですが、スケッチの中に「見えること、見えないこと」というものに対する思想が表れている感じがしました。

廃墟と言えば廃墟なんですけども、いかにも廃墟っぽい工場や住居のようなものもあれば、一方で、もっと身近な生活の湿度の高い感じの廃墟もある。時間が経つと、そこから溢れ出たものやゴミなどいろんなものが一緒になって、独特な迫力を出していくことをよく描いています ね。建築や空間は、建物だけではなく、そこから溢れだしたものも含めているわけです。目の前に見えているものが見えないものを可視化しているということを、見えるものとして捉えて描いていると思います。

松岡聡＋田村裕希

作者自身からの問いかけが感じられる

物が溢れすぎていて、書き込みが過剰で、見えすぎていることで見えない状況みたいなものをつくっている。それらがタイル状に並ぶと、そもそもいつも何を見ているんだろうという疑問が沸いてくる。しかもそれらが廃墟じゃなくても、実は日常の生活空間でも観察の仕方によってはこんな風に見ているんじゃないかと思えたりもする。この作者は、ものの認識の仕方に共通する新しい投げかけみたいなものをしているんじゃないかな。

門脇耕三　不可視なものを定着する努力

廃屋を丹念にスケッチしたシーンを等価に並べただけの作品です。説明が全くない、ある意味で不親切な作品です。しかし、何かをスケッチするということは、自分の身体を通じてみんなが同じように見ているものを異化させる作用がありますので、この課題に対するアプローチとしてはすごくまっとうだと思います。廃屋について執拗にスケッチを繰り返して、誰しもが感じるわけではない迫力やおどろおどろしさ、物悲しさを定着させようとしている。その定着によって初めて見えてくる何らかの質がある。非常にオーソドックスでありながら、あり得る提案だと思います。

これが何らかの提案に至ってはいない点が、最大の議論のポイントですね。私は、とにかく20枚のスケッチをものすごいエネルギーをかけて描くことによって、自分がリアリティを感じている、しかし、万人に見えるわけではないものを見えるようにした労力に対して、敬意を払いたいと思います。

GOLD

みる みられる ゲキジョウ

吉野真実

神戸大学工学研究科建築学専攻修士1年

［設計趣旨］

このゲキジョウは　線路　商店街　住宅　ビル　に囲まれた場所にあり
すすんでいくにつれて　場面がかわるように
くるくると　みえる景色が　入れかわります
訪れたひとは　みえる　みえない　みる　みられる　を　くりかえしながら
少しずつ　すすんでいきます
すべての日常は　劇的であり　みているわたしは
みられているあなた　かもしれない

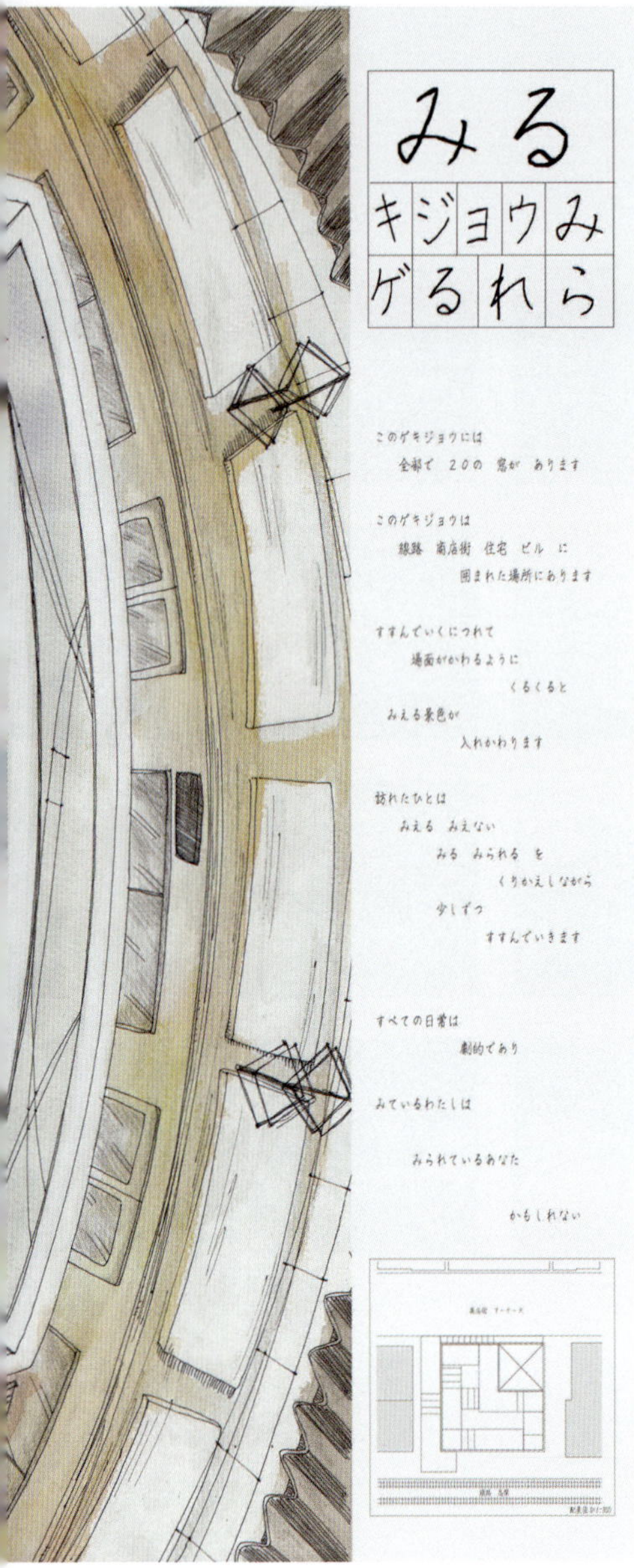

松岡聡＋田村裕希

見る、見られるという視点の扱いが面白い

実際は外からのぞかれているような窓なのに、逆にこっちから四周をのぞいているような視点が面白いと思いました。窓の向こうに何があってほしいかということから、何を演じるということが決まるような逆転も面白いと思います。果たしてこれが劇場としてどう機能していくか、劇場としてどんな魅力をつくっていくかが、窓から見える風景で想像できるとさらに楽しいかなと思います。

五十嵐淳

楽しさを感じつつリアリティを獲得している

見れば見るほどにある種のリアリティを受け取ることができる。ドローイングは漫画チックですが、僕にはこの情景がリアルに思い浮かびます。小さなスケールの中でこういうことが起きると、それは面白く楽しいものなんじゃないかと。「楽しい」というと抽象的な言葉に聞こえるかもしれませんが、建築や人間が創出するものの最も重要な事柄はそこだと思っています。そういうものに取り組みつつリアリティがあるというところに共感しました。

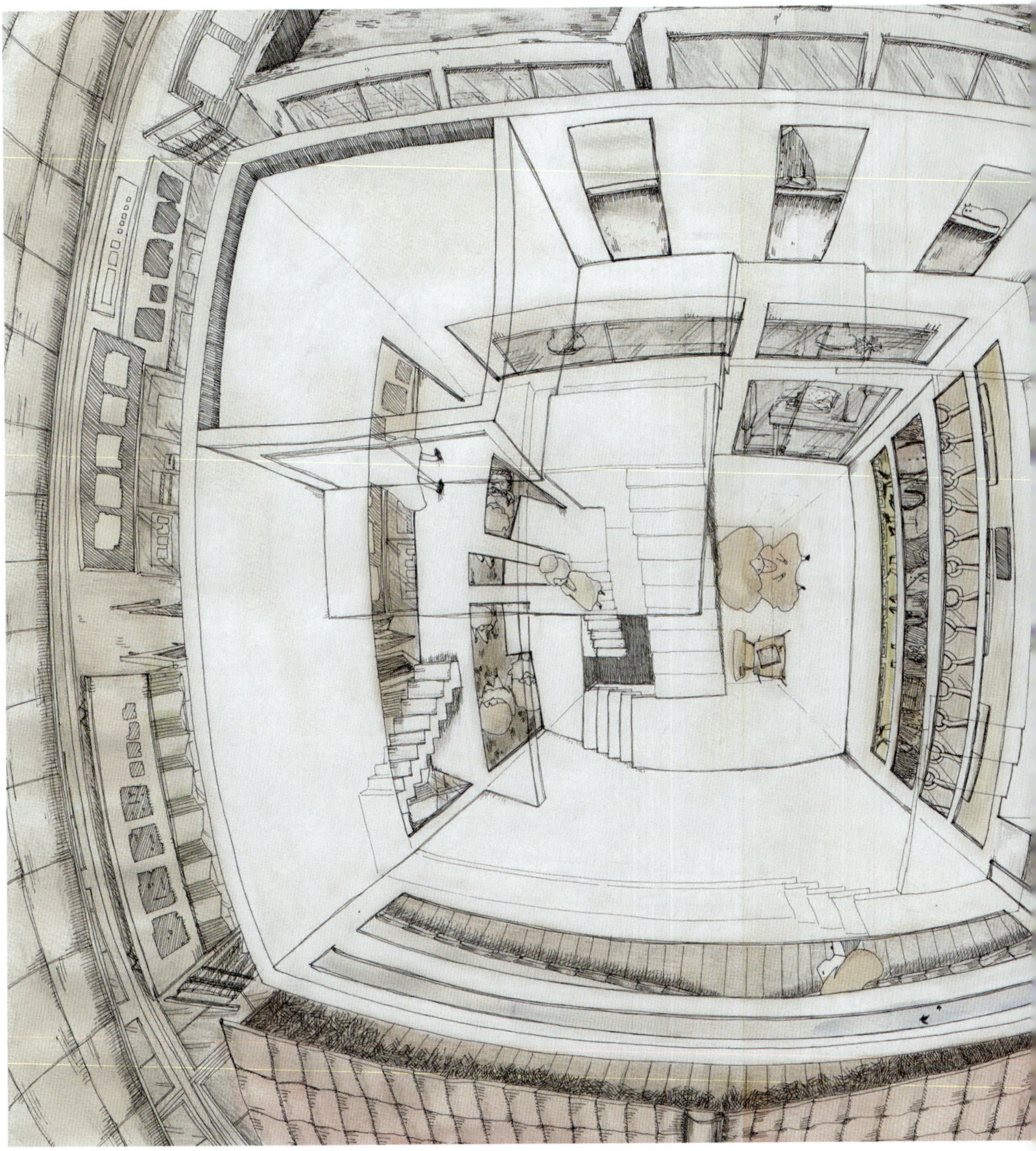

米澤隆　**両義的な建築の姿あらわに**

建築というのは、その人のためのものであると同時に、他者のものでもある。見ていたはずが、気が付けば見られてもいる、日常の生活の中に劇場は存在していて、1人ひとりが観客であると同時に、演者でもある。個人と社会の関係を架橋する際のようなところに、存在しているのが建築です。そういった関係を作品として顕在化させている。

その意味で、建築の根源を問い直しているような作品のように思われました。見る／見られる、つくる／生まれる、日常／非日常のように、図と地の関係と言われるようなもののように、建築行為とは、両義的な側面を併せ持っています。建築とはその中で、主体と客体という立場の間に身を置いて、物や人、事、現象の関係を構築していくことにほかならないのではないかと、僕自身は常日頃考えています。

GOLD

薄れゆく感覚と、そこに射す光

高橋拓生
信州大学大学院理工学系研究科建築学専攻修士1年

［設計趣旨］

消費されることのない、そこにしかない美術館を考えたい。

建築を構成する床・壁・天井の交わる角を曲線にしてみる。

輪郭が消えることで建築は背景から消え去り、薄れゆく感覚の中で、人は純粋に作品と対峙する。

そこでは光だけが確かなものとして存在し、人の行動や行き先を誘導する。

しかしその光も季節・時間・天候により表情を変え、昨日とは違った作品たちと出会う。

繰り返されることのない非日常な体験。一期一会の美術館。

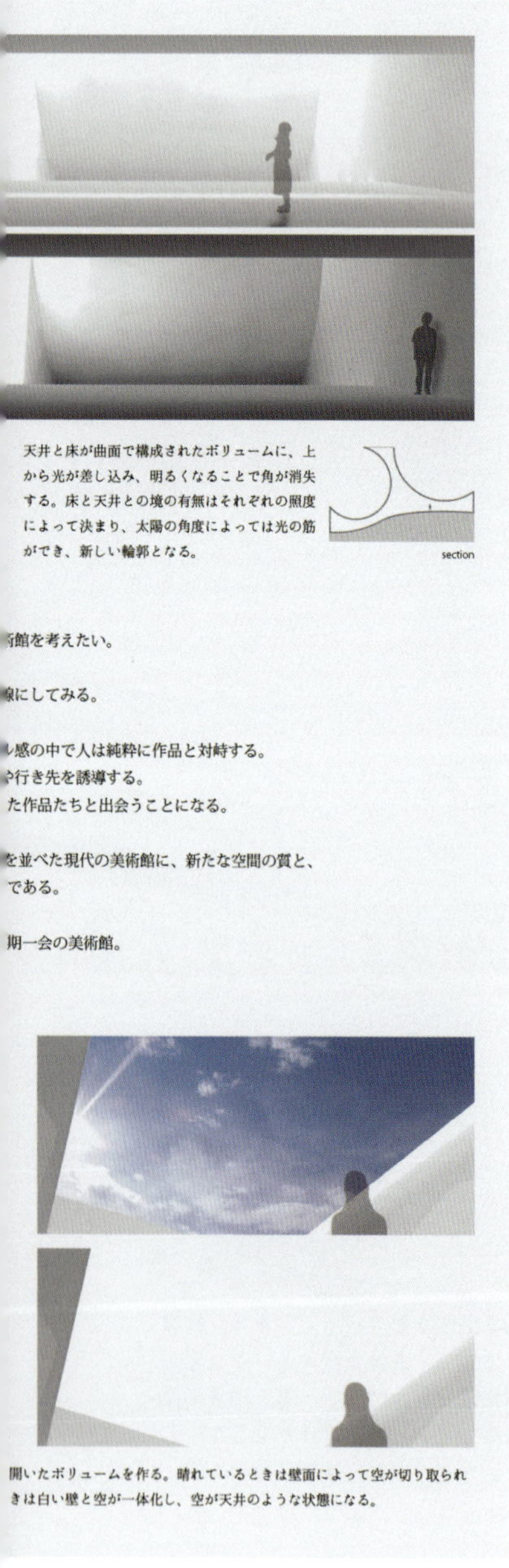
天井と床が曲面で構成されたボリュームに、上から光が差し込み、明るくなることで角が消失する。床と天井との境の有無はそれぞれの照度によって決まり、太陽の角度によっては光の筋ができ、新しい輪郭となる。

section
術館を考えたい。

線にしてみる。

感の中で人は純粋に作品と対峙する。

や行き先を誘導する。

た作品たちと出会うことになる。

を並べた現代の美術館に、新たな空間の質と、
である。

期一会の美術館。

開いたボリュームを作る。晴れているときは壁面によって空が切り取られ
きは白い壁と空が一体化し、空が天井のような状態になる。

椎名英三

**新しい空間を生むための
ひとつの手続きを示した**

床、壁、天井といったものと、光と開口部との関係をスタディした案でした。これは僕自身がいつも考えているようなことで、それをうまく抽象化しています。「どういったことがそこにあるのか」をスタディしたモデルで、素晴らしい。新しい空間を生むためのひとつの手続きとして有効だと思って、選びました。

北川啓介　建物を構成する要素よりも、建築の状態に比重を置いた案

壁や床、天井、柱といった建物を構成する要素の言葉があまりなくて、輪郭とか指向性といった「何々のような状態になる」といった空間の変容の仕方に着目した案です。光に注目して、ハード的にはほんの少し気遣うだけで、こんなにも空間がダイナミックになる。

さらにこの提案は、たとえば天井高のような物理的な大きさにあまりとらわれることがない。輪郭とか指向性はノンスケールなものなんですね。大きさを超越しているという意味で、空間の力をすごく信じている案だと思いました。

選考の途中からずっと気になっていて、最後の最後まで残って、最終的にも、この作者に会ってみたいと一番思ったのがこの作品です。アイデアコンペでもなかなか出会うことが少ないですが、30年、40年経ってからもう一度訪れてみたいと思わせてくれました。

01

筒状のボリュームの角をとる。その角のうちの一つを外に向かって開き、採光を採る。筒の先は過剰な光によって輪郭が消失する。
奥に見える光と、道しるべとなる光。

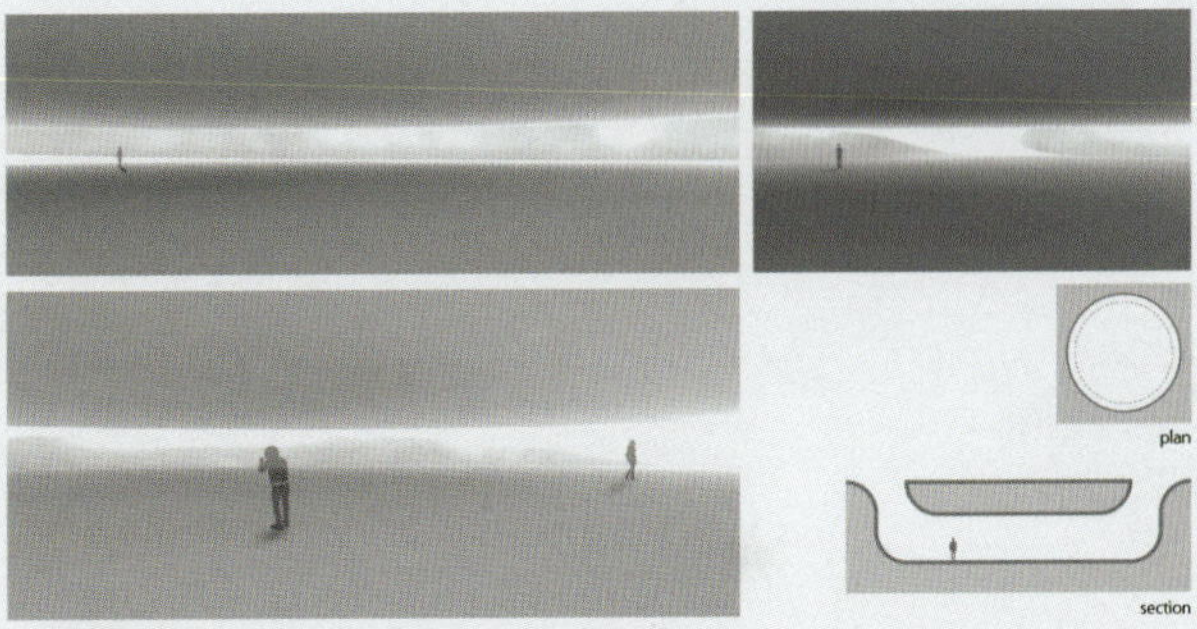

02

円盤状のボリュームの外周から光が差し込み、水平線のような風景が生まれる。光が差し込む方向によっては影によるエッジができ、無指向な空間に光による指向性が生まれる。

薄れゆく感覚と、そこに射す光

-Out line is fading away , light is shining-

決して消費されることのない、そ

建築を構成する、床・壁・天井

輪郭が消えることで建築は背景から消え去り、薄れゆく
そこでは光だけが確かなものとして存
しかしその光も季節・時間・天候により表情を変

外部から固く閉ざし、" ホワイトキューブ " と称されるように
出会いの楽しさを付加す

決して繰り返されることのない非

04

ドーム上のボリュームの上部に穴を開ける。反射によってぼんやりと中を照らすが、隅までは届かず、暗闇によって輪郭が消失する。

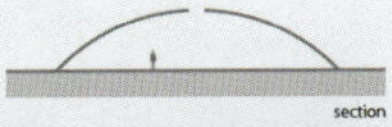

05

アールを用いた筒を穴の抜ける方向に拡大／縮小する。筒の先の光によってそのスケール感を知覚することができ、今いる反対側の空間の大きさも同じであると錯覚を起こす。

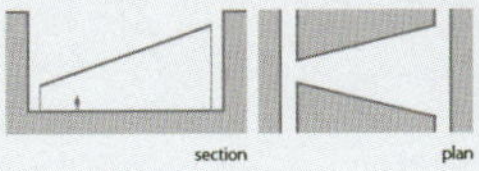

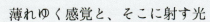

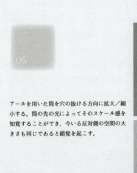

古谷誠章

広がりと距離感を規定する椅子の存在

何の空間的な装置も、大掛かりなものもないのに、椅子の向きを規定するだけで、可視的なものから不可視なものまで扱えている。ただの見える/見えないというよりは、意識から外れていくようなものへの広がりを連想させるところがあります。それと、椅子は距離感をあらわすと思うんですが、まわりに異なる椅子の要素があることで、一様な空間のようでいて、ポイントごとに変化に富んだ特徴や個性が生まれているんですよね。こんな簡潔な手法でそういうことが表現できていることに対して、最初から印象に残っていました。

人同士をサインによって、気ままな感情可視化し、コニュニケーションを発生させる。人と人とを椅子とサインを使ってささやかにつながりを持たせながら感景を築いていく

fig2：高さの異なる椅子による視線の交差、感情の意思表示

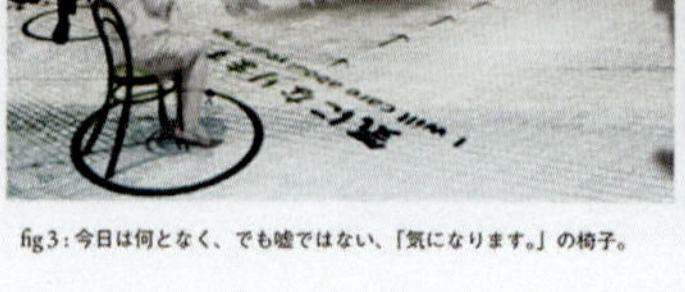

fig3：今日は何となく、でも嘘ではない、「気になります。」の椅子。

fig4：椅子同士の距離と隣り合う高さによって縦方向に動きを与える

宮崎侑也 東京藝術大学大学院美術研究科 建築専攻修士2年
佐藤春樹 芝浦工業大学大学院理工学研究科 建設工学専攻修士2年
奈雲政人 慶應義塾大学大学院 メディアデザイン研究科修士2年

Communication Graph Chairs

［設計趣旨］

人が共通して持つ「感情」を種として蒔く事で居心地の良い場所を作る。
全く関係の持つ事の無かった他人同士をサインによって、
気ままな感情可視化し、コニュニケーションを発生させる。
人と人とを椅子とサインを使ってささやかに
つながりを持たせながら感景を築いていく。

五十嵐淳

HONOR

“建築”ではないけど魅力的

決して建築ではないと思いながらも、僕には魅力的に見えました。ここで描かれていることが、もしかしたら本当にこういう風に起きるかもしれない。それが起きた時に、特殊な快楽ではあっても、居心地のよさを感じる人はいるだろうと思いました。一見ありえない案かもしれないけど、やはりある種のリアリティがありました。

倉方俊輔

HONOR

コミュニケーションの連鎖をシンプルに見せている

全部同じ椅子なのに、その椅子がどこに置いてあって、何が書いてあるかだけで、座っている人の意味まで変わってくる。座っている人にとっても、書かれた文字が本当に真意なのか、別の受け答えを予期しているのか。内容そのものよりも、内容が働きかける効果に期待して相手に働きかけている。コミュニケーションがそういったものの連鎖で起こるということを、シンプルに見せている感じがします。

米澤隆

HONOR

3次元と2次元の間で人が誘導されるシュールな案

均質な3次元の空間が2次元の文字や言語によってタグ付けられ、3次元と2次元の間で人々の行動が誘導されていくシュールな案だと思います。現代の人々は、あらゆるところで実空間と虚の空間を行き来していて、その2つの世界の重ね合わせの中で生活しているように思います。そのあるべき空間像、人間関係を問いかけ直しているような、技量のある作品ではないかと思いました。

fig 1：上から見える、人にサインの動きの相関図。

GOLD

松本文也
芝浦工業大学工学部建築学科4年

早船雄太
芝浦工業大学工学部建築学科4年

宿器（ヤドリギ）～すべてのもののための建築～

［設計趣旨］

自然から自らを守るために人は、自然と人との間に壁をつくった。

それゆえ現在ではイメージ上の自然と本来の自然の姿との間に大きな溝ができてしまっている。

自然との間に壁をつくる建築から、自然とともに場所をつくる建築をつくった。

自然環境に対して建築ができることの新しい手段としての建築を提案する。この建築は開いて閉じる。

「開く」ときは人にとっては建築に見えず、人以外にとっては建築に見える。

「閉じる」ときは人にとっては建築に見え、人以外にとっては建築に見えない。

自然物が本来もつようなVOLUMEだけの建築、
巨木のように、誰しもが寄り添うことができる建築を目指す。

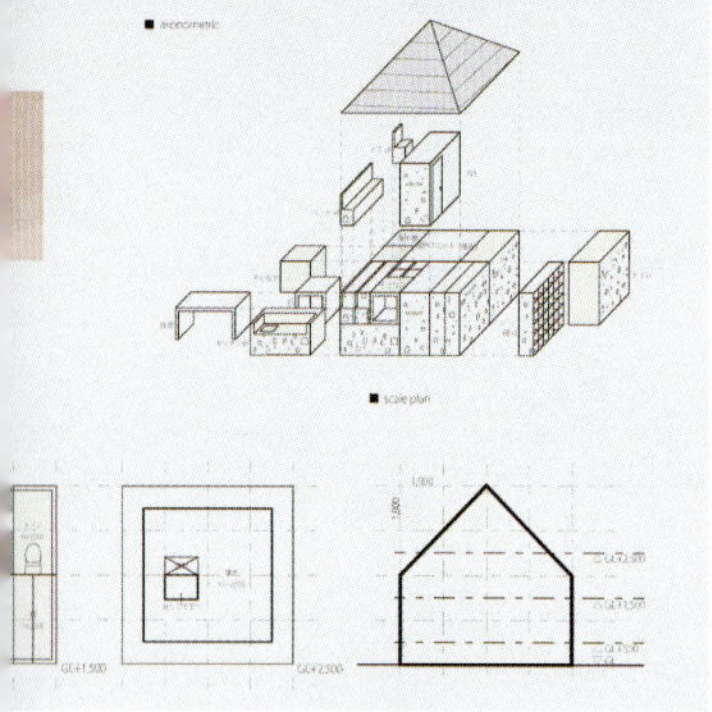

HONOR

古澤大輔

認識のズレをうまく利用した案

人間が思っている家と動物が思っている住まいにあるズレを積極的に利用したデザインですね。しかも体の大きさが違ういろいろな動物が設定されていて、同じ物を見ていても多様な解釈が生まれる。その意味で、主体が変われば見え方も変わるという当たり前のことを積極的に取り入れています。さらに人間が使う時には、ボリュームが分解されて、家形ではなくなってしまう。入れ子をさらに複雑にするような思考実験ですね。

GOLD

松岡聡＋田村裕希

見える／見えない以前の問題に挑む

この作品は、見ることと他の感覚を分けてしまわずに、その間の微妙なところを考えている案ですね。動物は形やくぼみに遭遇したときに、共感覚と言われるような未分化の知覚を駆使して近づいてくるんじゃないでしょうか。一方、人は、これをやはりボリュームとして、形態として見て、建築や家具、道具と認識します。機能と視覚が直結した人間と対比的に動物の感覚を取り上げたところがうまいと思います。

みかんぐみ

自然と人間の関係の両面を見せている

自然と人間の関係の両面を見ようとした案です。建物の外側や中側、あるいは、機能と機能ではない何かといったことですね。人間以外の動物にとっては、食べるものの拠点として家があるのに対し、では人間はそこに何を加えるのかとか、いろんなことを考えさせます。

中村竜治

動物の視点を加え、ものの見え方を相対化した案

動物の視点を入れることで、人に家がどう見えていて、動物に家がどう見えているかを考えさせています。つまり、動物によって人を相対化する案だと思います。まずその視点が面白い。動物のためにいろんな形の壁やいろんな穴があるのですが、それが人によって使われるときにはもう少し機能のような要素が入る、そのギャップが面白いと思いました。

森田一弥

動物との関係だけでも案は成立するかもしれないが

生き物の視点を建築に取り込んでいることを評価したんですが、一方で、動物との関係の提案だけで案が成立するだろうと思いました。建物を分解して、いろんな機能が敷地内にばら撒かれて、敷地全体が家だという別の提案が組み合わさってるんですが、それは必要ないんじゃないかなと思います。

GOLD

暮らしをシェアするマチ

垣中智博
工学院大学大学院工学研究科建築学専攻修士1年

［設計趣旨］

1つの建築内ですべてを補うのではなく、地域社会の中で趣味を活かしながら暮らしを助け合うことのできる街並みの提案。それぞれの住宅には趣味や職能によって集まり暮らすことで1つ1つに特徴を持たせる。趣味や職能の場は地域社会に開かれ、暮らしの中で共有されていくことで、マチ全体に大きな家のような関係を持たせる。Public Lifeを考えることで新たに見える関係と、見えない大きな家族のような関係を生み出していく。

HONOR

井手健一郎

着眼点はよいので提案をもう少し踏み込めば

着眼点と分析、解釈はすごくいいのに、形が弱い。プロセスとしても、既存の街並みにある空家や空き地の選び方と機能、そして繋ぎ方に対するリアリティの提案がありませんでした。それぞれの場所の可能性を読み解いた上で、だからここに風呂をつくる、キッチンをつくる、というところまで突き詰めて提案されているとよい案だったのかなと思います。

や仕事となる
様々な繋がりを生む。この
らしを豊かにする新たな地
etc...
カフェ　図書館
フィス　スタジオ　etc...
■ 土地は国の管理し、建物は住民が管理する
新しい公共を内包する建築では、土地は公有で使用権だけを私有化できる社会システムを採用する。住民が経営・管理を行うことにより国は地区ごとの管理コストを、保有者は初期コストを削減できる。
使用権　私有
土地　私有
SITE
使用権　私有
土地　公有
ンとなる。ある時は住民同士で料
機能する。
■ Case2　お風呂の公共住宅
空きビルになった建物のリノベーション。1，2Fは銭湯として地域に開かれる。住民も訪れる人も玄関を共有し、暮らしの一部を共にする。

家成俊勝＋赤代武志

全体を使いながらお互いを助け合うための方法

赤代：旧来の銭湯や炊事場に代わるものとして、地域社会の中で関わりを生むために機能を統括しています。全体を使いながらお互いが助け合うようなシステムを提案しているところが興味深く、金賞に選びました。土地の管理の話にまで踏み込んでいるところに強さを感じられる作品だと思います。

家成：土地は公有にして使用権を私有にする考え方は、今後ストック活用の課題がいろいろ出てくる中で、よい提案ではないでしょうか。

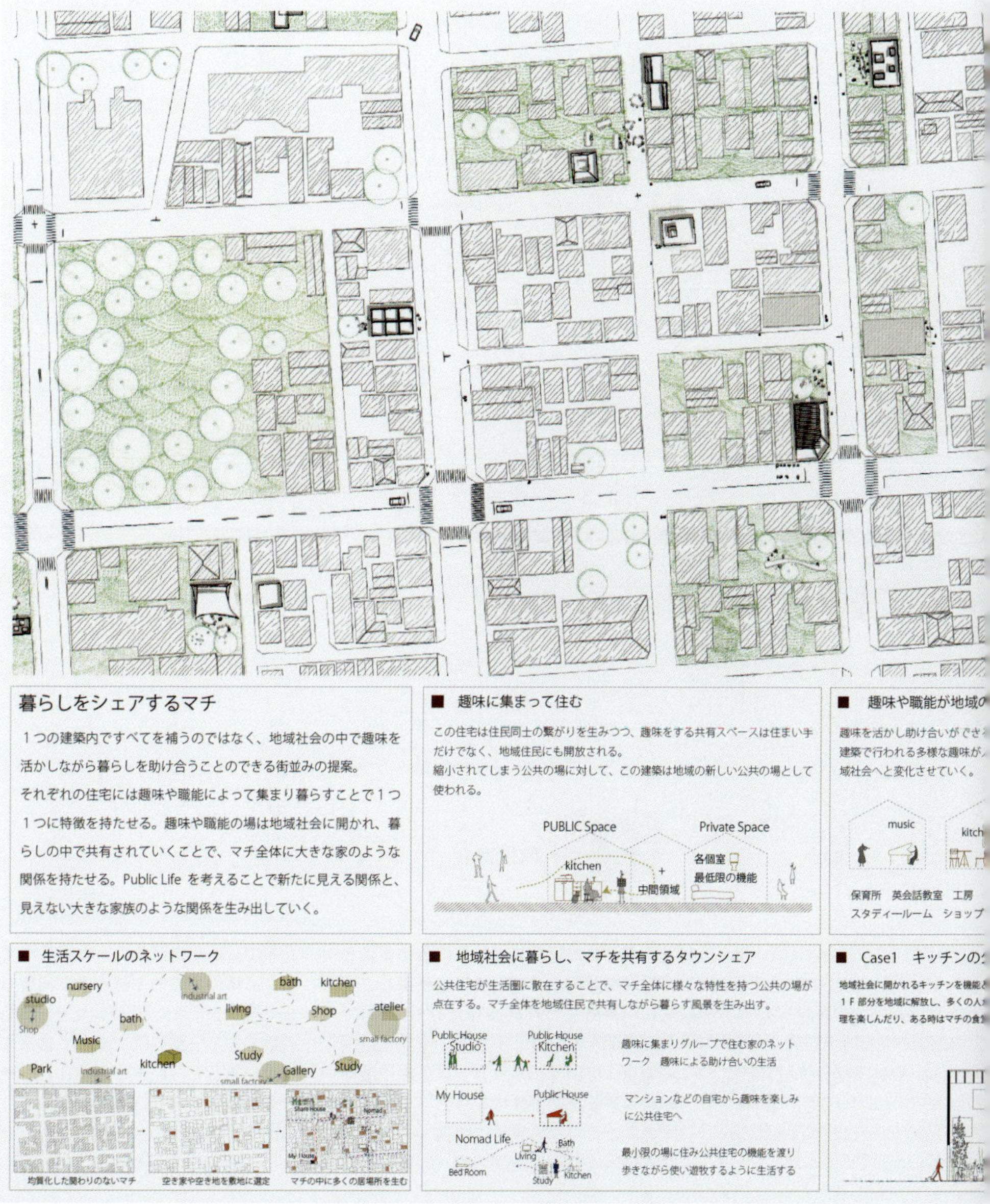

GOLD

藤原芳博

前橋工科大学大学院工学研究科建築学専攻修士1年

雨に消える境界

［設計趣旨］

降りしきる雨。すりガラスの隙間に雨がにじむ。
するると、雨がすりガラスの壁をすこしずつ溶かしていく。
溶けた境界は「人と人の距離感」や「周辺環境との距離感」を変化させる。
たくさん雨が降った日には全体が透明な家になる。
天気の良い日には境界が濃くなって不透明な家になる。
自然がもたらす大きな変化をもった環境の中から自分の居場所を
選び取って生活する心地よさは、きっと日々の暮らしを豊かにする。

雨に消える境界
降りしきる雨。
すりガラスの隙間に雨がにじむ。
すると、雨がすりガラスの壁をすこしずつ溶かしていく。
溶けた境界は「人と人の距離感」や「周辺環境との距離感」
を変化させる。
ざあ
ざあ
ざあ
たくさん雨が降った日には全体が透明な家になる。
から
から
から
天気の良い日には境界が濃くなって不透明な家になる。
自然がもたらす大きな変化をもった環境の中から自分の
居場所を選び取って生活する心地良さは、
きっと日々の暮らしを豊かにする。
断面図 S=1：30
小雨
大雨
半透明
透明

北川啓介

アイデアがよく、いろんなことを考えさせられた案

ザラザラした表面に液体が付着することで透明度が増すすりガラスを利用していて、雨が降ったり結露したりした時に、隣の空間への見通しがきき、空間と空間が繋がっていく。すりガラスに水や液体が付着するその現象に着目しているんですね。ただ、その現象に関連させてガラスを使った空間と空間の間への建築設計として、もっといろいろなことができると、具体的な想像を審査中に何度も膨らませていました。気づいたら、300以上の案の中で一番時間をかけて想像させられていました。いろいろなことを考えさせられること自体、人間味のある、よい提案なのかなと思いました。

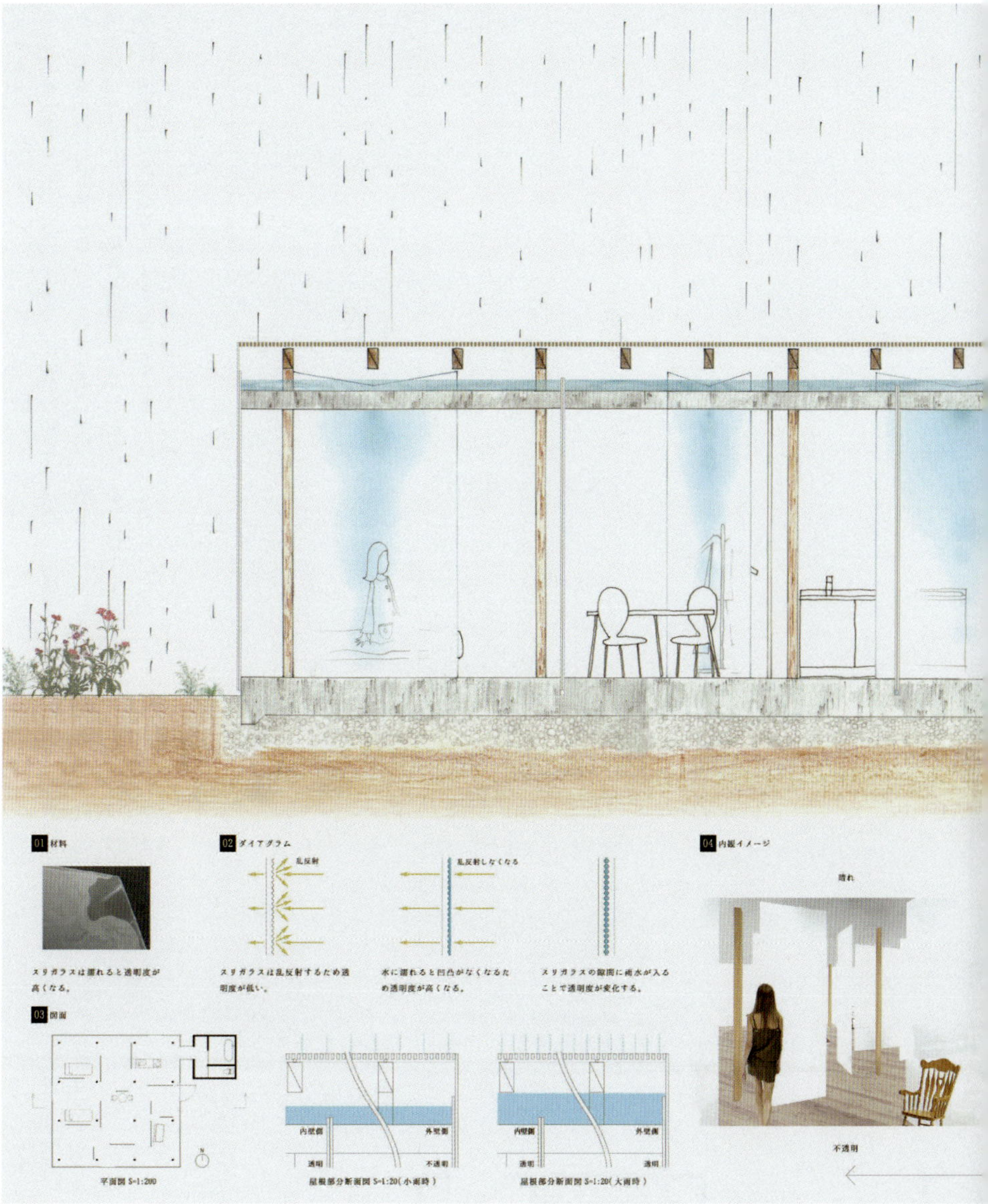

山崎亮　アイデアが持つ必然性と意味を考えてほしい

雨関係の提案は多かったんですが、その中で一番シンプルで可能性があると思いました。室内の壁は少ない雨の量でも消えるようになっていて、外部空間との境界の部分はかなり大量に降らないと消えないようになっています。室内の境界が消えるときと、屋外との境界が消えるときを考慮しているのも面白いし、すりガラスを内側に入れて、水が通るだけで消えていくというシンプルな解決策も面白い。実際に作ろうとすればいくつも乗り越えていかないといけない課題があると思いますが、ファーストステップとしては可能性がある。

ただし、室内の壁が消える必然性がほしいし、そのことの意味を考えてほしい。屋外と室内の境界線の場合はある種の必然性や可能性が見えてくる気がするんです。外に雨が降って鬱陶しい日に、普段だったら見通しがないような窓の外の風景がすっと見えるようになると、家の中の過ごし方としてはすごく晴れ晴れとするでしょう。でも、ベッドルームとキッチンの間にある境界線が消えて、相互に見えるようになるとして、それが雨が少し降った時に起こるということにどんな意味があるのか、ということです。

GOLD

見えない庭

藤原芳博
前橋工科大学大学院工学研究科建築学専攻修士1年

［設計趣旨］

すごく遠い庭のある家の提案。この家の庭は「建物に従属する庭」ではなく「自己完結する庭」です。生活領域の外に計画されつつも、住人によって所有されているこの庭は従来の庭とは全く異なった使われ方をするのではないでしょうか？例えば、こどもたちが秘密基地をつくったり、小さな小屋を建てて離れみたいにして使ったり。極端に閉鎖的な庭だからこそできること。やってみたいこと。そんな願望を刺激する庭のある家。

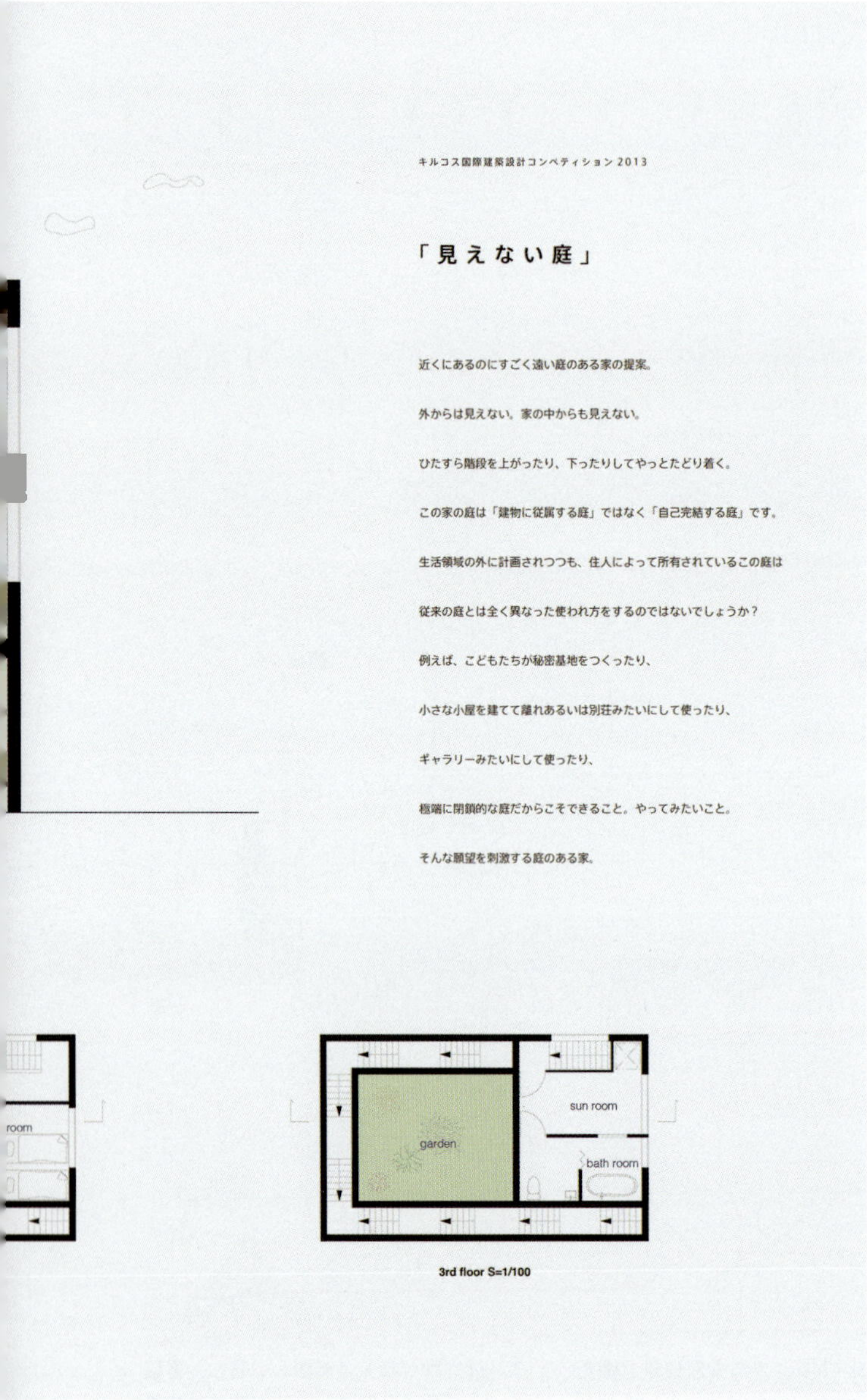
キルコス国際建築設計コンペティション 2013
「見えない庭」
近くにあるのにすごく遠い庭のある家の提案。
外からは見えない。家の中からも見えない。
ひたすら階段を上がったり、下ったりしてやっとたどり着く。
この家の庭は「建物に従属する庭」ではなく「自己完結する庭」です。
生活領域の外に計画されつつも、住人によって所有されているこの庭は
従来の庭とは全く異なった使われ方をするのではないでしょうか？
例えば、こどもたちが秘密基地をつくったり、
小さな小屋を建てて離れあるいは別荘みたいにして使ったり、
ギャラリーみたいにして使ったり、
極端に閉鎖的な庭だからこそできること。やってみたいこと。
そんな願望を刺激する庭のある家。
room
sun room
garden
bath room
3rd floor S=1/100

中村竜治

実際以上に奥行きや距離を持つ小さな住宅

普通の家なんですが、真ん中に見えない中庭があります。小さな住宅の中にそういう庭があることで、この家がサイズ以上に奥行や距離が拡張される。そこがいいなと思いました。しかもそこに遠回りしないとたどり着けないということが加わっているのが面白いですね。

北川啓介

見えないことの豊かさを提案

通常は建築の周縁に存在する庭を、ど真ん中に持ってきた上で、庭との関係を断っています。見えないからこそ、庭が今どうなっているのか深く想像を掻き立てられるところがいいなと思いました。

見えないということだけに執着して、しかもシンプルな空間構成をしているんですが、その提案が持っている力がすごく強く、なにより提案自体より、設計した人自身が自分なりの価値観で、建築の想像を膨らませていると感じ、評価しました。見えることの方がよいと信じるだけじゃなくて、見えないことの豊かさもあり、こうした二項対立の両極にあるものの豊かさを信じた提案を特に留意していきたいといつも考えています。

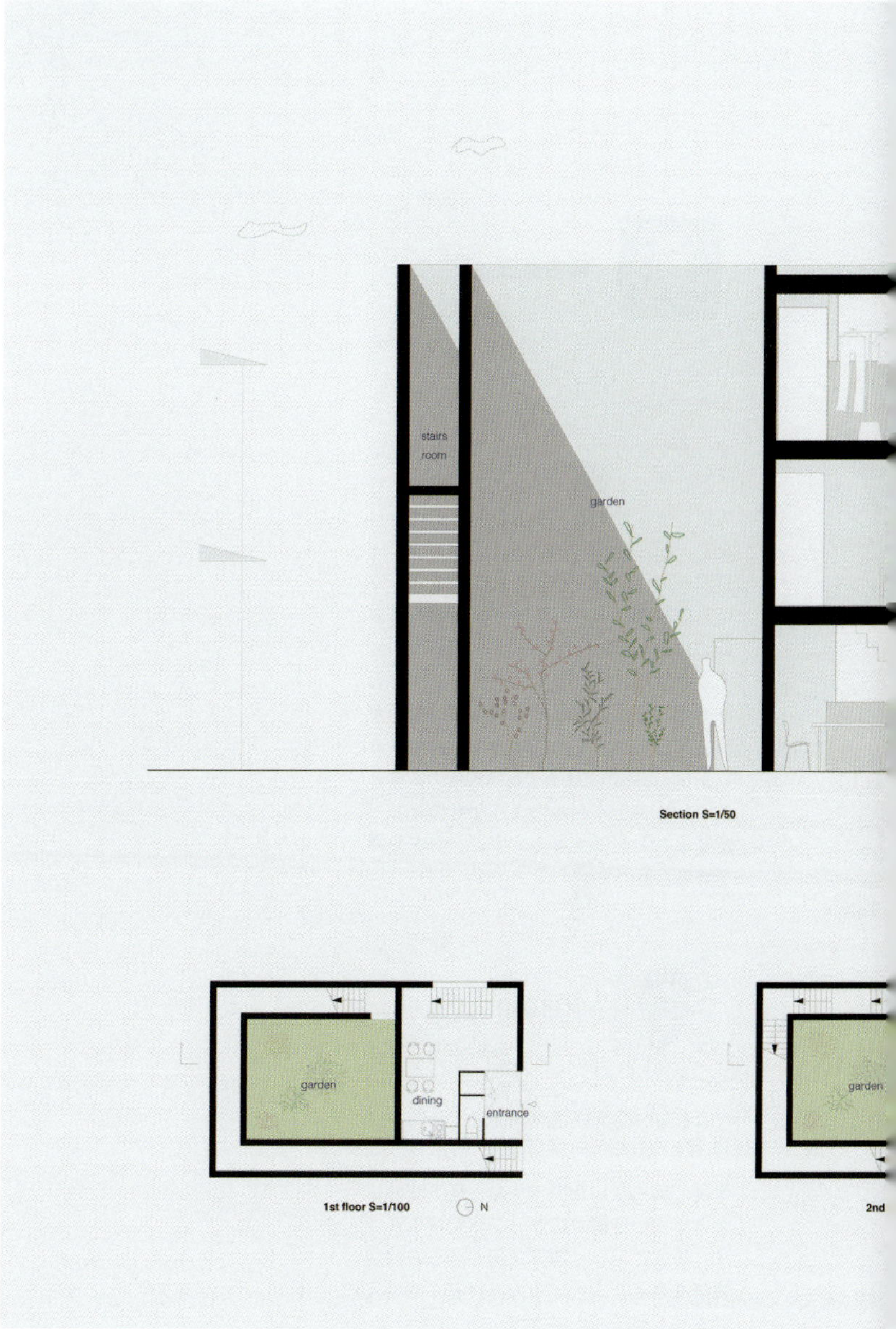

GOLD

牧佑育

近畿大学大学院システム工学研究科システム工学専攻修士1年

なにも無い場所

［設計趣旨］

なにも無い場所とはどういったものなのだろうか、
そこに人が存在するとき何をみるのだろうか。
計画したのは、なにも見えない、なにも聞こえない、用途もない場所。
世界と切り離された距離感もつかめないようなただただ広いなにも無い場所。
あるのは私だけ。
そこでは意識は対象を無くし私自身へと向かう。
思うのは記憶の中の私を形づくっているものたち。
観えてくるのは本当の私。

椎名英三

GOLD

ゼロから考え始められる場所の強さ

僕らの文明って、これだけの世界を地球の上に作ってきた。でも、やっぱりこれは変じゃないかという思いが私にはあります。『風の谷のナウシカ』では、火の7日間という地球が滅茶苦茶になっちゃうほどの戦争によって、当時の文明をご破算にしてから出発しようとしましたよね。そういうことに対してどうしたらいいのかを考えるにあたって、何もない場所が持っている力ってすごく大きいんじゃないかな。この作品はある意味現代のメディテーションチャペルのようなものとして捉えることができると、すごい力を発揮できると思います。

北川啓介

HONOR

“何もない空間”を提案した作者の空間への価値観が気になった

単純に何もない空間ですね、地下空間に大きな白い空間が広がってるだけなんです。普通こういう提案は何かしらの付加価値を与えようとするんだけど、この人は本当に何もない空間をつくっていて、何にも見えないし何にも聞こえないし何の用途もない。作者は独特な空間への価値観を持っている人ですね。過去3年間にこういう提案を見たことがなかったんですが、何もなさすぎるので、佳作として気に留めておきたいと思って選びました。

なにも無い場所
なにも無い場所とはどういったものなのだろうか。そこに人が存在するとき何があるのだろうか。

計画したのは、なにも見えない、なにも聞こえない、時空もない場所。

世界と切り離された距離感もつかめないようなただただ広いなにも無い場所。

あるのは私だけ。

そこでは、意識は対象を無くし私自身へと向かう。

思うのは記憶の中の私を形づくっているものたち。

見えてくるのは本当の私。

GOLD

増田裕樹
東京都市大学大学院工学研究科
建築学専攻修士2年

池田雄馬
東京都市大学大学院工学研究科
建築学専攻修士2年

都市の時計
―敷地の時間を可視化する郊外住宅―

［設計趣旨］

郊外住宅地では、建築に付きそう庭は常に美しい状態を保つよう、人の手で整備されている。

しかし、私達の目に触れなかったり手の届かない場所で育つ自然こそ、その土地の時間を純粋に刻んでいる。

その土地に流れる時間を可視化する庭をもった住宅を提案する。

時間という地球規模のコンテクストによって、薄っぺらと批判される郊外住宅地を変える。

都市の時間を可視化した森になる
「都市の時計」が新たな基本形として量産され群れをなす時、従来の整然な住宅街は、その街固有の時間を体現する森となる。
庭が刻む時間の受け皿としての建築
自由に振る舞う庭が住宅の中心となることで、木は屋根のようになり、根っこや雑草によって住宅の空間が少しずつ浸食していく。
つ地域や気候によって左右されるため、
可視化する【都市の時計】となる。

遠藤秀平

樹木の成長と周辺環境の変化を同時に扱う提案

敷地の中に大きな木が植わっていて、その地層が見えるという提案ですね。自然の要素である樹木を扱う提案は非常に多くありましたが、その地面の中、根っこがどのようになっているかに着目した案はなかったのではないかと思います。かつ、木が成長する中で、家族や住まい方、あるいは街といったものがどのように変わっていくのかを提案しています。それが非常によいのではないかと思いました。

米澤隆

世代を超える安心感が表現されている

一生よりも長く、世代を超えた変化を受け止める存在としての木に、変わりゆく生活がまとわりついているような作品です。お爺ちゃんも、またそのお爺ちゃんも、ここにいたんだろうなという安心感のようなものを感じますね。現代社会は変化が速くて流動的です。変わらずにここにある基軸のようなもの、時代を超えて繋がっていけるもの、いつでも振り返れば立ち返れるようなもの、家のような安心感を与えてくれるようなものが必要なのではないでしょうか。それが自然であるにせよ建築であるにせよ、存在意義を強く感じます。

GOLD

千葉和樹
宮城大学事業構想学部デザイン情報学科
空間デザインコース学部4年

関夏美
宮城大学事業構想学部デザイン情報学科
空間デザインコース学部4年

あの日の車窓 ～廃線跡から紡ぐ思い出～

［設計趣旨］

かつて宮城県の北部には、くりはら田園鉄道という電車が走っていた。市民からは「くりでん」の愛称で親しまれていたが、2007年に廃線となってしまう。その廃線跡に市民が集まれる全長約800mの建築を提案する。廃線上を進むにつれ景色が移り変わるようにそこでのアクティビティにも変化が起こる。「くりでん」の面影を残したその建築からは、今ではもう見ることができなくなってしまった車窓からの風景を再び見ることができる。

吉村昭範＋吉村真基

視点はよいが、より深いリサーチと提案が欲しい

昭範：非常にかわいらしく、なおかつリアルだと思いました。テーマに対する提案としても明解で分かりやすい。ただ、内部のパースがいまいちかなと。もともと走っていた電車をリサーチしたらよかったんじゃないか。形を精密に残したら、もっときっかけをつくれて、つくりこみができたと思います。

真基：廃線になるぐらいだから地域も盛り上がっているわけではないのに、視点がものすごく優しい。ただ、この足元がちょっとイカンのじゃないかな。地面との関係がどうなっているのか、廃線だったら線路がどこかにないといけないだろうし、リアルさの面で惜しいですね。

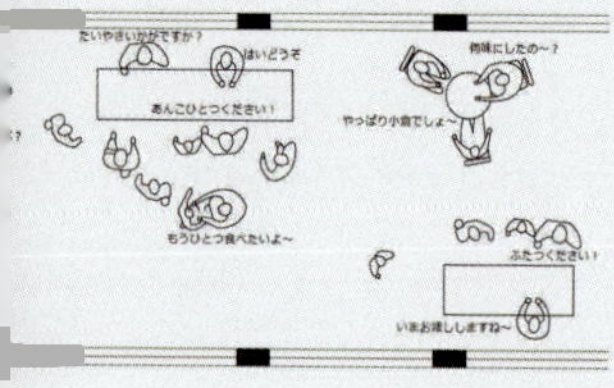

お菓子屋さんがお菓子を売りにくるなど、にぎわいをみせている。

森田一弥　窓の記憶を通じた体験の変換

廃線となった電車の線路の上に建築をつくっていくという提案で、かつて電車の窓から見た記憶を建築がもう一度なぞるものです。今まで見えていたものが一旦なくなって、再び見えるようになるというアイデアが面白いですね。

特に電車は、建築のように1か所に止まっているようなものではなくて、どんどん動いていく。移動する中で、地形の変化や風を感じたり、建築とは違う体験がある。そういった体験をたどりつつも、建築を通じてまったく違う体験に変換される。面白いところに目を付けたと思い、選びました。

GOLD

福井大典

神戸大学大学院工学研究科建築学専攻修士1年

我、闇とて・・
―表の物量、裏の物量―

［設計趣旨］

エコリュックサックとは物質が生産される時に廃棄される瓦礫や水などの資源が移動した物質の量を重さで表した指標である。例えば、銅1kgを得るためには500kgの土砂や自然資源を移動しなければならなく、エコリュックサック値は500となる。虫の死骸が入った琥珀のように見える物量を我々には見えない物量の中に入れることで日常使っている資源の背負う『見えない物量』の存在が知覚できる。

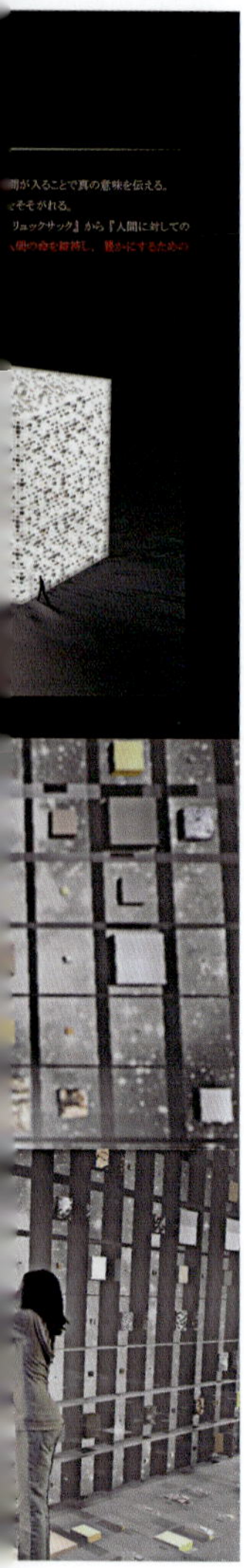

南泰裕

見えないものを、わかりやすい形で見せた

まず、これほど抽象的なテーマは建築のプランニングでは対応できる問題じゃないなと思ったんです。空間を折り曲げたり、特殊な形態をもって見える/見えないというテーマを表現することは、ちょっと難しいだろうなと。従って、テーマを昇華させて、空間の形態に頼らないような表現がなされているものを選びました。この案は小さなボックス状のものが積み重なることによって、シュールな空間を生みだしている。その1つひとつが、建築で使われる物質をいろいろと散りばめて、ギャラリーのような建築になっている。非常にユニークだと思います。しかも、通常は見えないものを、ある意味でデジタルにわかりやすい形で見せることがビジュアルとして非常にシャープに表現されていたので、金賞に選びました。

吉村昭範＋吉村真基

着眼点はよいが、空間表現が惜しい

真基：エコリュックサックという、自分たちがどれだけのものを浪費しているのかを知ろうという着眼点はすごくいい。それを可視化するというアイデアもいい。でも、このパースはちょっと違うんじゃないかな。これほど視覚的なものではなくて、もう少し身体性のある空間である方がよかったような。

昭範：上の方の展示物が見えなかったりするのも惜しい。分析の結果マスに納まらないところを形にしても面白いんじゃないかな。

我、闇とて… －表の物量、裏の物量－

1. PROLOUGE

■エコリュックサックを背負って人間はどこへ行くのか？

『エコリュックサック』とは物質が生産される時に消費される土砂や水などの資源が移動した物質の量を重さで表した指標である。

例えば、1kgの銅を得るためには500kgの土砂や自然資源を移動しなければならなく、エコリュックサック値は500となる。

もちろん、その中には生産過程における緑の消失や土壌汚染、運搬や製錬に伴うエネルギー消費なども含まれる。

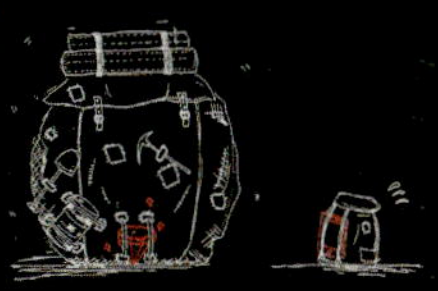

2. CONCEPT

■エコリュックサック度の『相対化』と『可視化』

エコリュックサック度を虫の死骸が入った琥珀のように我々に『見える物量』を、我々には『見えない物量』の中に入れ、同じ大きさのボックスで相対的に可視化することで、日常使っている資源の背負う『見えない物量』の存在が知覚できる。

生産物の背後霊とも形容できるエコリュックサックの顕在化は過度消費社会に中で暮らす我々に警鐘をならす。

自然資源が永久に存在することは幻想であると。

3. SYSTEM

■『表』の物量と『裏』の物量

生産物を『表』、廃棄される物を『裏』とし、その体積比が1となるように、各辺300mmの立方体に生産物を固める。

さらに、あらゆる体積比のエコリュックサック度を表したボックスを集積させ、10×10×10mの巨大なボックスをつくる。

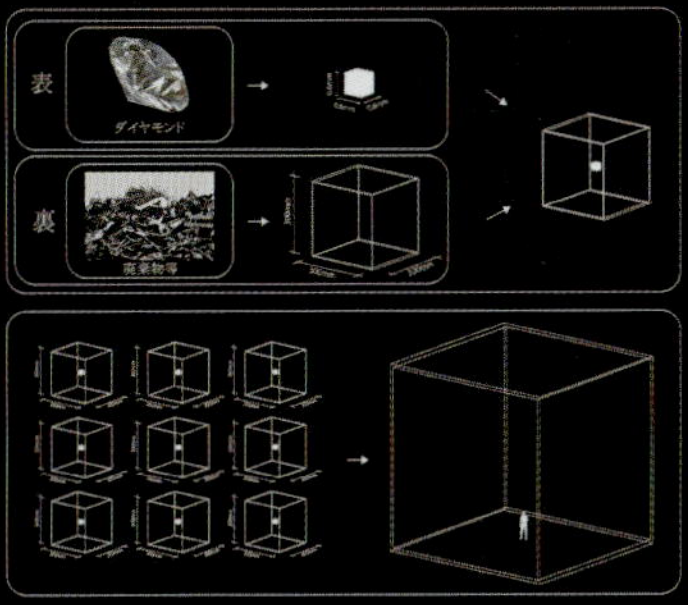

■『環境負荷』と『透過性』

エコリュックサック度が相対化されることで容易に環境負荷の度合いが認識できる。砂・砂利のように廃棄物やエネルギーを使わない物質は限りなく充填され、透過性が小さく、ダイヤモンドのように環境負荷が大きいものは透過性が大きい。このようにボックスは各々の物質の環境負荷を透過性という形で伝える。

■表と裏の体積比一覧例

生産物	生産物：廃棄物
砂・砂利	1：0.65
石	1：1.2
石炭	1：6
石油	1：0.1
リン酸	1：34
鉄	1：14
粘土	1：2
セメント	1：10
褐炭	1：11
ボーキサイト	1：5
硫黄	1：0.9
亜鉛	1：27
銅	1：420
銀	1：7,500
金	1：350,000
プラチナ	1：350,000
ダイヤモンド	1：53,000,000

出典：Lutting/Walter/Merian/IEA Coal Research/US-DOG/Rucksacks/Schuty Liedtke

■環境負荷と透過性

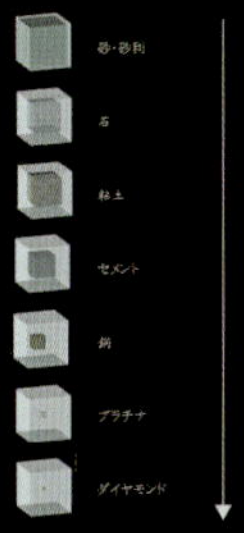

4. EPILO

■我、闇と

皮肉にも、一つ

今まで闇として

その輝く圧倒的

エコリュックサック

物量であると静か

GOLD

野原麻由

信州大学大学院理工学系研究科建築学専攻修士1年

領域の森

［設計趣旨］

領域は目にみえないけれど、それは人の営みにあらわれる。
1本の柱がその部屋の領域を規定するように、
1本の木がもつ境界性を可視化する。

木をつなぐようにふわりと屋根をかければ、人の営みがひろがる。

古谷誠章

森の不均質さから空間をつくるアイデア

林の幹や梢に空間が成立しているということはよく言われるんですが、それを微妙に発見して、森の中にある不均質さみたいなものを手掛かりに、スペースをつくるというものですね。これがどういう風に見える/見えないを喚起しているのかはまだわからないんですが、ぎゅっと詰まって密度の高いところもあれば、大きく開かれたところもある。その違いを、はっきりとした形ではなく、いわば等高線のような程度の差にして、大きくつまんだり小さくつまんだりしているところが気が利いていますね。

領　域　の　森
concept
領域は目にみえないけれど、それは人の営みにあらわれる。
1本の柱がその部屋の領域を規定するように、
1本の木がもつ境界性を可視化する。
diagram
木の高さ、密度、高さ、樹幹によって木のも

みかんぐみ

受け手の想像を膨らませる広がりのある案

森という非常に漠然とした領域の中に、柱を中心として屋根をかけていくというストーリーの案です。建築としてはかなり原始的な操作ですが、それによってひとつの領域ができていくということが、断面図的なスケッチだけであらわされています。言葉も非常に少ないんですが、立面だけではない、平面的にも広がりを感じるような魅力のある表現につながっていると思いました。ここから私たちが想像を膨らましていく余地がある、何かとても広がりのある案だと考えて選んでいます。

GOLD

森のなかの教会

鼻和秀一
北海道工業大学建築学科修士1年
佐藤孝祐
北海道工業大学建築学科学部4年

［設計趣旨］

大きな森のなかに教会を建てる。
長い森を歩いていくと、縦長の扉だけが見えてくる。
その扉を開けると、周囲の木の背くらいある天井の高い空間が現れる。
外と同じような場所で礼拝をしたあと、細長い階段を降りていく。
薄暗くて狭い通路の奥には光の差す階段だけが見えてくる。
その階段を上がり、うしろを振り返ると、
さっきまで礼拝をしていた教会は、見えなくなっている。
訪れたときにだけ祈るための場が用意され、
帰るときには消えてしまうような教会を提案する。

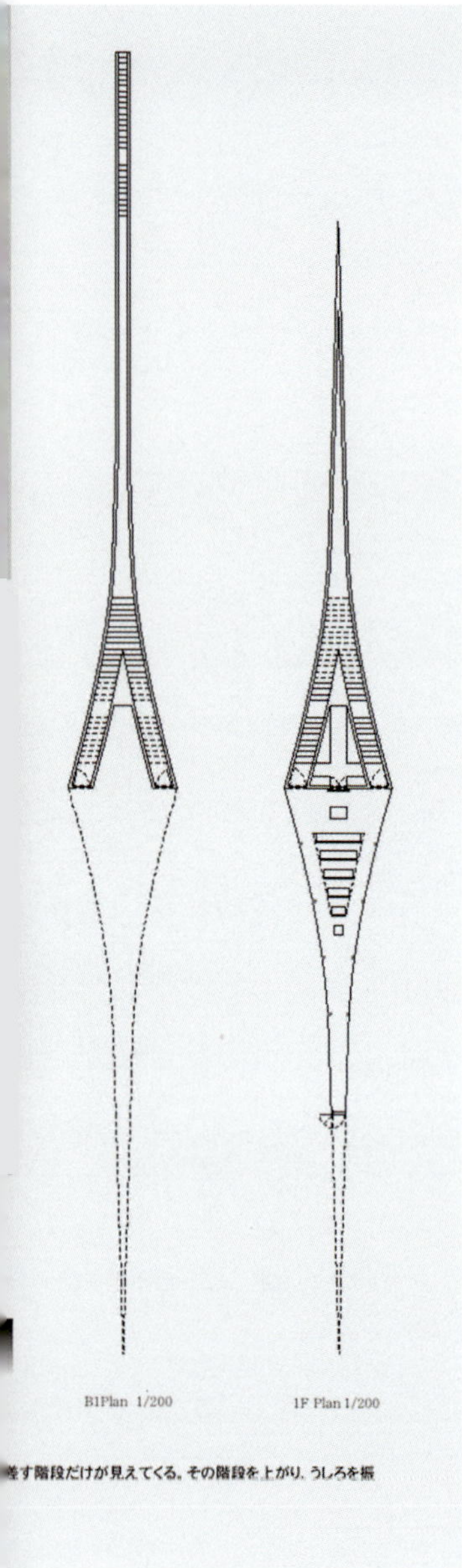

吉村昭範＋
吉村真基

森の中に自然に建つ、情景的な建築

真基：環境の中に建つということについて、すごくバランスのいい提案ですね。すごく自然に森の中にあるように描いてあって、そういう表現も上手かったし、ちゃんと建築になっている。一番バランスが取れていて秀逸でした。
昭範：すごくポエティックで情景的な建築だなと思って、感心しました。

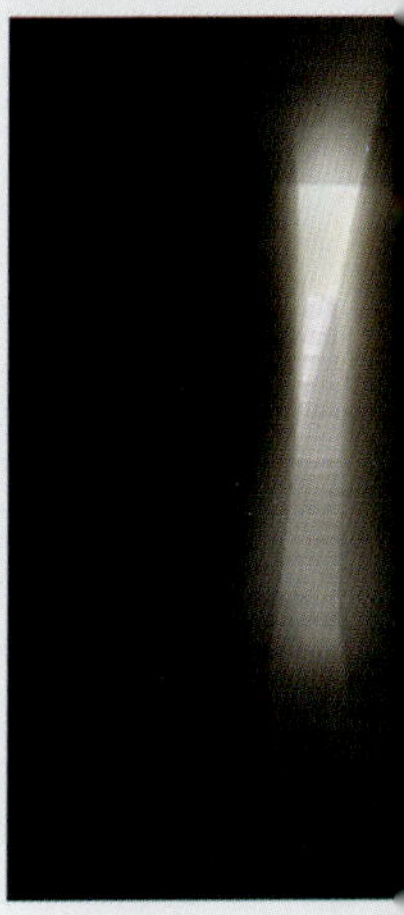

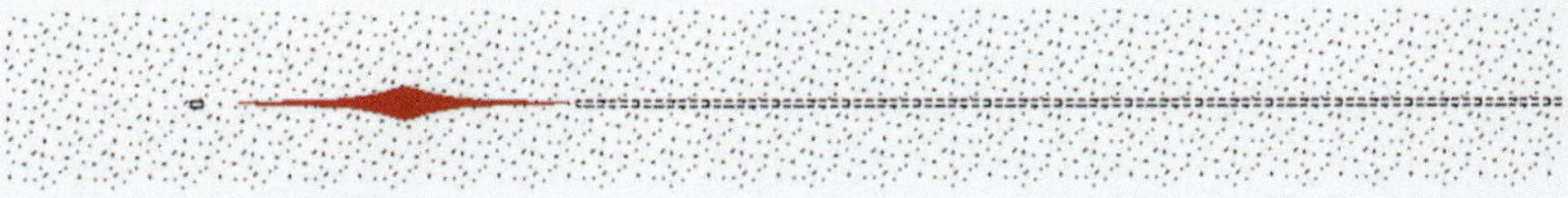

section 1/500

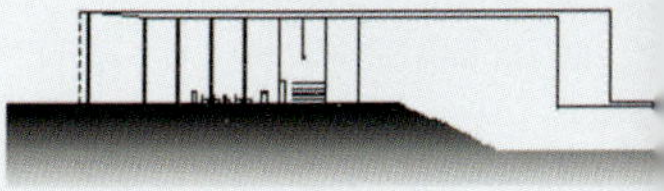

section 1/500

森のなかの教会

大きな森のなかに教会を建てる。長い森を歩いていくと、縦長の扉だけが見えてくる。その扉を開けると、周囲の木の背くらいの天井が高い空間が現れる。外と同じような場所で礼拝をしたあと、細長い階段を降りていく。薄暗くて狭り返ると、さっきまで礼拝をしていた教会は、見えなくなっている。訪れたときにだけ祈るための場が用意され 、帰るときには消えてしまうような教会を提案する。

銀賞

SILVER
PRIZE

SILVER

しぜんとつくるものがたり

皆己貴彦
三重大学大学院工学研究科建築学専攻修士1年

川見拓也
フリーランス

［設計趣旨］

家は日に日に高性能化している。
熱を遮り、音を遮り、光を遮る。
いつしか、空気まで遮るようになった。
まるで宇宙服のような家があふれている。
それでいいのだろうか。新たな環境とのつきあい方を提案する。
この空間は単一な素材で構成されている。
人間は、単一な羅列の中で、多様な表現方法を知っている。
それは、文字の強調手法だ。
一色のペンで、文章に豊かな表情を与えるように、
単一な素材の中に自然とつくる物語を描く。

みかんぐみ　SILVER

自然が生み出す建築

森の中に一つの空間ができていく案で、木漏れ日や光など、周りにある自然が建築をつくっていくというストーリーです。金賞に選んだ作品と似ていますが、つくり方が限定的で、形がよりはっきり表れています。この案ではアクリルですが、今後単一の素材で空間を覆う膜のようなものができれば、新しい建築のつくり方が生まれるのかもしれないとも思わせてくれました。

北川啓介　SILVER

触覚をベースにした独自の造形

見える／見えないの問題を視覚的に捉えずに、触覚的なものに着目している提案です。アクリルの厚みを変えたりして有機的な形をつくることで、地面とアクリルでできた構造物の隙間にもいろんな関係が生まれています。この空間に目をつぶって滞在すると、遮音性や透光性の変化が経験できるんじゃないかな。どちらの方向に暖かい壁があり、音を通しやすい壁があって…といったことは、このテーマの根源にあることだと思うんです。肌と肌が触れ合うような触覚をベースに空間を設計している点がユニークでよいですね。

近藤哲雄　HONOR

自然と一体化しようとする姿勢に共感

いろいろな事をシャットアウトした均質なところで生活を送るのではなく、自分の力ではどうしようもない多様な環境と一体になって暮らしていく方法はないかと探っている作品で、その考え方に共感して選びました。

プリミティブなものに戻るのではなく、新しいテクノロジーを使ってこのような建築ができるといいなと思います。

SILVER

石川亮平

九州大学大学院人間環境学府空間システム専攻修士2年

the City drived in a Wedge

［設計趣旨］

「見えないこと」、それは集中し、落ち着き、安心するための大切な条件であり、

「見えること」は関係のはじまり、あるいはきっかけの一つである。

高密に建ち並ぶ雑居ビルからは、都市の力強さや生命力が伝わってくるように感じる。

一方で、ビル同士の壁は極限まで接近しているが、互いの気配を感じることは殆どない。

私は、都市で生活する魅力を存分に味わうために、
空隙の楔を打ち、ビル同士を離すことで、近づけたいと思った。

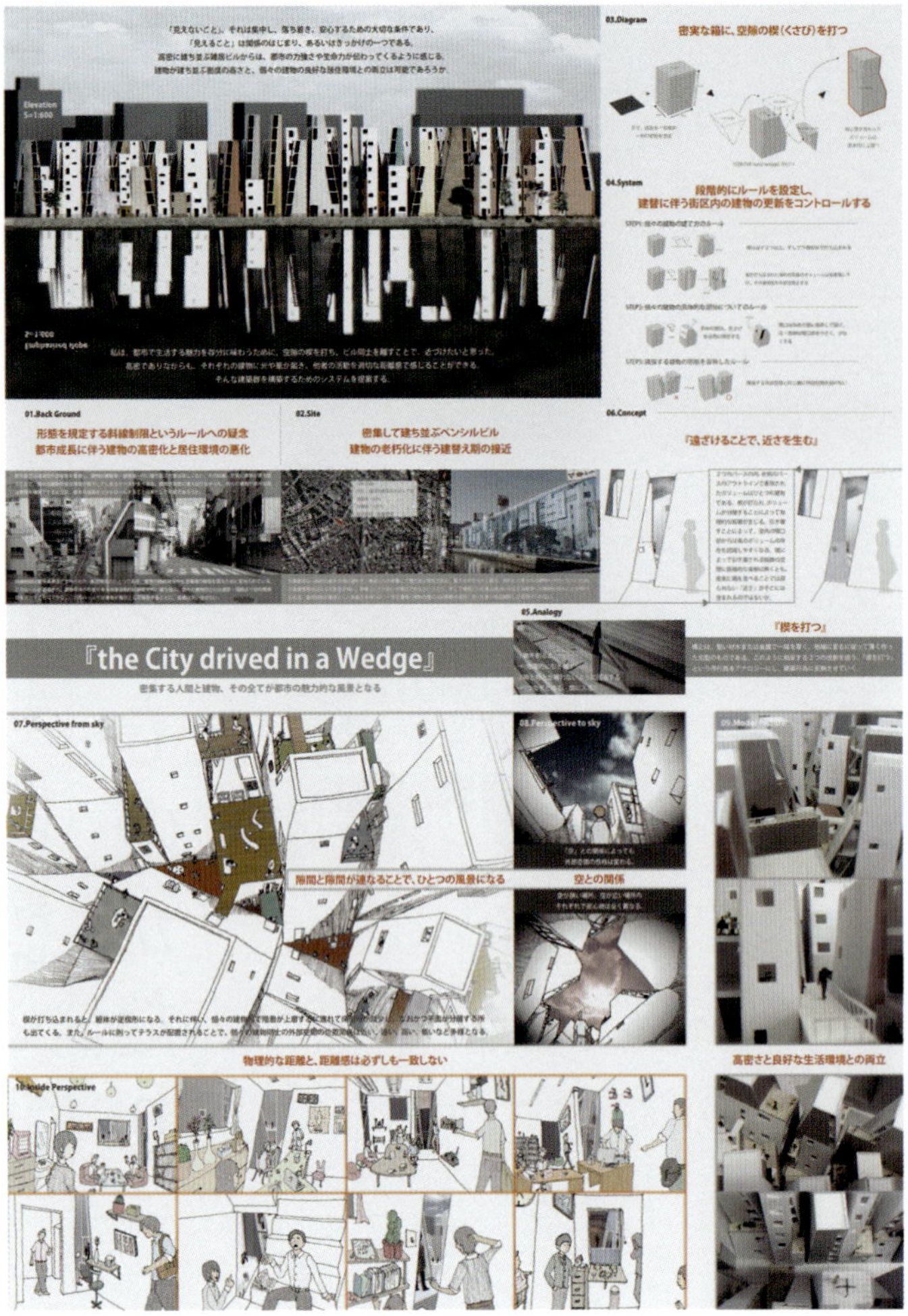

HONOR

みかんぐみ

よく描き込まれた説得力ある案

ペンシルビルという独特の立面に対して、ちょっとした操作だけである種の隙間を生んでいる。それによって、見えなかった部分を可視化して、これまでとは違うスカイラインや街並みをつくっていくという点において、説得力があって面白いですね。とてもよく描き込んでまとめられた案です。

SILVER

迫慶一郎

可変的で柔らかなスカイラインのつくり方

多くの建築家が挑んできたテーマである、密集地での建物同士の関係性の創出という課題に対して、非常に美しい絵で答えていますね。川越しにペンシルビル群を見る風景が、水面にきれいに映り込んでいます。このビル群から生物的な印象を受け、フレキシビリティを持った柔らかさを感じました。しかも、その風景を一気につくり出すのではなく、先行して存在するものとの関係の中で再積載を繰り返している。時間の流れが形成する深みを造形的に表現した、すばらしい力量を持った案ですね。

土手の中のまち

井田久遠
九州大学大学院人間環境学府空間システム専攻修士２年

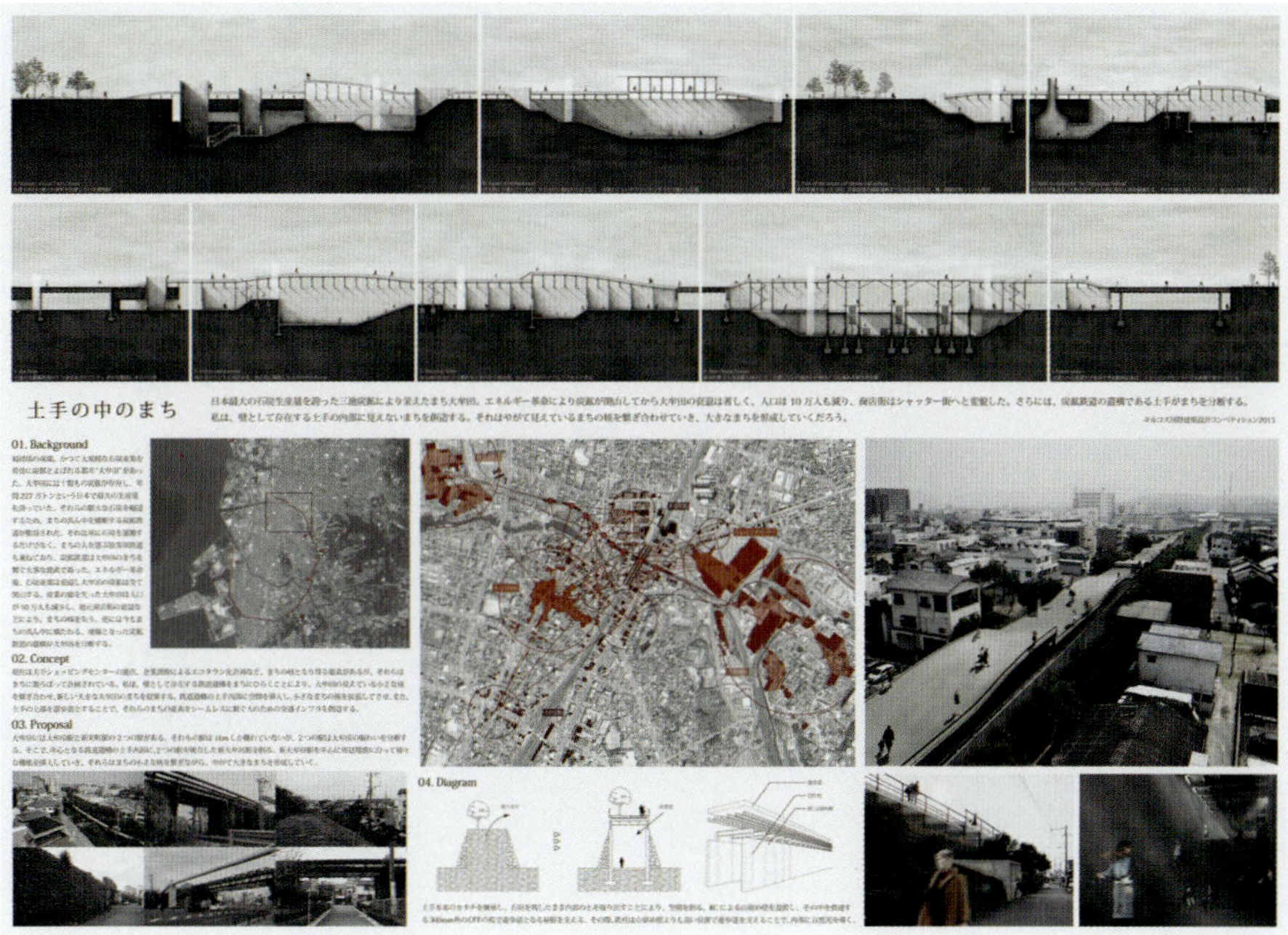

［設計趣旨］

日本最大の石炭生産量を誇った三池炭鉱により栄えたまち大牟田。

エネルギー革命により炭鉱が閉山してから大牟田の衰退は著しく、
人口は 10 万人も減り、商店街はシャッター街へと変貌した。

さらには、炭鉱鉄道の遺構である土手がまちを分断する。

私は、壁として存在する土手の内部に見えないまちを創造する。

それはやがて見えているまちの核を繋ぎ合わせていき、大きなまちを形成していくだろう。

HONOR

吉村昭範＋吉村真基

土手の内部を可視化できなかったか

昭範：炭鉱の町を分断している土手を空間にしてしまうという提案で、着眼点がとても面白いですね。土手の中を見えるようにして、なおかつ土手の両側が繋がるような提案だと、もっとよかったのかもしれません。

SILVER

井手健一郎

ものごとを繋ぐ線に価値を見出した意欲的な案

まず、廃線になった鉄道をどう前向きに蘇らせるのかという着眼点とリサーチの仕方を評価したいですね。線路自体が街の歴史を繋いでいるようなものでもあるし、線路が通っている部分の内側と外側が、旧市街と自然が残る土地を隔てているラインにも見えます。そういった間のような場所に価値を見出して、繋いでいくような提案はなかなかいいですね。ただ、構造や全体の造形に設計の余地があると思い、銀賞に選びました。

まちのなかの刑務所

今城絵美子
信州大学大学院理工学系研究科建築学専攻修士1年

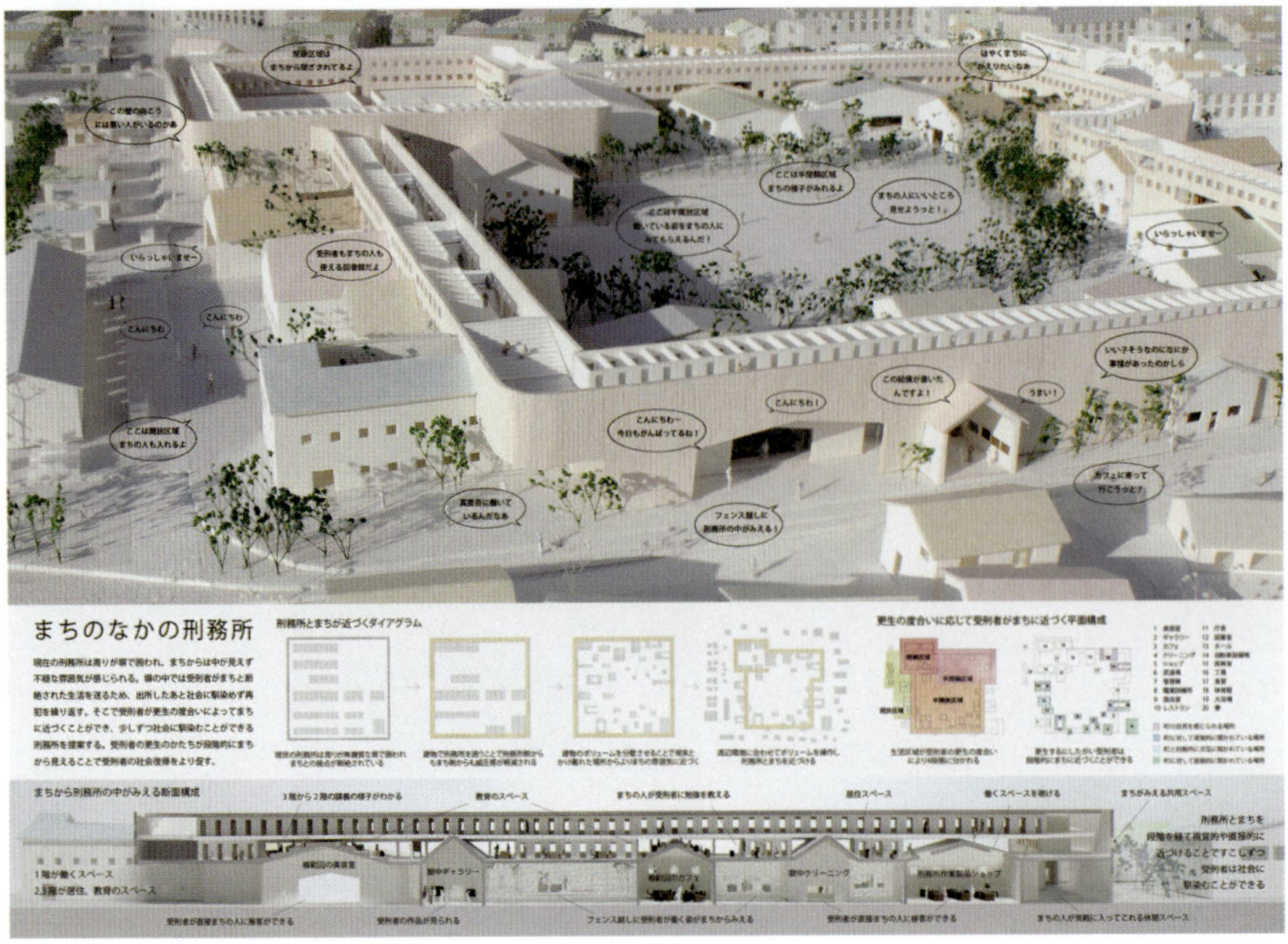

［設計趣旨］

現在の刑務所は周りが塀で囲われ、まちからは中が見えず不穏な雰囲気が感じられる。

塀の中では受刑者がまちと断絶された生活を送るため、出所したあと社会に馴染めず再犯を繰り返す。

そこで受刑者が更生の度合いによってまちに近づくことができ、
少しずつ社会に馴染むことができる刑務所を提案する。

受刑者の更生のかたちが段階的にまちから見えることで受刑者の社会復帰をより促す。

HONOR

北川啓介

来るべき社会像を考えた案

刑務所って図面も手に入れにくいし、中で何が行われているのかは見づらいものです。この案は今回のテーマを読み込んで、こういう社会になっていくといいだろうなというレベルで具体的に考えている点で、社会性をもった提案です。犯罪を犯してしまった人を拒絶するのではなく、立ち直らせることが建築や空間で解決できるって、理想的だと思うんですね。

SILVER

吉村昭範＋吉村真基

タブーに挑んだ大胆な提案

昭範：低層階と上層階の見え方を切り分けることで、刑務所を都市の中に開こうとしている。ある種の「見える化」ですが、社会に与えるインパクトがあって、かつ都市に対してすごく重要な提案だと思います。大胆に提案したことを高く買いたい。
真基：上層階の壁が目につくんですが、低層階が街に対して開いていることに対して懸命に配慮していることが伺えると思います。ただ、美容室やカフェに冠せられた「模範囚」というのが引っかかりますが…。

SILVER

木密の空の見える家

西川崇

首都大学東京大学院建築学域修士1年

［設計趣旨］

日本の空家問題に対する提案です。
現状空家は駐車場化もしくは廃墟となっているのが一般的で、町の中では見慣れた風景となっています。
これに対してコージェネレーションシステム等の小型発電装置を用いて、
空家と駐車場を、電気自動車の充電ステーションへと転用します。
空家という目に見える問題に対してエネルギーという目に見えない仕組みを付加する事で、
見慣れた風景が少し変わっていきます。

南泰裕

社会問題に対する リアリティと建築的提案の同居

空家のフレームだけを残して温室化し、コージェネレーションシステムの装置を組み込んだ電気自動車の充電ステーションに転用する案です。社会的なテーマである空家問題に対して、リアリティのある問題提起ですね。単なるファンタジーにとどまらない提案である点を評価しました。しかも、決して技術だけに頼った問題ではありません。温室と充電ステーションが、コミュニティの場所にもなっているし、小さな広場にもなっています。内部空間の再生という意味では新しい建築を生み出していますから、現実的であると同時にある種の批評性を持っている点がポイントですね。

SILVER

狩野翔太

東海大学大学院工学研究科建築学専攻修士2年

波紋する賑わい

［設計趣旨］

かつては大井町の貴重なインフラであったが、現在は物理的にも心理的にも見えないものになった立会川。ポーラスなリング状のデッキをかつての立会川の流れに沿うように駅から連続させ、流動する光と影により立会川を可視化させます。駅や街、人をリングのように繋ぎ、来街者や地域の人々にとって安全で豊かな広場を生みながらもかつての歴史を視覚化し、大井町のイメージアビリティを高め、波紋のように拡がる賑わいを創出します。

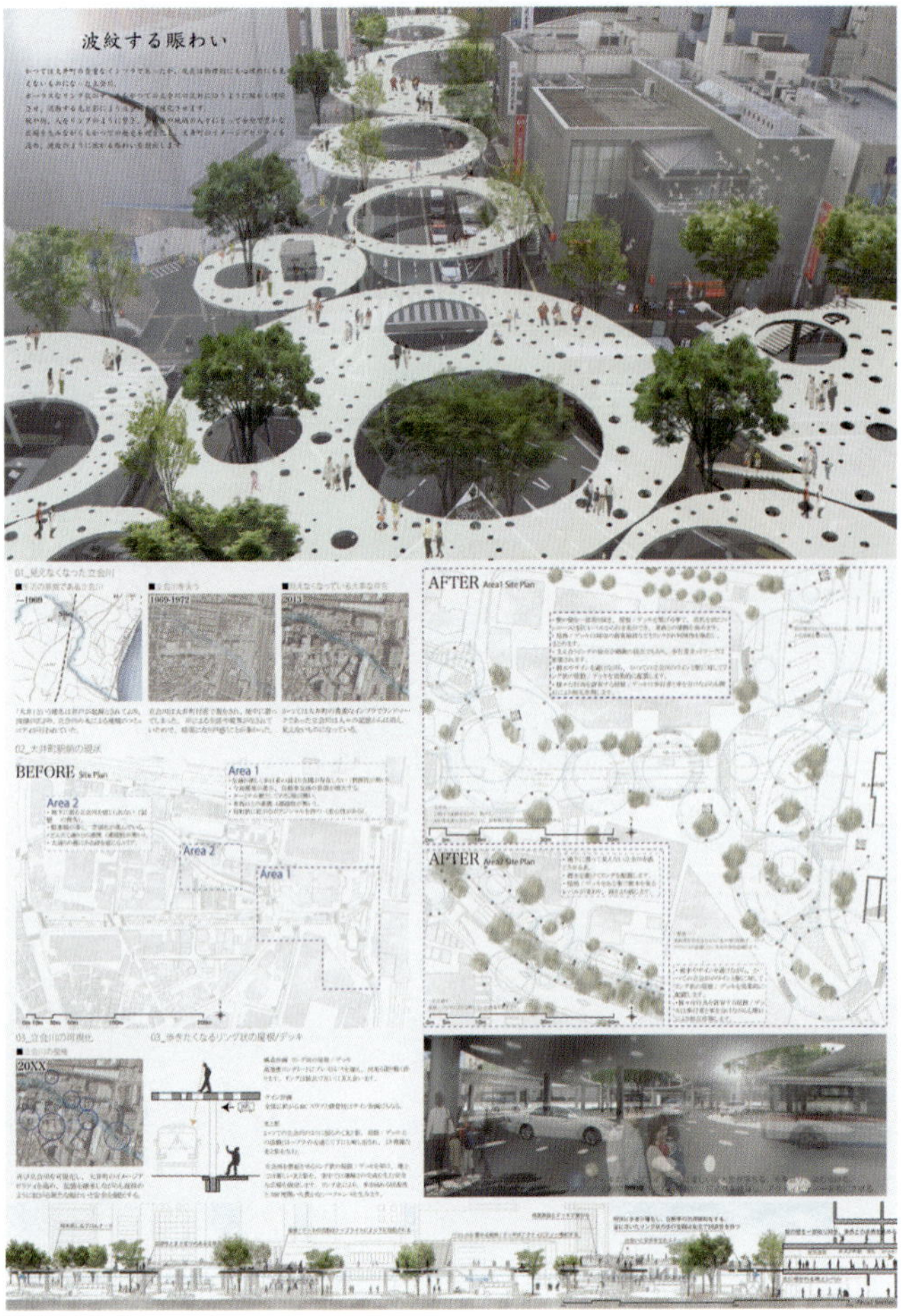

古谷誠章　大掛かりだが発展性を持つ提案

道路上の広場の提案です。この空間は、車道や歩道のような、一般のグラウンドレベルからは見えない空間になりますね。つまり、非常に混雑した交差点の上に、天国のような場所を生み出す案です。しかもそれが数珠つなぎになって、いたるところにコミュニケーションが生まれるような、滞留可能な空間があるというコンセプトですね。広場の下に生まれる日陰は、都市がヒートアイランド化した現在では、夏でも歩きやすい都会のオアシスみたいな受け取られ方をするのかもしれません。夜には、下から天井面に向けてライトアップするだけで別の空間が生まれたりするでしょう。装置は大掛かりだからちょっと身振りが大きいんですが、発展性のある提案ですね。

SILVER

僕らの、ほそみち、うらみち、かえりみち

田部凌一
山口大学大学院感性デザイン工学専攻修士1年

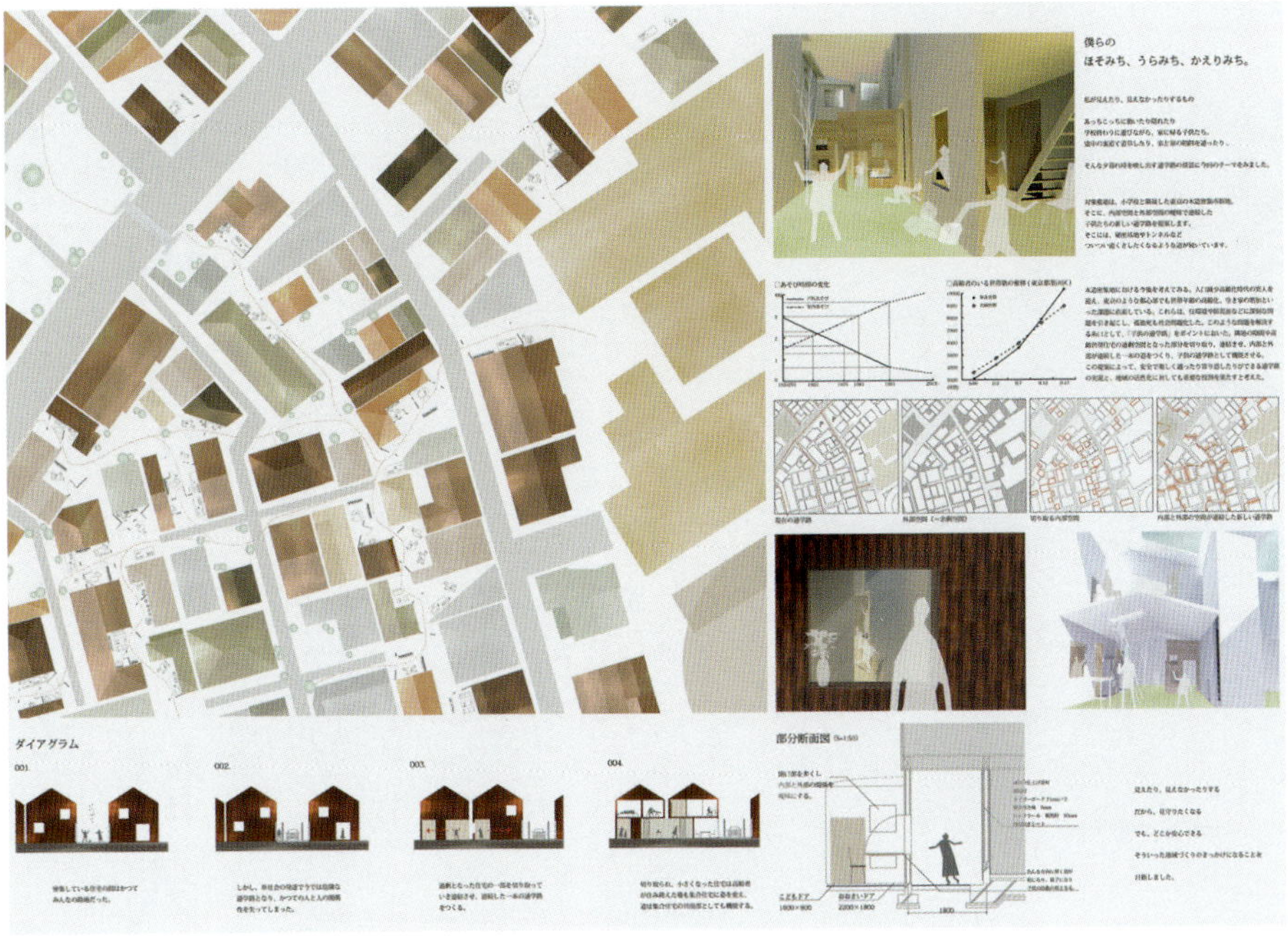

［設計趣旨］

私が見えたり、見えなかったりするもの。

あっちこっちに動いたり隠れたり学校終わりに遊びながら、家に帰る子供たち。

途中の裏道で道草したり、家と家の隙間を通ったり……

そんな夕暮れ時を映し出す通学路の情景に今回のテーマをみました。

木造密集地の老朽化した住宅の一部を切り取り、
内部と外部の曖昧で連続した子供たちの新しい通学路を提案します。

そこには、秘密基地やトンネルなどついつい道くさしたくなるような道が続いています。

見えたり、見えなかったりする。だから、見守りたくなる。でも、どこか安心できる。

そういった地域づくりのきっかけになることを目指しました。

家成俊勝＋
赤代武志

SILVER

丁寧に発見された公共性の高い道

赤代：木造密集地域で過剰な空間を丁寧に見つけて、それらを繋げることで道草ができるような通学路をつくり出す提案ですね。架空の空間かもしれませんが、地域で子どもを育てるような、よき習慣を取り戻そうとしたのかなと思いました。
家成：単に帰り道や通学路をつくるというだけではなくて、私有地を共有地に変換させていくような発想を内蔵している点がすごくよいと思いました。

SILVER

一時的なもの、恒久的なもの

石本翔大
京都工芸繊維大学工芸科学部造形工学課程学部3年

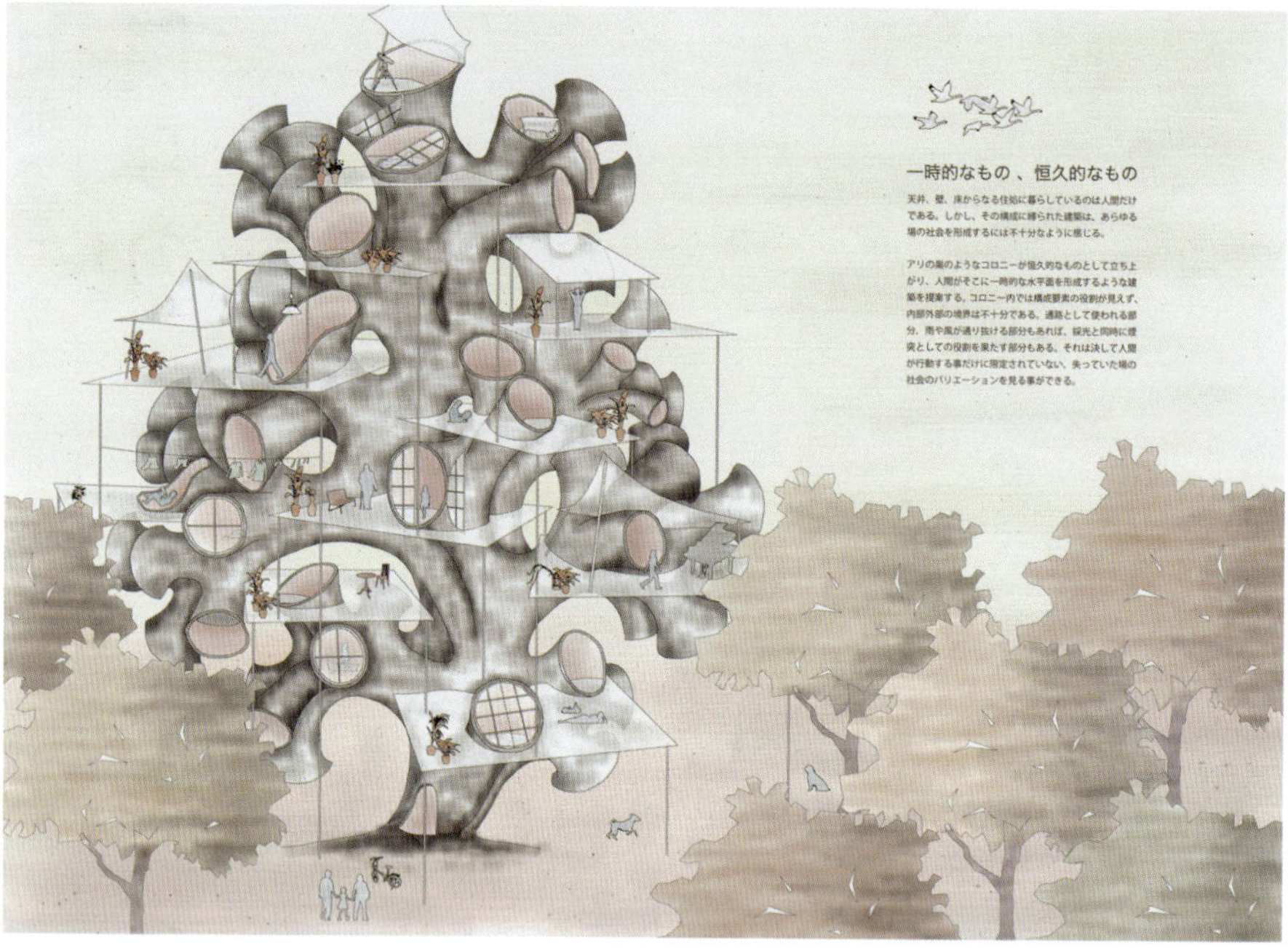

［設計趣旨］

天井、壁、床からなる住処に暮らしているのは人間だけである。
しかし、その構成に縛られた建築は、
あらゆる場の社会を形成するには不十分なように感じる。
アリの巣のようなコロニーが恒久的なものとして存在し、
人間がそこに一時的な水平面を形成するような建築を提案する。
コロニー内では構成要素の役割が見えず、内部外部の境界は不十分である。
通路として使われる部分、雨や風が通り抜ける部分もあれば、
採光と同時に煙突としての役割を果たす部分もある。
それは決して人間が行動する事だけに限定されていない、
失っていた場のバリエーションを見る事ができる。

米澤隆

社会と建築の関係を問う提案

恒久的なものと一時的なものの違いを、有機的な形態と幾何学的な形態の差異として表現した作品です。変化の速い現代社会において、いかに既存の合理主義が危ういかということを問う作品かのように思われました。実際にアリの巣のような形態が恒久的といえるのかどうかは疑問も残ります。しかし、見えるものだけにとどまらず、見えないものを取り込むことでどのように建築や時代を乗り越えていくのかということは、建築家として考えなければいけないことだと思われました。

SILVER

設備が見えない建築／環境が見える建築

山田泰輝
九州大学大学院人間環境学府
空間システム専攻修士1年

徳永孝平
九州大学大学院人間環境学府
空間システム専攻修士1年

福島翔平
九州大学工学部建築学科学部4年

［設計趣旨］

ヒトは水と密接な関係を持ちながら、その生を築き上げてきました。
一方で、現在の建築は水を排除することでそのカタチを成しています。
これはスポンジでできた、やわらかい家の提案です。
この家はそれ自体が貯水槽浄化槽となり、屋根や壁を通じてゆっくりと水を取り入れ、
そして床にしみ込んでいくことで土に還していきます。
水を含んだこの建築は、その過程の中で多様な生態系を育み、
ヒトと環境の新しい関係性をつくろうとしています。

SILVER

近藤哲雄

生態系と共存する形態

水を扱う提案は去年もたくさんあったのですが、この案は地中の一部分をそのまま建築として立ち上げたような感じにも見えます。そんなやり方が面白そうだなと思って選びました。長い年月がたつと建築なのか風変わりな地形なのかわからなくなっていくのかもしれないですね。

SILVER

内田健太

芝浦工業大学工学部建築学科学部4年

余韻の時間

［設計趣旨］

建築により可視化された余韻の時間は地域に広がり、地域を結びつけていく。ほったらかしにされるか、すぐに取り壊してしまうかしかなかった空き家。私たちが普段意識していなかった買い取り手が決まるまでの空白の時間に、余韻の時間を生み出す。建築行為により、その時間を発掘し、可視化する。

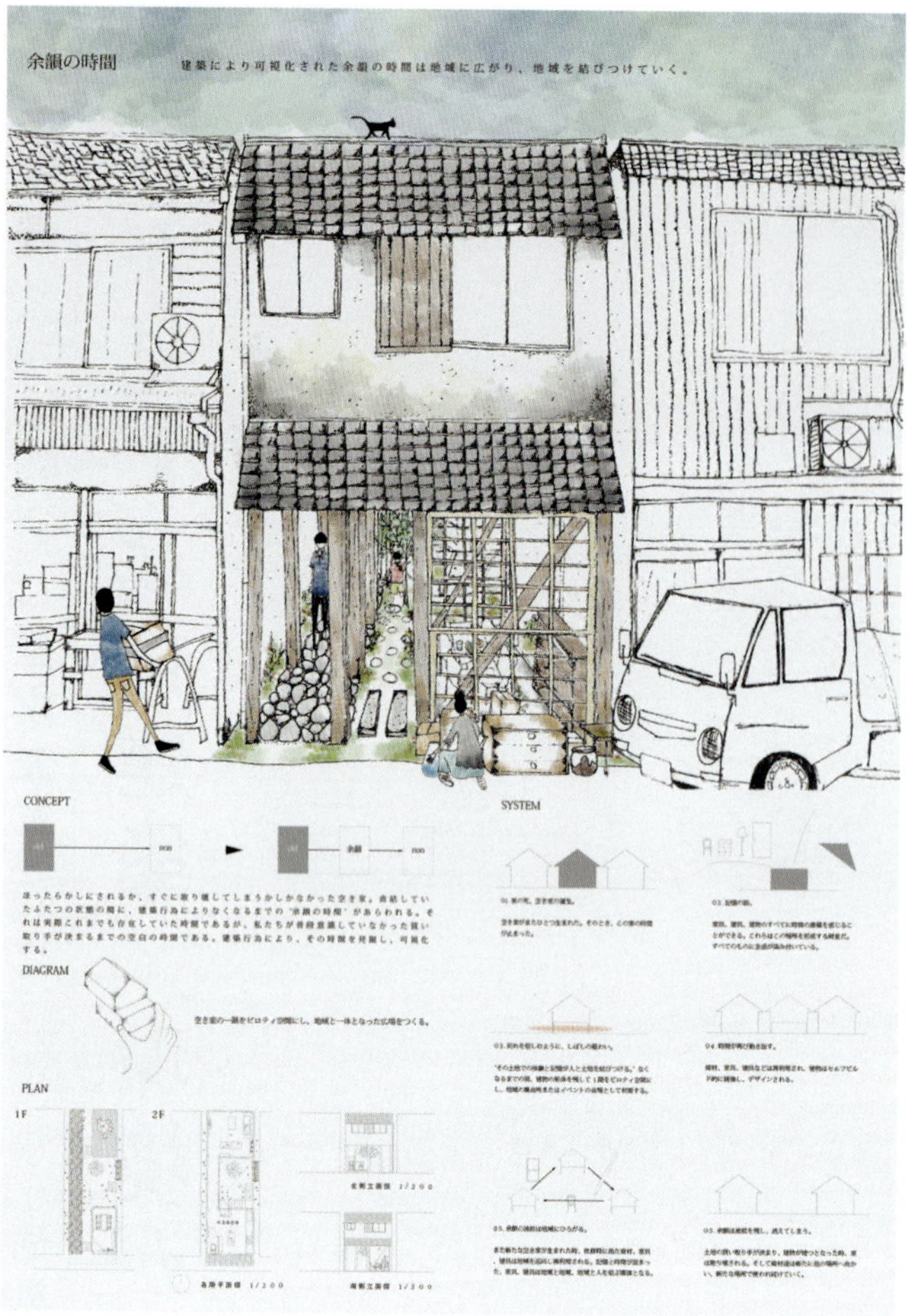

森田一弥

私的空間とパブリック・スペースの併存

解体前の古い民家が壊されるまでの間を余韻だと捉えて利用する案です。それ自体はよくある提案ですが、2階に住人とその生活の痕跡を残したまま、1階部分がパブリックなスペースとして公開されるという考え方は魅力的です。パースを見ると、人と庭が描かれた1階とは対照的に2階には何も描かれていません。だから想像するしかないのですが、そこで起こることに面白さがあるんじゃないかと感じさせられるプレゼンでした。

SILVER

鏡と壁のいえ

相見良樹
大阪工業大学工学部建築学科3年

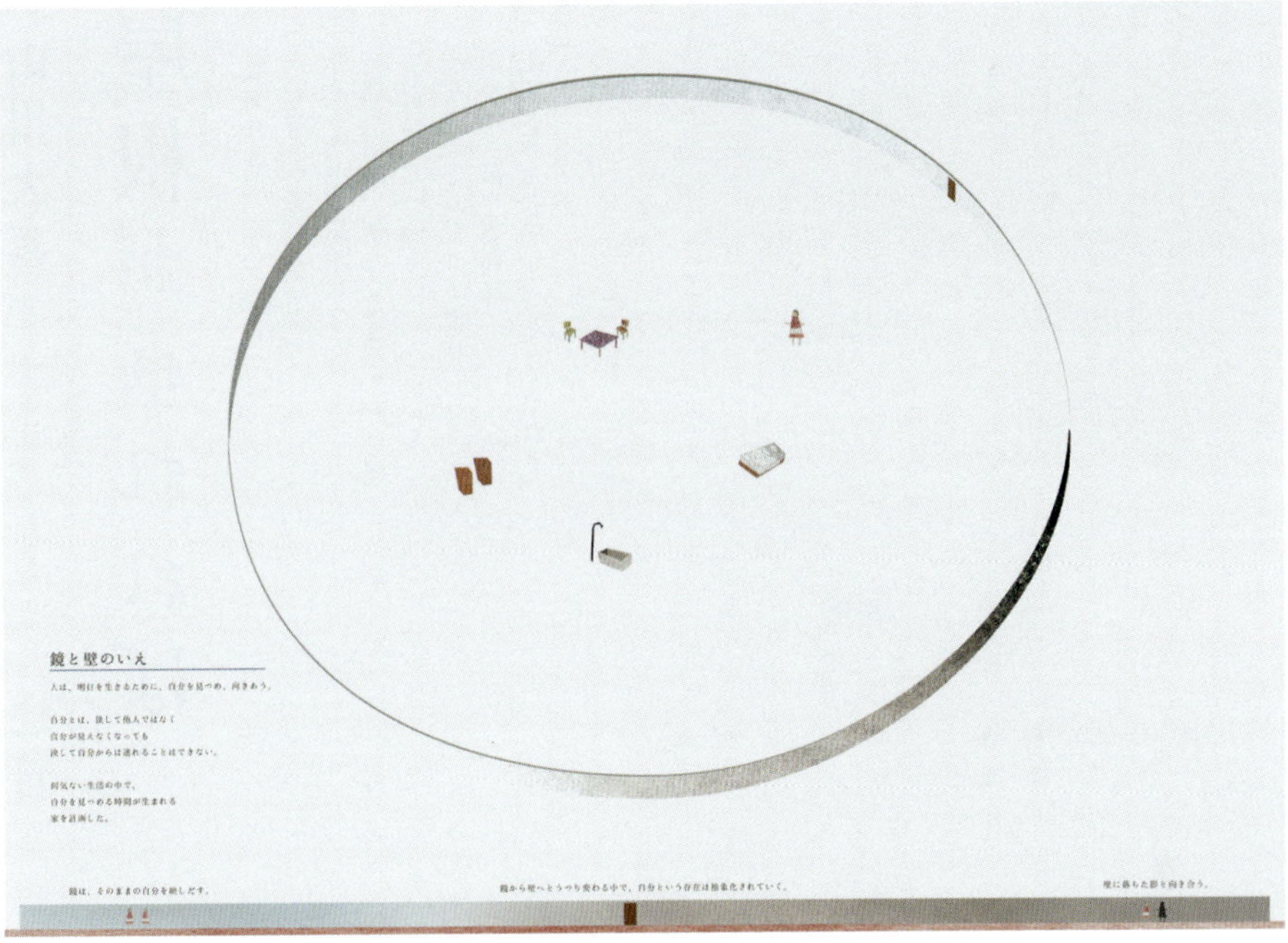

［設計趣旨］

人は、明日を生きるために、自分を見つめ、向きあう。
自分とは、決して他人ではなく
自分が見えなくなっても
決して自分からは逃れることはできない。
鏡は、そのままの自分を映しだす。
鏡から壁へとうつり変わる中で、自分という存在は抽象化され、
壁に落ちた影と向き合う。
何気ない生活の中で、
自分を見つめる時間が生まれる家を計画した。

中村竜治

その場に行ってみたいと思わせる建築

まず、単純に「どんな経験をもたらす建築なのかな」という興味をかき立てられた案でした。普通、住宅で見える／見えないをつくるためには壁を立てていくのかなと思うんですが、鏡を利用することは考えつきませんでした。さらに、実際どんな空間になるのかがプレゼンを見ても想像できなくて、実際にそこに入ってみたいという気がした案ですね。

山川大喜
日本大学海洋建築工学科学部4年

辻普
日本大学海洋建築工学科学部4年

白坂真
日本大学海洋建築工学科学部4年

藤本幸汰
日本大学海洋建築工学科学部4年

屋根が垂れれば

［設計趣旨］

雨の重さで垂れる屋根。
水をかたどる屋根は
空間を隠し、新たな空間をつくる。
形の見えない雨と
雨をかたどり見せる屋根。
雨が作り出す空間は
生活に新たな潤いを与えてくれる。

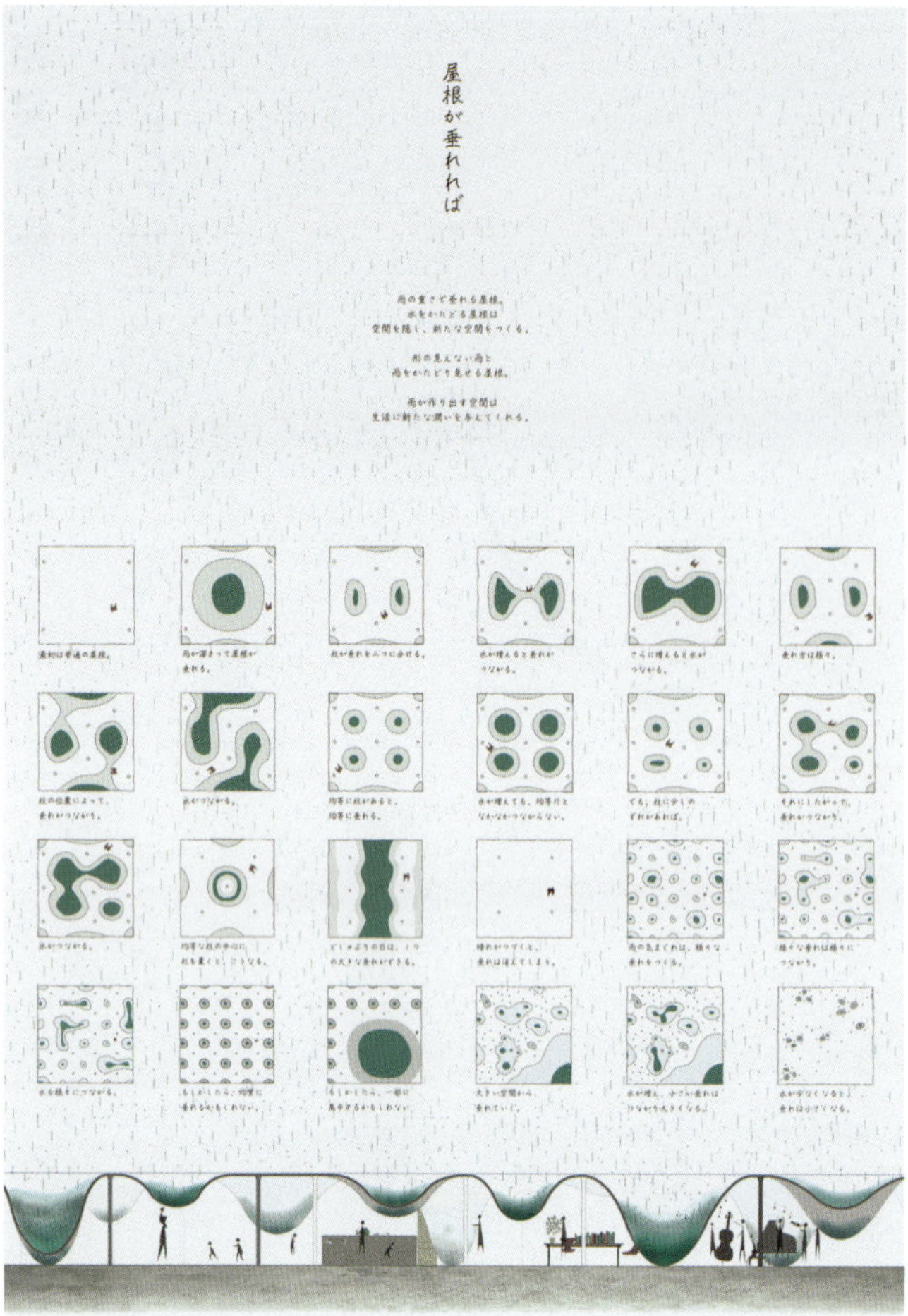

遠藤秀平

SILVER

非現実的だがイメージを喚起する提案

屋根に貯まった雨の重量によって形状が変化し、その変化によって視線が遮られることで、見えること／見えないことが同居するという提案です。時間的な変化も内包している。現実的にこういった屋根を実現することは非常に難しいと思いますが、我々のイメージを膨らませてくれる案として銀賞に選びました。

SILVER

見えない壁

額賀俊成

東京大学大学院工学系研究科建築学専攻修士1年

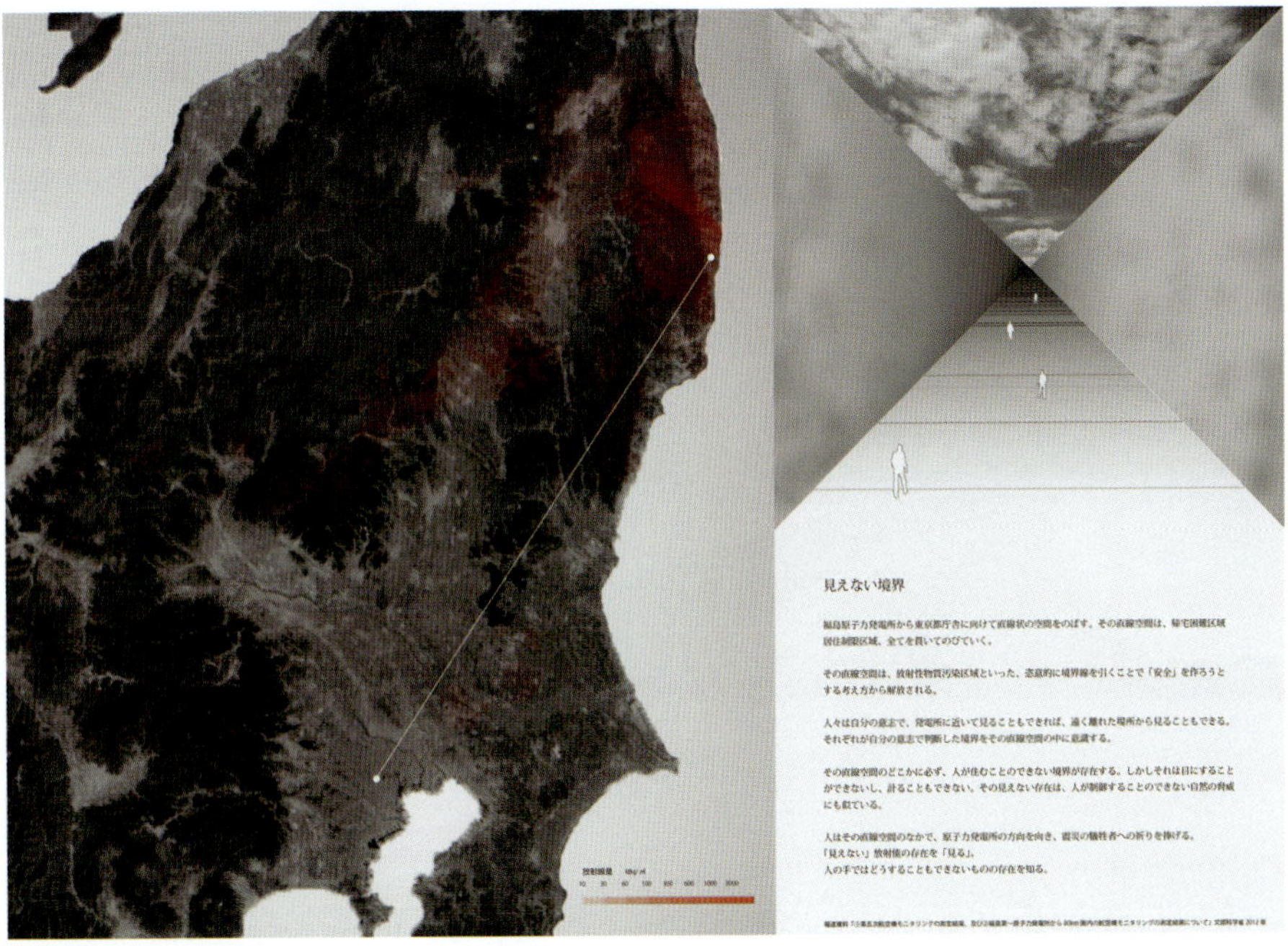

［設計趣旨］

福島原子力発電所から東京都庁舎に向けて直線状の空間をのばす。

その直線空間は、帰宅困難区域居住制限区域、全てを貫いてのびていく。

その直線空間は、放射性物質汚染区域といった、
恣意的に境界線を引くことで「安全」を作ろうとする考え方から解放される。

人々は自分の意志で、発電所に近いて見ることもできれば、遠く離れた場所から見ることもできる。

それぞれが自分の意志で判断した境界をその直線空間の中に意識する。

その直線空間のどこかに必ず、人が住むことのできない境界が存在する。

しかしそれは目にすることができないし、計ることもできない。

その見えない存在は、人が制御することのできない自然の脅威にも似ている。

人はその直線空間のなかで、原子力発電所の方向を向き、震災の犠牲者への祈りを捧げる。

「見えない」放射能の存在を「見る」。

人の手ではどうすることもできないものの存在を知る。

椎名英三

SILVER

原発との距離感を ひしひしと感じさせる建築

福島の原発と都庁の間に直線を引き、壁で囲んで一本の道を構築する案です。原発と僕らを結ぶイメージとして、現代の原発の批判として素晴らしいと思います。もし僕らがこの道に身を置くと、これまでは単に遠い存在だった福島の原発が違って見えてくる。もはや遠い世界のものじゃないという意識を喚起させるという意味で、すごい力を持っている案だと考えました。

SILVER

駅ナカ住宅

池原健介
三重大学大学院工学研究科建築学専攻修士２年

［設計趣旨］

地方鉄道線の無人駅にまちをつくる。

都会のある人は長い時間をかけて通勤したり、
あるいは仕事場のすぐ近くに住んでいるかも知れない。

地方のある人は遠くまで買い物に出るのに、そもそも最寄り駅まで行くのが億劫かも知れない。

自宅－最寄り駅－駅－目的地、その自宅から目的地まで距離感は都市と地方では異なる。

「仕事」と「生活」の距離感を引き離すのかも知れないし、近づけるのかも知れない。

家と駅を繋ぐことでこの距離感が変わるのではないか。

山崎亮

SILVER

移動にかかる手間を省いた住まい方の可能性

この人口減少時代、単なる駅以上の機能を持った無人駅の形式があってもいいと思っているんです。僕が今やっているプロジェクトの事務所はまさに無人駅に隣接しているのですが、踏切の音を聞いてから出かければ間に合うし、無人だから切符も改札も要らないし、結構大きな価値がある立地なんですよ。駅に住むことができたら究極のdoor to doorですよね。新しい形式のニュータウンのような、住まい方の可能性を感じます。どこかで実現できないかな、という気がします。

銅賞

BRONZE PRIZE

BRONZE

そっと微分して、そのままにしてみた。

竹中祐人
千葉大学大学院工学研究科建築都市科学専攻修士課程1年

伊藤彩
千葉大学大学院工学研究科建築都市科学専攻修士課程1年

［設計趣旨］

すごく細かくみると、小さな空間にも色んなものがせめぎ合っていることに気づく。

建物の重み、それを押し返す地面、雨風が吹いたり、誰かの重みとか。

そっと微分して、そのままにしてみた。

時が経つにつれて、少しずつまとまりは崩れ、ぼんやりとした状態になる。

僅かな隙間から入ってくる自然。

重いものがあるところは少しずつ沈む。

そっと微分してそのままにしておくことで目には見えない秩序みたいなものが現れてくる気がした。

北川啓介

さまざまな事象が同時に起こる空間

住宅って、内部に入るものよりは大きなスケールで構成されるものですが、この案では、逆に内部の人間よりも小さなスケールを集積することでつくろうとしていますね。だからこそ、大小を問わずさまざまな事象がこの空間の中に同時に生じることができる。行ってみたい空間ですね。

門脇耕三

行為の積み上げを可視化する空間

家形によって、隠されている雨風だけではなく、普段の生活の軌跡をも見えるものにしようとしているのが面白いですね。小さな作用の積み重ねが、空間によって可視化されるという考え方です。実物としてどう展開するのかが見えづらいのが難点ですが、美しいプレゼンで好感が持てる作品でした。

米澤隆

切実さを取り戻すための試み

建築というものが強くなり過ぎていると思っています。そもそもヴァナキュラー建築と呼ばれるものは、自然環境と建築がギリギリのところで対峙するときに生まれた現象だと思うんです。この案は、そういった切実さのような、建築と人、環境との幸福な関係を考え直して追求する実験的試みの1つだと思います。

BRONZE

過程の建築

－セルフビルドによる新しい集落の在り方－

谷口弘和
大阪市立大学大学院工学研究科都市系専攻前期博士課程2年

［設計趣旨］
過程（見えないこと）のための建築（見えること）を考える。
限界集落において材料を集落から調達し、
自分たちで建築をセルフビルドすることをきっかけに、
希薄な人間関係や荒れ果てた集落空間を良好なものに書き換えていく。
できあがった建築は皆で利用する集落のコモンズになり、
そこで行われる会話は次のセルフビルドを誘発する。
時として、過程（見えないこと）は建築（見えること）を超える。

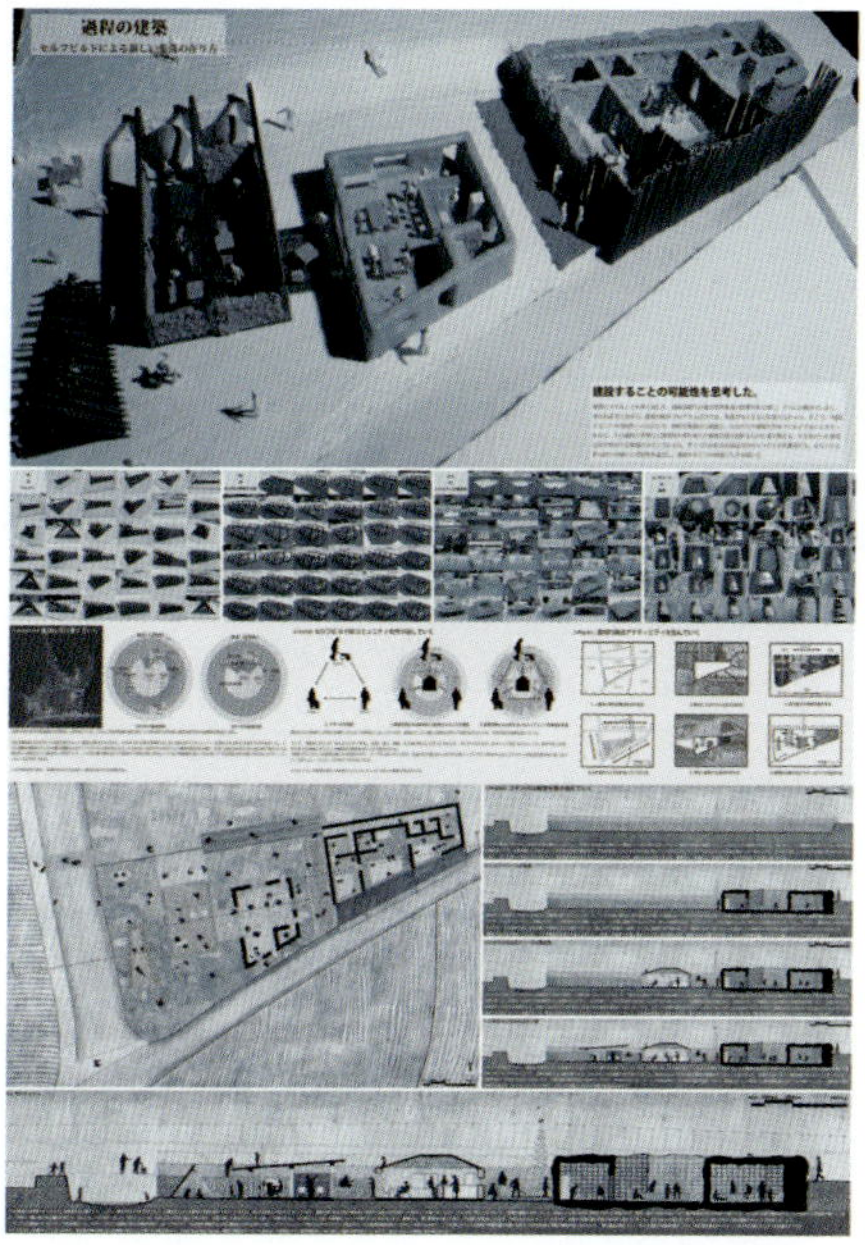

家成俊勝＋赤代武志

今つくることが次代のつくることにつながる

赤代：セルフビルドという行為を見せることによって、次のセルフビルドを誘発し、次代へつなげていく提案です。パオロ・ソレリの実験都市「アーコサンティ」を思わせる、時間を内包しながら建設するところが興味深いですね。
家成：つくるという行為を取り戻しながら、自分たちのコモンをどのように建設していけるのかという試みに見えるので、銅賞に選びました。

倉方俊輔

気迫あふれるプレゼン

建設するということの可能性を考えたいんだなというベクトルの大きさが、プレゼンから伝わってきました。ストーリーは割と楽観的なものですが、単に社会を都合よく扱っているだけではない迫力がある。この考え方を続けていけば社会と繋がっていけそうな期待を持てる作品でした。

BRONZE

田中雄基
YasuiArchitects 設計部

まもる壁／新たな壁へ

［設計趣旨］
戦後から40年以上も、
人とまちを守り続けてきた「防災建築街区」。
再開発とは違い、住民が団結して創ったみんなのまち。
しかし、建築の寿命が迫り、２DK住宅によって空家が増える。
「防災建築街区」は、１つの帯状に建物がまとまるため、
界壁を取り払い、大きな共用部を確保し、
様々な用途を組み込むことで賑わう、
新たな生活空間のあり方を提案したい。
ひとと まちを守る壁は、新たな関係性を創り出す壁となり、
いつまでも寄り添う。

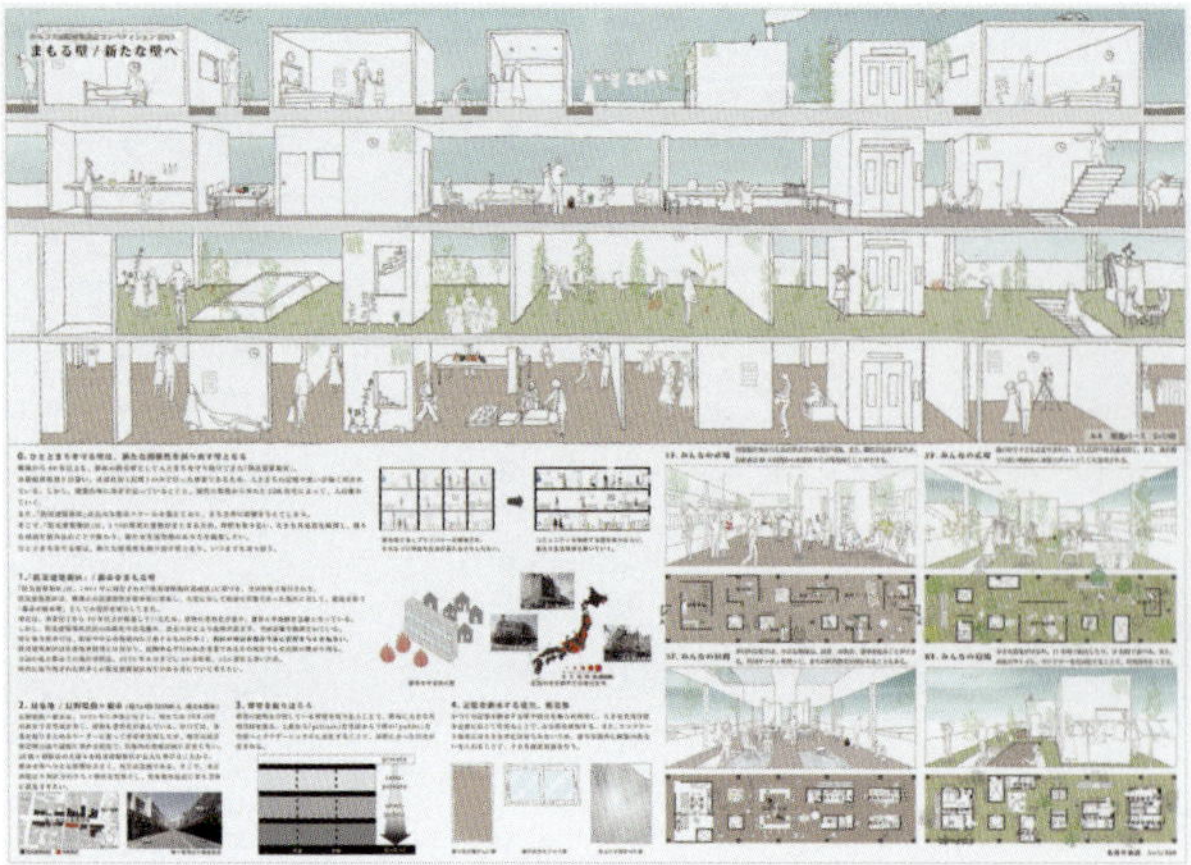

家成俊勝＋赤代武志
既存の街の使い方を変える伸びやかな空間

赤代：40年前からある問題をよく読み解いて、界壁を伸ばしながら横へ広がっていくような空間や使い方を提案しています。既存のものの読み解きとして評価できると思います。

家成：界壁を水平方向に伸ばしてつなげていくことが、同じストックであるにもかかわらず、街の使い方として違う広がりを見せられていると思いました。

井手健一郎
新旧の都市の狭間を更新する

防災建築街区は、都市における防火壁という役割上、新市街と旧市街の狭間に建つものです。そこに新しい機能を加えて新旧の都市空間に別の関係性を生み出すというのは、すごくいい考え方ですね。ただ、RCの改修としてはリアリティが足りません。これだけ柱梁に取り付いて耐力壁として機能している部分を取り除くのは、なかなか厳しいのでは。そこまでコンテクストとして考えてほしかったですね。

BRONZE

山口昇
京都工芸繊維大学工芸科学部造形工学課程学部３年

２／２住宅

［設計趣旨］
まわりとの関わりに満ちあふれた生活。
まわりとの関わりが全くない生活。

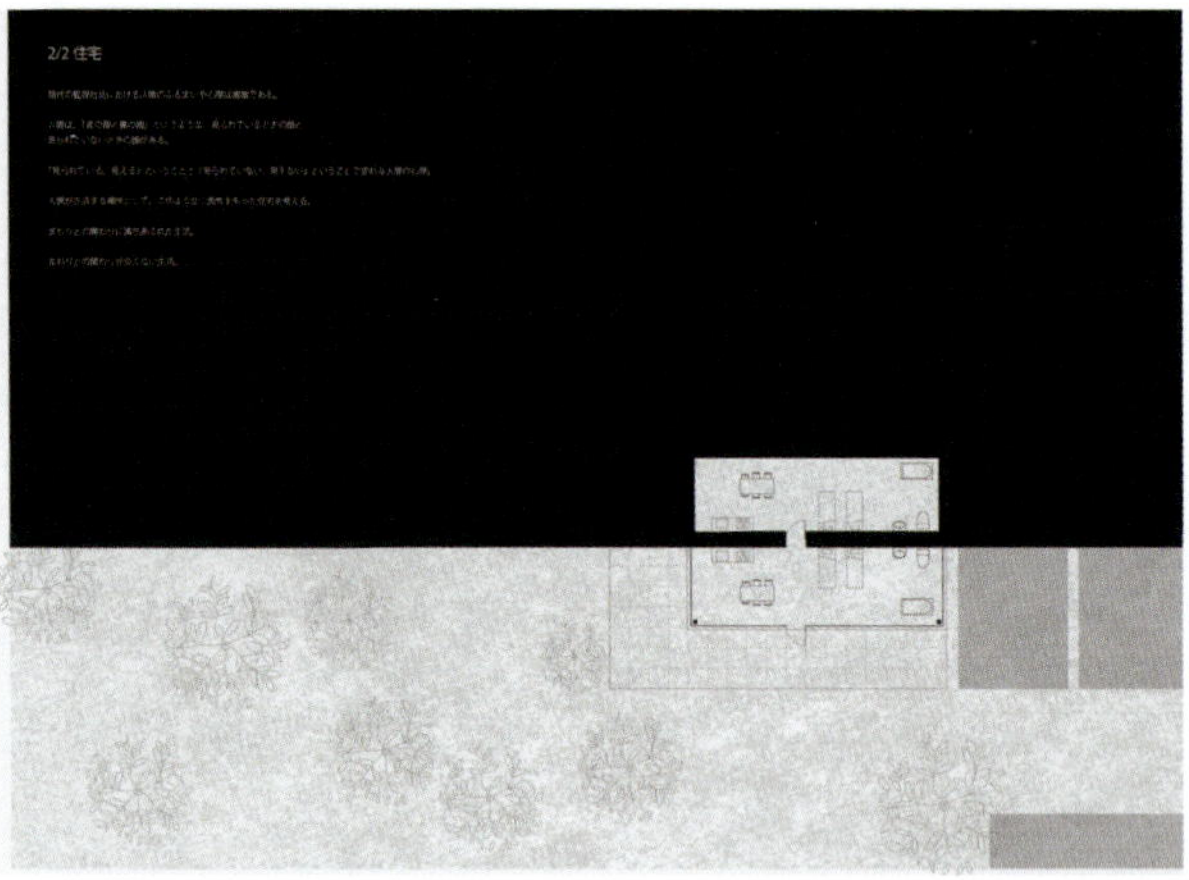

古谷誠章
全部一対の印象的なプラン

まったく同じプランを対にすることで、テーマの本質を表現した案ですね。陽の生活/陰の生活みたいなものが、アクティビティではなく別の要因によって選ばれるという潔さがある。部屋の機能によって分けていないところがいいですね。

みかんぐみ
住宅に込められた欲望を可視化した案

見えない／見せない部分と、見える／見せる部分を示すことで、生活や住宅に込められた欲望を集約して端的に表した案ではないかと思います。水墨画のようにほとんど要素のない画面ですが、非常に印象的なプレゼンテーションですね。

BRONZE

垣中智博
工学院大学大学院工学研究科建築学専攻修士1年

Invisible Hut

［設計趣旨］

周辺環境に溶け込み、
環境と呼応しながら見え隠れする建築を考えた。
晴れた日には周辺敷地と建築が連続的に使われ、
夜になると周りを照らす光りの小屋となる。
また梅雨の雨、冬の雪、
秋の落ち葉によってこの建築は少し姿を現す。
環境や行為の変化と共に建築内外の境界が伸縮し、
その時々で居心地の良い場所を選び、
猫のように暮らしていく。
小屋と敷地の境界を越え、
周辺環境や地域社会と共に生きる建築。

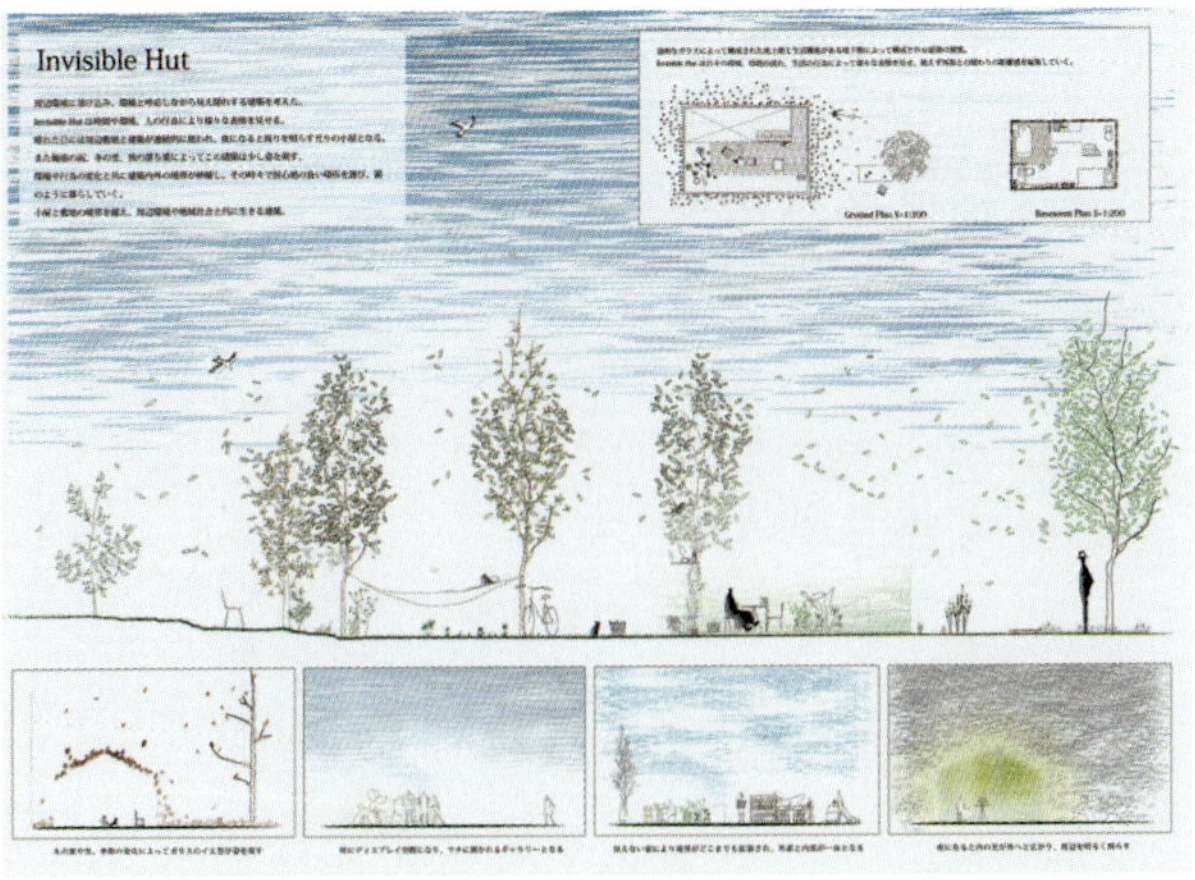

近藤哲雄

課題に素直に応えた透明な建築

同じような提案はたくさんありましたが、この案はプレゼンテーションも含めて総合的によかったです。本当に完全に透明な建築があったらどんなだろうと考えさせられました。透明になるとこんなに楽しいことがあるんじゃないかと無邪気に提案している点も好感が持てました。

BRONZE

藤村将史
九州大学大学院人間環境学府空間システム専攻修士2年

梶原あき
九州大学大学院人間環境学府空間システム専攻修士2年

中田達也
九州大学大学院人間環境学府空間システム専攻修士2年

まびきみち

［設計趣旨］

シャッター街と化した駅前商店街のリノベーション計画です。
「減築」と「ビオトープ化」をキーワードとして、
空き家を少しずつまびきながら
新たにすきまをつくっていきます。
つながるすきまはやがて道となり、
人や緑やいきものが集う場所となるでしょう。
現在はストックとして隠れている空き家が
目に見えて街に還元されていくことで、
街の中心の商店街を起点として周辺も取り込みながら
地域全体を再生していくことを考えました。

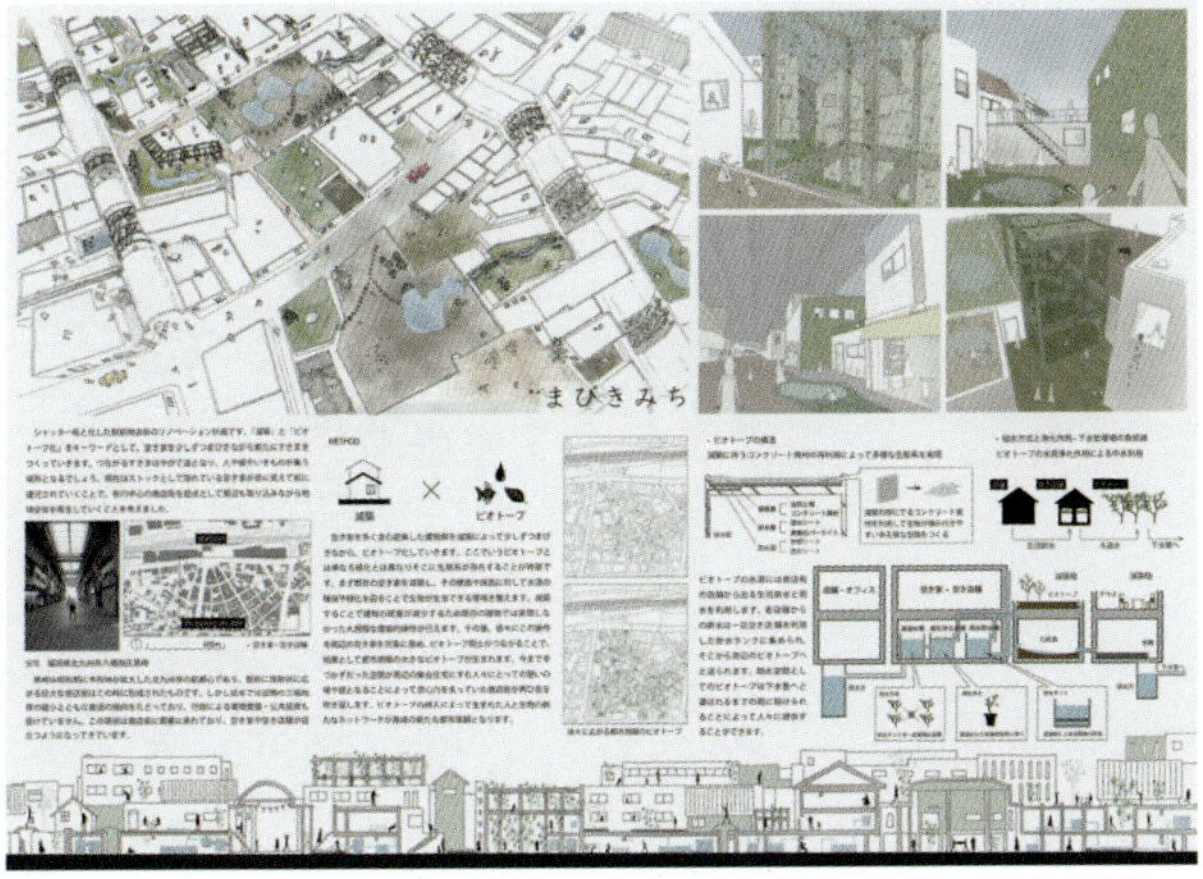

迫慶一郎

既存のテーマに正面から取り組んだ意欲作

空地をビオトープにして自然に還していくところまで、設備的なしくみの提案も含めて考えた案です。これまでにも議論されていた地方都市の問題に対して、新しい視点で正面から取り組もうとしている姿勢を評価して選びました。ただ、もう少し都市空間のリアリティを感じられる絵を描いてほしかった。商店街なら夜の風景も重要なはず。衰退する街と自然が織りなす新しい風景を提案するところまで踏み込めたらよかったと思います。

BRONZE

吉田沙穂

京都工芸繊維大学工芸科学部造形工学課程学部4年

水琴窟の家

ー雨垂れが奏でる水の形象ー

［設計趣旨］

これは盲目のピアニストの家である。
彼は水を見たことがない。
雨が降ると、地上から流れ落ちてくる水が
床下に溜まった水面に落ちる。
その音は、吊鐘形をした家の中に響きわたり、
さまざまに音楽を奏でる。
そして彼は耳で水を捉える。
音楽は雨の様子で曲調が変化する。
ある小雨の朝は〝perderdesi〟(消えるように)
明るい日の夕立は〝cantabile〟(歌うように)
激しい嵐の夜は〝apassionate〟(激情的に)
彼にとって水は、飲んだり触れたりするが、
どこか未知な存在。
この家は、彼と水を音楽で
繋とめる地中の隠れ家。

遠藤秀平

感覚を刺激する、身体性ある空間

水琴窟を拡大したある種のメタファーですね。水琴窟はサイズも音も小さいものですが、それを大きくして身体性を加えたら、我々の感覚の中にはどういうものが現れるのかを表現しています。見えないものに想像を働かせるということが、空間的にわかりやすく表現されています。感覚が刺激される作品ですね。

BRONZE

伊勢原宥人

大阪大学工学部地球総合工学科建築工学コース建築工学専攻学部3年

かべとゆかにすき間をあけると

［設計趣旨］

「見えること／見えないこと」というテーマのもとで
私が選んだのは、物理的な見える／見えないです。
視界が開けているとそこは開放感のある豊かな空間だと
多くの人が考えていると思いますが、
その視界を壁をで遮ることで
分断された空間から互いの空間を思うとき、
その空間はより豊かなものになり、
そして視界をふさぐ壁の下をくぐり抜けると
そこには新しい世界との鮮烈な出会いが待っています。

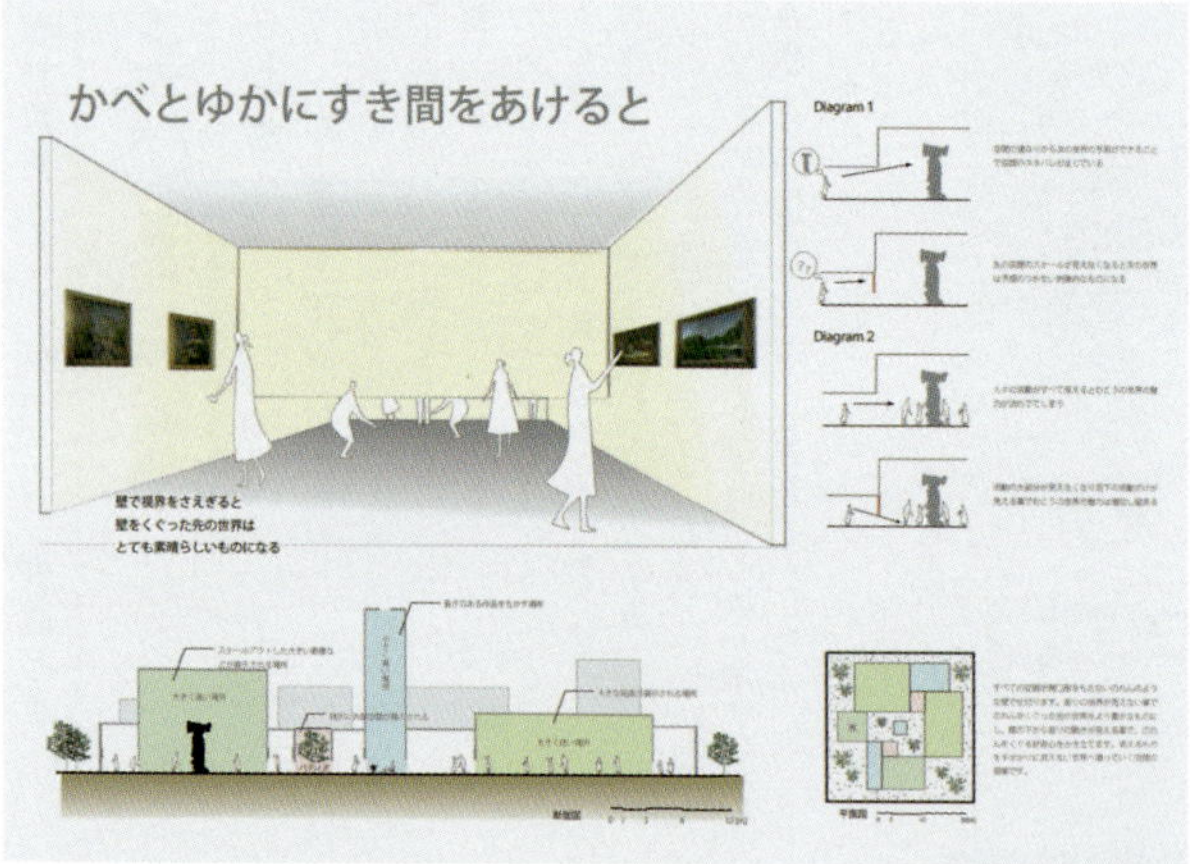

中村竜治

2つの部屋の関係を変える入口

通常、美術館では、入口のようなところを通って次の展示室に進みます。僕はその入口という場所は2つの部屋の関係を決定づけるものだと思っています。この案では入口が特殊な形になっているので、隣の展示室との関係を、今までにない新しいものに感じさせるのではないでしょうか。その入口を通過していくという行動が、観客にも大きな影響を与えると思います。

BRONZE

恣界

安福和弘
大阪大学工学部地球総合工学科4年

［設計趣旨］

恣界
それはわたしの背後に広がる空間
それは恣に想い描く世界
視界と恣界
それは観えるモノと観えないモノ
それは過去と未来

古谷誠章
イメージを喚起するプレゼンテーション

このプレゼンは、人間の目が前にしか付いていないことを表しているように見えますよね。人は顔の向きを変えるだけで、見える/見えない、感じる/感じない、交流する/無視するといったところを、瞬時につくり出すことができる。人間の知覚が、見える/見えないについて最も簡単かつ重要なメカニズムだと言っているような気がします。さらに、恣界というタイトルに強いイメージの喚起力がありますね。

BRONZE

勘違い空間

菊池愛美
北海道芸術デザイン専門学校建築デザイン学科1年

［設計趣旨］

単純な見える見えないではなく、
だれがどのように見えるのかという、
人それぞれの視界、思考を意識して、
そこからさらに面白さにつなげていきました。

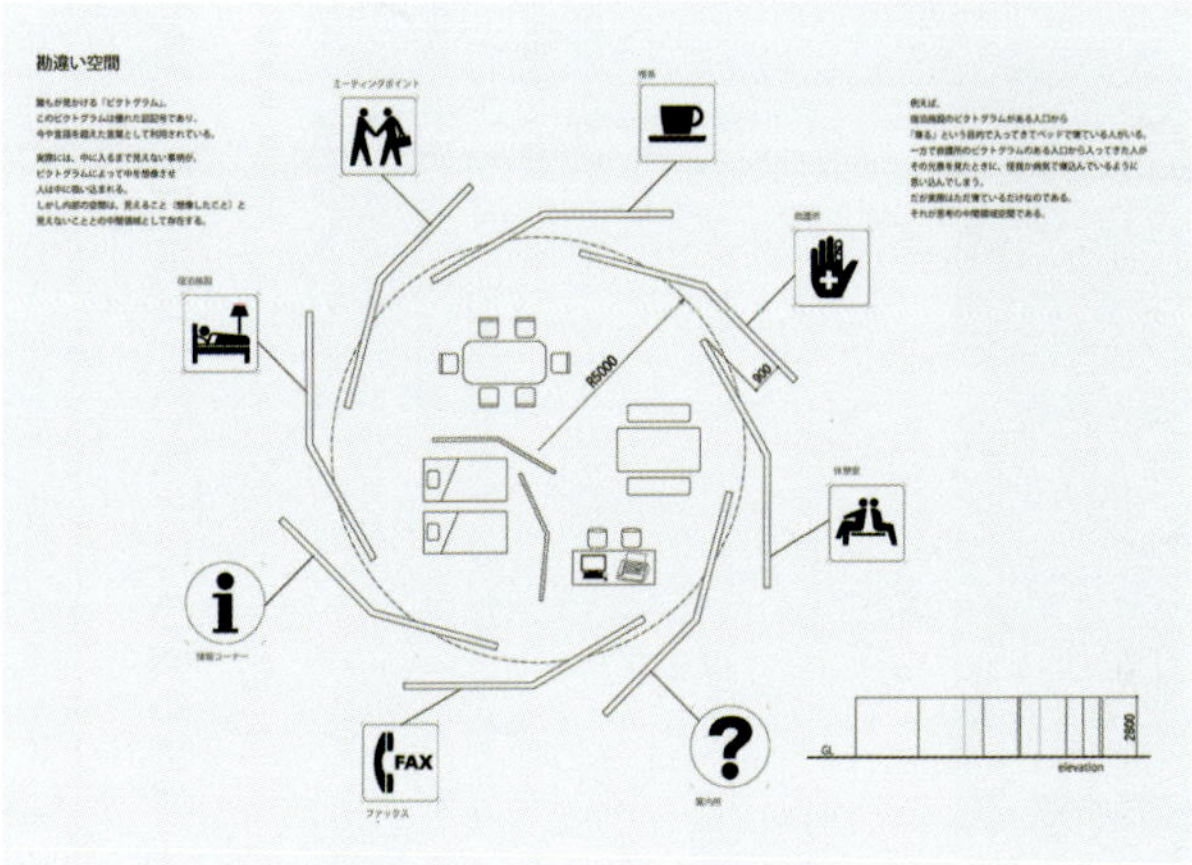

倉方俊輔
見えない先入観をあぶり出す

人はピクトグラムが与える先入観の通りに空間を活用しようとする、ということを利用した案です。そもそも建築は、たとえばリビングとかトイレといった、ピクトグラム的な先入観が行動に秩序を与えることに頼って存在していると思うんです。ある空間がうまく機能しているとき、それは建築がよいからなのか、それとも先入観の効果なのか、実は曖昧なわけです。機能に対して建築そのものがどのくらいの役割を担っているのか、考えさせる案ですね。

BRONZE

澤崎綾香
信州大学工学部建築学科4年

地下のランドスケープ

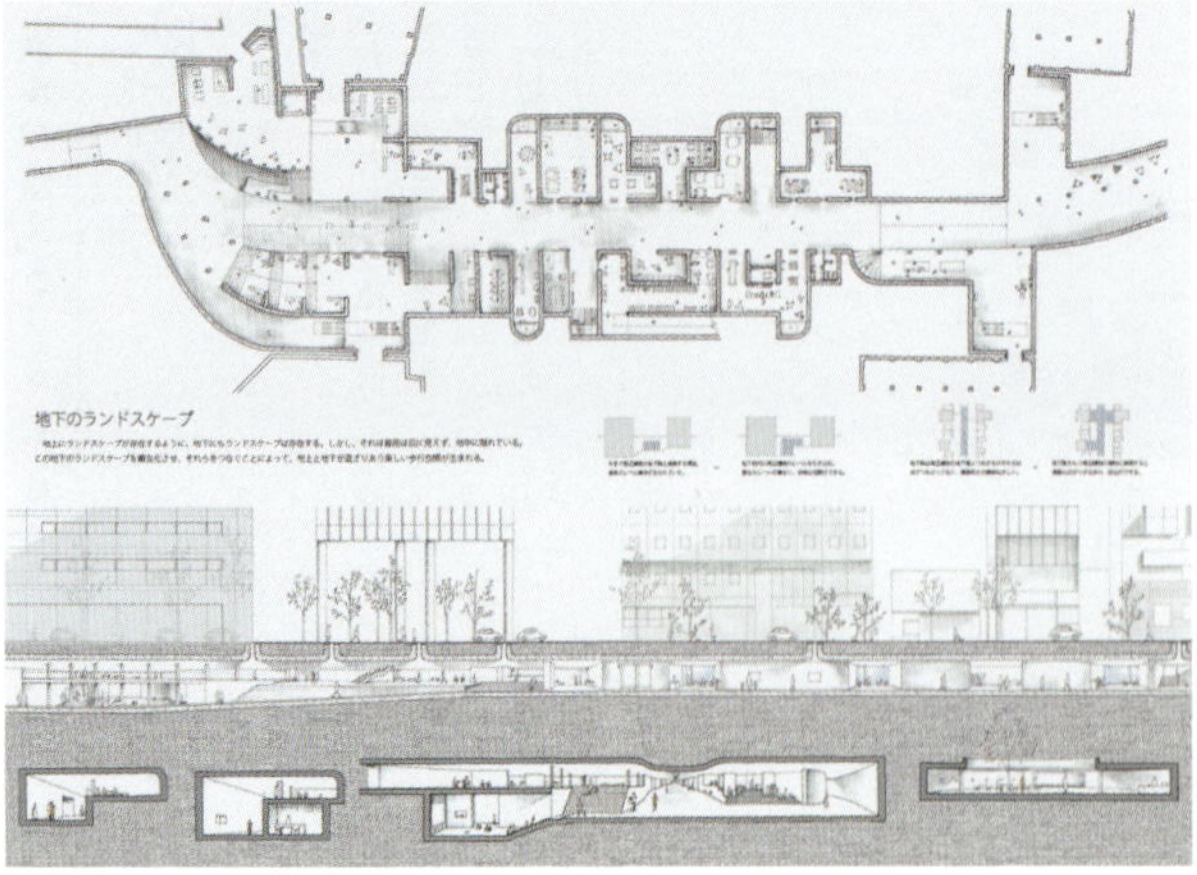

［設計趣旨］

地上にランドスケープが存在するように、
地下にもランドスケープは存在する。
しかし、それは普段は目に見えず、地中に隠れている。
地上地下ともにランドスケープの
起伏が激しい名古屋駅周辺を計画敷地とし、周辺建物の
様々に異なる地下階のレベルを顕在化させることによって、
今まで均質であった地下街に多様な空間が生まれる。
職場や学校までの通過点としてだけでなく、
街の人々のよりどころとなるような地下街の提案。

北川啓介

形の変化と意味の変容を両立させた案

地下街というのはすべてを見渡すことができない場所で、壁1枚隔てた向こうに全然違う空間が広がっています。地下がそういう姿をしているのは、法規や歴史的な蓄積などの制約があるからなのですが、それは一般的には見えない事象ですよね。この提案は、そこに穴を掘って別種の空間同士を繋げていくというものです。ハードの変形だけではなくて、人間の認識に強く作用して、人間の営みの意味を変容させているところを評価したいですね。

BRONZE

加藤聖也
早稲田大学創造理工学研究科建築学専攻修士1年

Vernacular_Forest -future_of_Tokyo-

［設計趣旨］

数百年後の遠い先の東京は、
どのような将来が描かれているのか。
家都市自然の境界などが無くなり、
ヒトはこの大きな「森」となった自然体系の中に住み、
環境の一部として、
亜熱帯気候と共生するあり方を提案する。

吉村昭範＋吉村真基

環境に溶け込む魅力的な空間の提案

昭範：案が想定している未来はともかく、透明というボキャブラリーを使わずに、見えないということをうまく表現していますね。構造的にもある種の構築性があるし、内部空間も魅力的です。1枚の絵でここまで表現している点を評価しますが、階段や建具など建築的な部分をもっと突っ込むと説得力を持ったのかな。

真基：環境の中に建築がどうやって溶け込んでいくかがとてもよく考えられていて、建築としても面白い。住んでみたいと思わせるところがいいですね。

BRONZE

佐藤里奈
東北大学大学院工学研究科都市建築学専攻修士1年

stage factory －舞台裏製造所－

［設計趣旨］

舞台は、観客席、ステージ、舞台背景、楽屋と、
都市のようなレイヤー構造になっています。
そこで、舞台裏製造工場として提案し、
都市の中の舞台を作ります。
工場で作った「人ともの」は、
川を渡って対岸の本物の舞台へと船で運ばれ、
それが都市のアトラクションになります。
見えない舞台の裏側の工場を、人々は観客として見て
舞台ができる様子が分かり、舞台を日常に近づけます。
演者は人に見られ表現すること意識して生活をします。

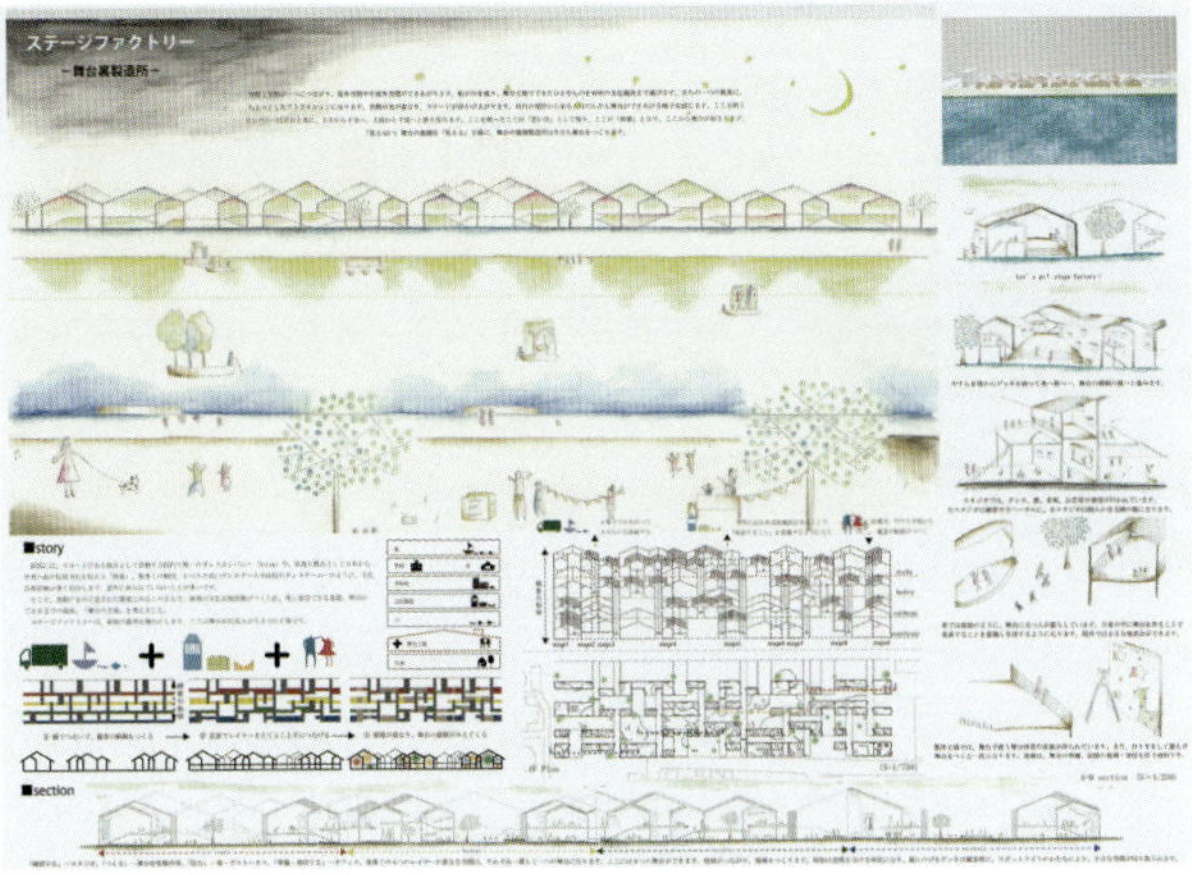

古澤大輔

見えないアクティビティを可視化したコトの提案

ダンスカンパニーの舞台公演のプロセスを街に開いていく、コトづくりの提案ですね。ホールというビルディングタイプを解体して、都市的なスケールへと接続している。舞台の準備期間のアクティビティって面白くて、演者の練習や舞台道具、衣装の製作の活気ってすごいんです。それを観客が見ることができるとしたら、新しいビルディングタイプといえるかもしれません。もう少し建築についての言及があればなおよかったですね。

BRONZE

岡本昂子
東北大学大学院工学研究科都市建築学専攻修士1年

エコトーン

［設計趣旨］

エコトーンとは、水辺において水の満ち引きで、湿ったり乾いたりし、
環境が変化するため、生態系が豊かな、2つの世界の境界となる場所である。
本設計では、エコトーンのような自然と
人間の活動の境界を多様にする場を計画した。
田んぼの中にある、元々は堀であった細長い敷地に、
その周辺における開発と昔ながらの集落の風景をつなぐ、道の駅。
暗渠化された敷地を、生物多様な水路に戻し、そこに市場、
滞在型農園、集まって湿地で米をつくる場をおく。
ありのままのその地域を見せ、体験し、暮らす。
目には見えない生き物や変化を意識する、
虫や鳥、魚、農家の人、買い物客、観光客が集まる生物多様な場である。

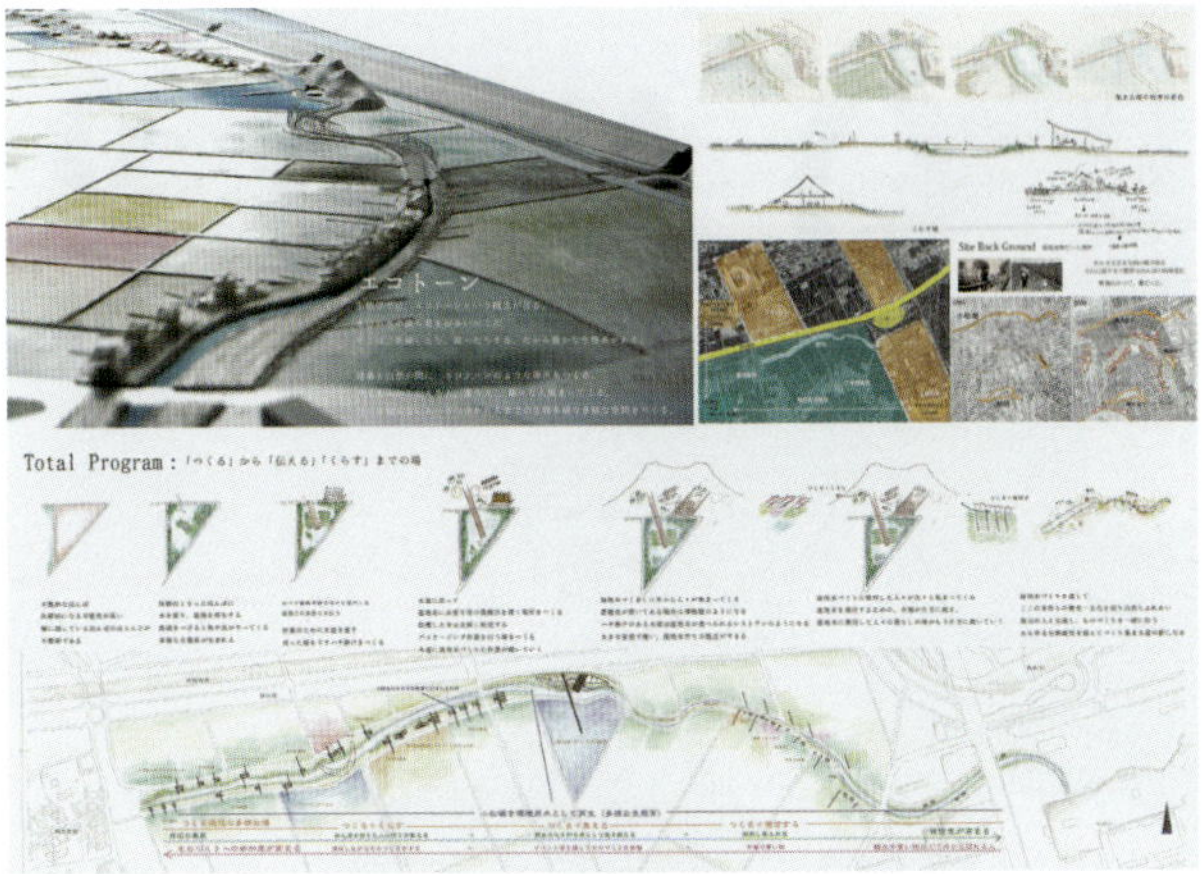

山崎亮

生態学的な変化に取り組んだ提案

工学でも芸術でもなく、農学的に建築を考えた真面目な提案です。苔むしたりクラックが入ったりすることは建築的には劣化だとされますが、生態学的に考えると、自然に近づいて完成度が高まることになる。変化し続けるものをどうデザインや計画の中に持ち込むかは、今の時代に考え続けなければならないテーマだと思うんですね。この案では、どこまで手を入れてどこから自然に任せるのかが、いい塩梅になっているところを評価したいです。

佳作

HONOR PRIZE

HONOR

アワフルマウマチ

石川亮平 九州大学大学院人間環境学府空間システム専攻修士2年
三宅諒 九州大学大学院人間環境学府空間システム専攻修士2年
末吉祐樹 九州大学大学院人間環境学府空間システム専攻修士2年

[設計趣旨]

「まちへ行こう」と思った時、現代の私たちは、先に情報を仕入れてから街へ繰り出すことが多い。インターネット等によって様々な情報が「見える」ことは、安心感や効率性を高めるが、一方で「見えない」ことは緊張感や冒険心を掻き立てる。そこで、私たちはどこの街にでもある「電柱」に着目し、前もって「見える」情報をあえて抽象化し、ある意味「見えない」ようにすることで、更に楽しいまち歩きを可能にしたいと考えた。

米澤隆

温度や湿度、光、音といった環境の尺度を、シャボン玉を通して統合して、雰囲気として街を彩ろうとする案ですね。環境の多様な要素を分解して理解するのは近代科学の功績ですが、僕たちは複合的に環境を体験しますよね。今後建築の役割は複合や統合、簡潔な構築に移っていくとすると、この作品の視点は佳作に値すると考えました。

五十嵐淳

やろうとしていることには馬鹿げている面もあるかもしれないけれど、考えている事柄の向かう先が人間であることがいいですね。僕は、人の快楽や楽しさ、喜びという人間の感覚を一番上位にして設計をしなければいけないと思っています。この案はあまり建築的ではないんだけど、そういった点で非常に面白いと思いました。

みかんぐみ

ものすごい密度で描かれていますね。世の中で邪魔者扱いされている電柱に、ある機能を与えている。シャボン玉の扱いは難しいんですが、ポエティックな部分も含めて、街をつなげるひとつの装置として捉えればいい。夢物語ではありますが、天真爛漫でいろんなことを想像しながら描いていていいですね。

HONOR

渋谷多面集積体

増田裕樹 東京都市大学大学院工学研究科建築学専攻修士2年
池田雄馬 東京都市大学大学院工学研究科建築学専攻修士2年

[設計趣旨]

私達が見ている渋谷の表層の約50%が看板である。邪魔物として扱われる事も多い。しかし、様々な看板がコラージュの様に貼付けられる事で、建築自体の表情だけでは表現できない、全体像の把握できない奥深さをもった都市風景を作り出しているのではないか。一方で建築内部は、差異の無い単純な床の積層によって、渋谷らしい奥深さを失っている。ここでは、これまで景観要素であった看板が、建築空間の形や性格までも規定する。看板優位の都市構造は部屋単位にまで連続し、周辺街路から建築内部に至るまで、奥深い街路体験が途切れず立体的に連続する高層建築の在り方を提案する。見せ過ぎた視覚情報によって見えなくなった空間の全体像。その深遠なる空間の広がり。渋谷らしさをもつ建築。都市としての建築。

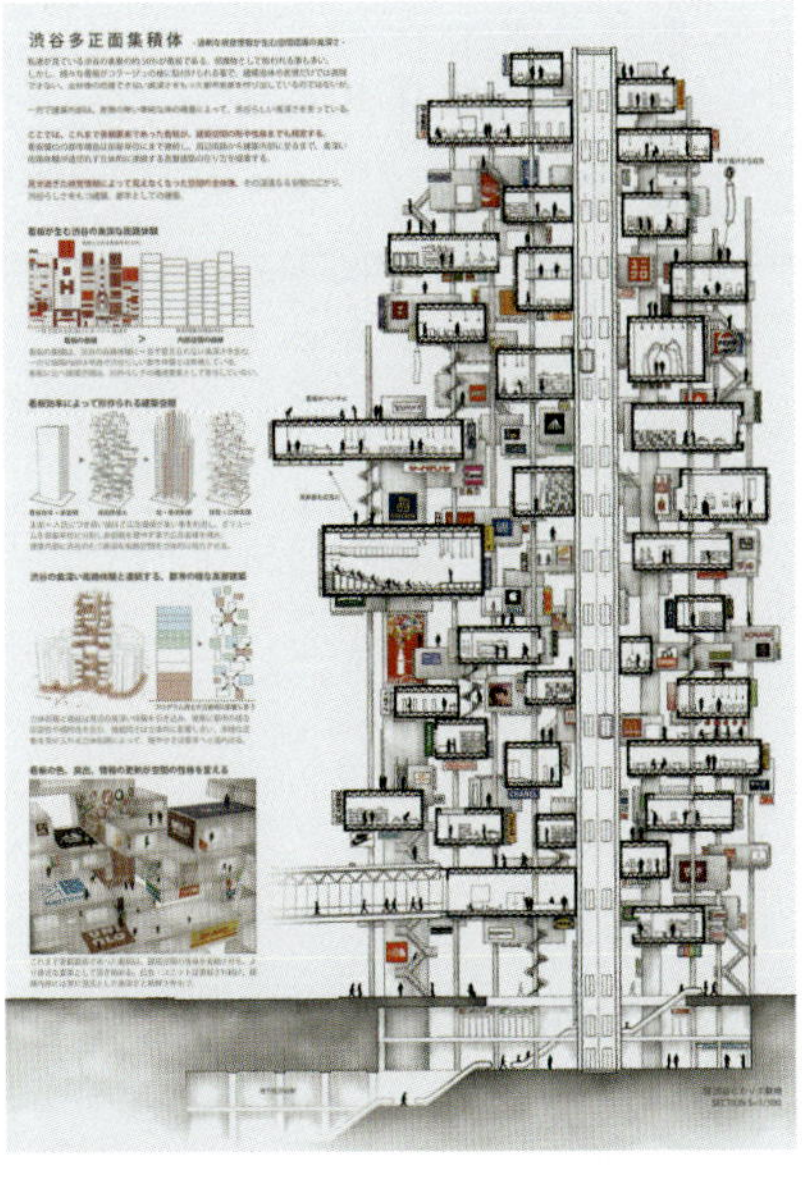

北川啓介

渋谷の看板の中に住むというような提案ですね。看板は地上レベルやビルなどから一番見えやすいところにあるわけです。だから逆に看板からは、いろんな景色が広がっているはずですよね。見られるものが見る側に回るような空間は楽しいでしょうね。

古谷誠章

再開発されつつある渋谷に対して、現在の渋谷特有の複雑かつ密実にものが集積した状態を人工的につくり出せないかと方法を探しているような案です。見え隠れする部分がたくさん存在する迷路の集積のような案ですから、たとえば丸の内にはフィットしなさそうですが、渋谷の再開発プランとしては核心を突いた、よい提案だと思います。

HONOR

斉藤巧朗

芝浦工業大学工学部建築学科学部3年

死角の濃度

［設計趣旨］

見えない壁によって創出される「プライバシー」と「家のなかの居場所」は壁のない開放的なワンルーム空間を可能にする。

室内のいくつかの焦点に向けられたルーバーによって、様々な濃度の死角が生まれる。

四方すべてから見える場所があれば、一方からしか見えない場所もある。

透明なカーテンの内側にはがらんとした多様な場所がある。

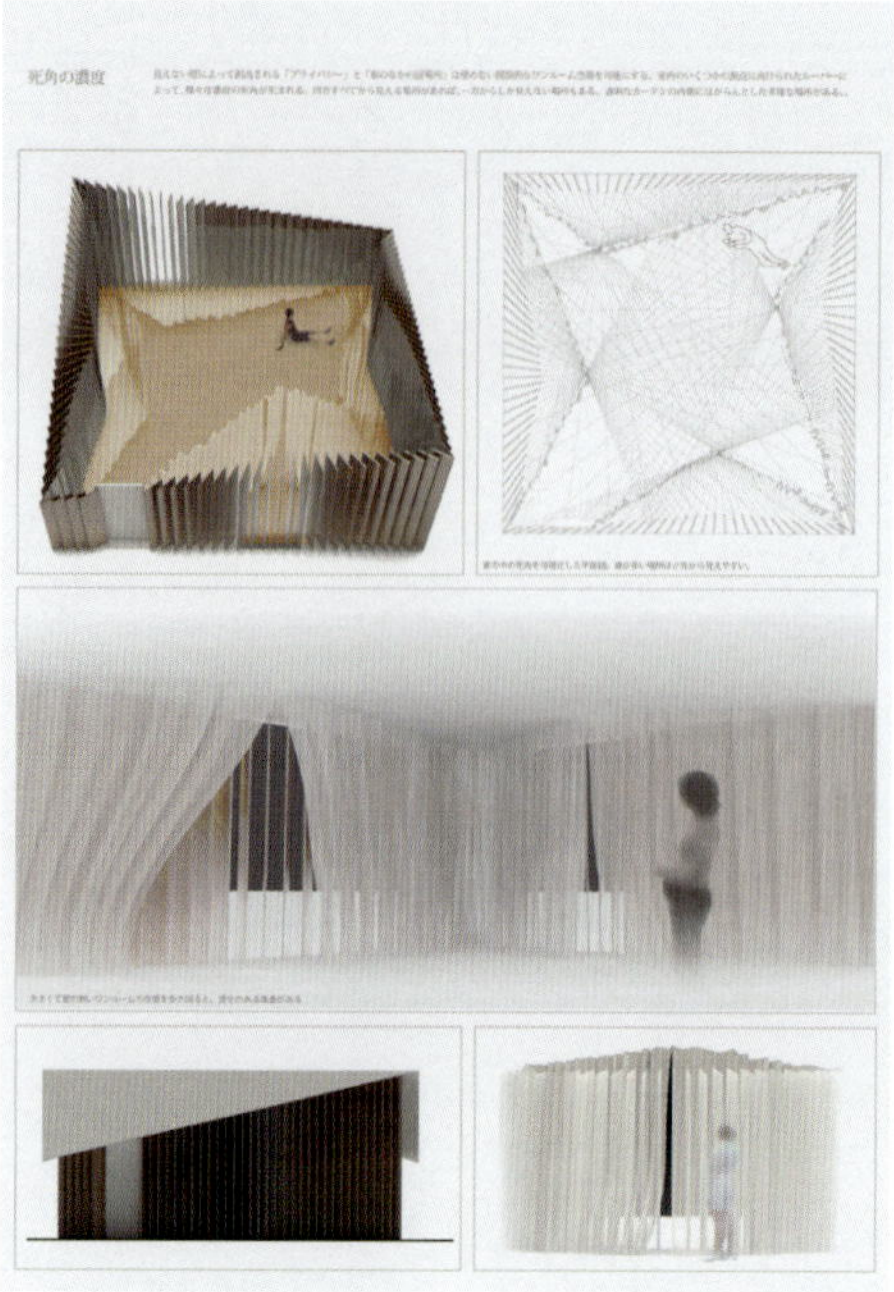

五十嵐淳

バッファー空間のしくみで変化をつける案で、共感できる部分が多い。アイデア自体は真新しいものではないんだけど、非常に完成度が高い点が評価できます。スタディの1つだと思うけど、ここまでやりきるのは難しいんですよ。

門脇耕三

ワンルームの空間の外皮を構成するルーバーの角度や長さの違いによって、見え方がグラデーショナルに変わるという案です。建築設計において一般的な壁や天井高、床の仕上げといった言語を使わずに空間を組み立てる可能性を提示していますね。実際の建築に応用できる考え方で、その可能性を評価したいと思います。

HONOR

石黒萌子

千葉大学工学部建築学科学部4年

ヤドカリの殻のように

［設計趣旨］

自分のありのままの姿を見ることはできない
鏡に映った自分は、偽りの姿
ひとは皆、モノに囲まれて生きている
わたしはまるでヤドカリのように
モノでできた殻の中にいる
自分のモノで彩られた殻は
日々少しずつ変化して
無数の物語を抱えていく
わたしは毎日その小さな居場所を出てふりかえり、
真の自分の姿を見ることが出来るのです
躯体がつくった居場所を
モノだけで成り立たせてみる
見えていなかったものが見えてくる
そんな居場所の提案

五十嵐淳

東南アジアなどによく見られるような、設計者を介さずにその辺にある材料を寄せ集めてつくった建築のようなものって、いいんですよね。環境に即物的に対応して、設計では到達できないある種の強い心地よさを実現させています。この案も、身の回りに存在するようなものでできていて、心地よさそうですよね。風や匂いを感じ取れるようなドローイングにも共感できました。

家成俊勝＋赤代武志

赤代：ドローイングを見た時に、『地球家族』という本を思い出しました。自分の持ち物をこうやって可視化することで、大きな物量がないと暮らせないような現在の生活のあり方を見返すような提案に感じられて、興味深いですね。

家成：物だけしか存在せずに、建築も家も何もかもなくなってしまっているのは、行き過ぎていてよいですね。関係性だけが浮き彫りになっている点を面白いと思いました。

HONOR

海を感じる家

藤原和哉
東京電機大学院未来科学研究科建築学専攻修士1年

［設計趣旨］

都会もある「ファーストハウス」では獲得できない海を感じるセカンドハウスならではの生活を計画する。海の水や雨の水を循環させることで「水の壁」「水の床」「水の天井」を作る。気候や海の状態によって壁、床、天井も変化して行く。海の様子が見えたりする事で海への好奇心が湧いてくる。また、泥で透明感を無くして建築の一般的な壁として奥が見えなくなりプライベート面での安心感を与える。

中村竜治

水を隔てて、向こう側にちょっと端が見えている家です。向こう側の居場所までもぐってたどり着く感じはすごく楽しそうです。今自分はここにいて、住宅の端っこはあそこなんだと確認できるということは、建築のサイズや形をすごく感じることになると思うんです。タイトルは「水を感じる」になっていますが、多分、風景自体を感じることになるんじゃないかな。

HONOR

竹のわだち

松川真友子　九州大学大学院人間環境学府空間システム専攻修士2年
重石真緒　九州大学大学院人間環境学府空間システム専攻修士2年
石川亮平　九州大学大学院人間環境学府空間システム専攻修士2年

［設計趣旨］

かつて炭鉱で栄えた三池地区には、石炭と炭坑夫を運んだ鉄道の跡が今も残っている。閉山後、草木が茂り自然に埋もれ、地形の如くまちに溶け込んだ鉄道跡は、そこに確かにあるが特別意識されない、「見えない」に等しい状態で住民に寄り添っている。そんなまちの歴史の輪郭とも呼べるこの場所を、地域の活動や素材によって定期的に浮かび上がらせる。毎年ぼんやりと「見える」ようになるまちの輪郭に、人々は、自分たちのまちの個性を再発見する。

米澤隆

建築がコミュニティの循環をつくり出す存在として描かれている提案だと思いました。建築をつくるプロセスが人々の関係をつくっているのか、人びとが知らず知らずのうちに建築行為に巻き込まれているのか。建築が手段なのか目的なのかさえ分からないような、建築と人の関係の根源的なところを表現した作品だと思います。

HONOR

坂上優 芝浦工業大学大学院理工学研究科建設工学専攻修士２年

京兼史泰 芝浦工業大学大学院理工学研究科建設工学専攻修士２年

Dolgoy Nikita 芝浦工業大学大学院理工学研究科建設工学専攻修士２年

見えない空気の見える価値

［設計趣旨］

空気が価値を生む時代新たな時代、
都市の成熟度は人々の健康によって測ることができます。
この建築はその新たな東京の象徴となるでしょう

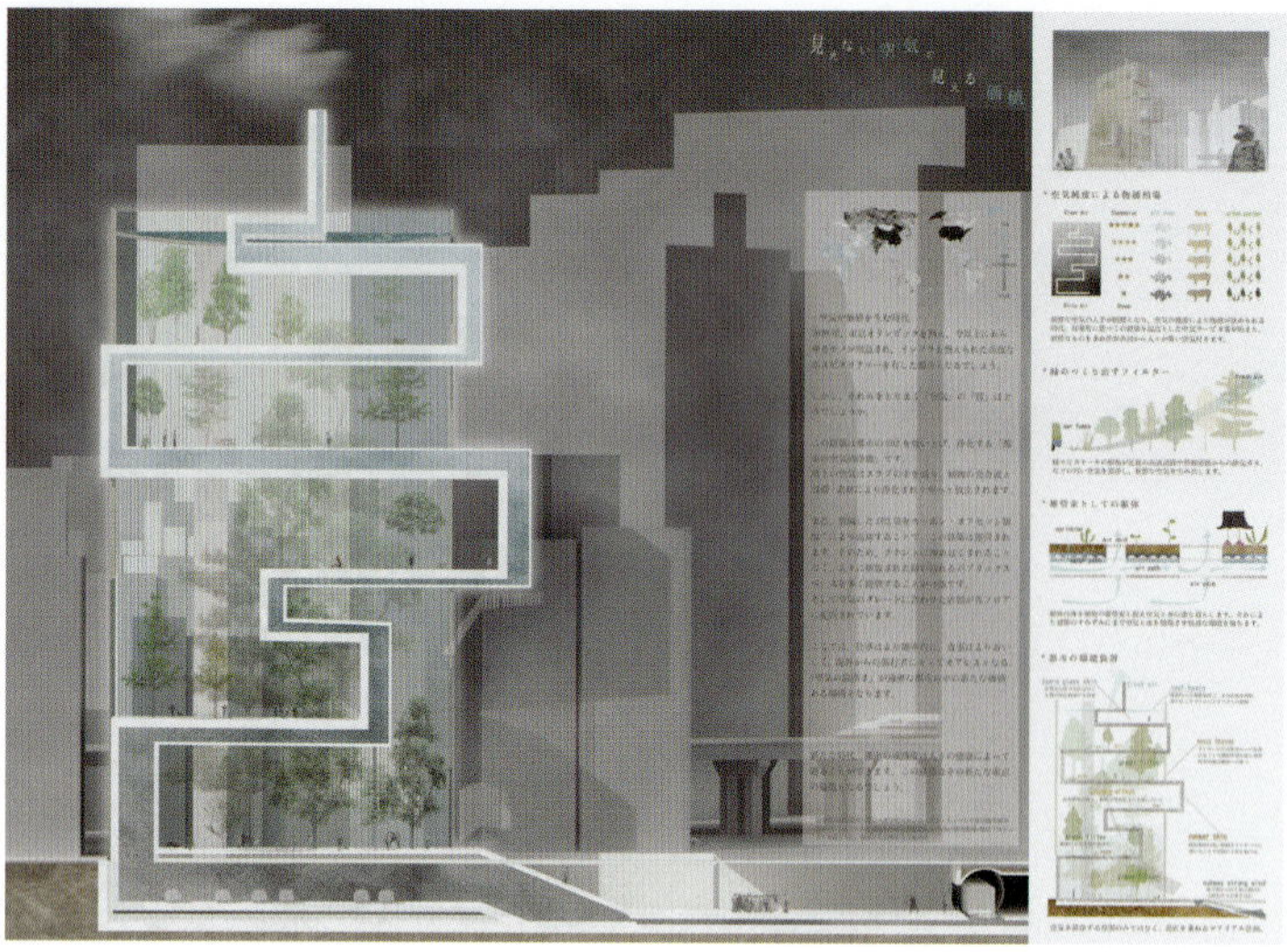

迫慶一郎

この作品は2020年の東京オリンピックに合わせた提案ですが、中国やその他の発展途上国のように大気汚染が深刻なところにこそつくるべき提案じゃないかと思うんです。コンペのテーマのコアな部分に最も素直にこたえた作品ではないでしょうか。もうひと捻り経済的な面も考えてくれたら、より高く評価したと思います。

HONOR

上田満盛 大阪市立大学工学部建築学科学部３年

xLDK

［設計趣旨］

建築は見えることが見えないことを、
つまりハードがソフトを決定してしまってるような気がした。
もし、人の営みが建築そのものを決定できればもっと自由になれるのでは？
ここに一つのイエを提案します。

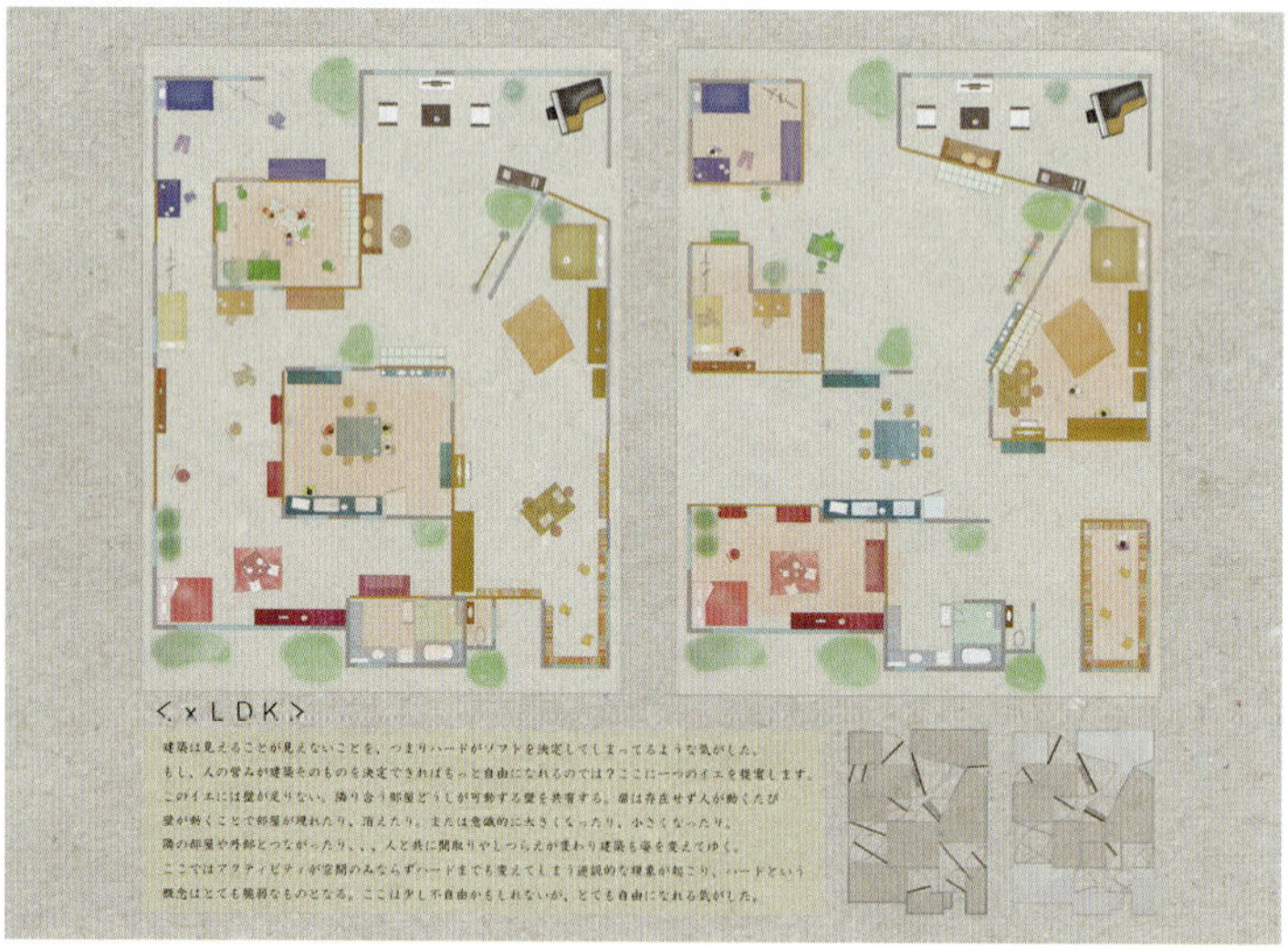

五十嵐淳

壁が動くというのはベタだけど、快楽や気持ちよさに重点をおいた、しかも、リアルにこういう住宅ができると楽しいだろうと思わせてくれるアイデアですね。残念なのは断面や立面が一切ないこと。こうした案は平面では検討しやすいんですが、断面でスケールや素材、構造を検討したときに、建築の魅力も大きく変化します。特に屋根を含めて考えることが重要。断面の扱い次第でもっと上位になった案です。

HONOR

門の路

渡邉光太郎　東海大学大学院工学研究科建築学専攻修士2年
狩野翔太　東海大学大学院工学研究科建築学専攻修士2年

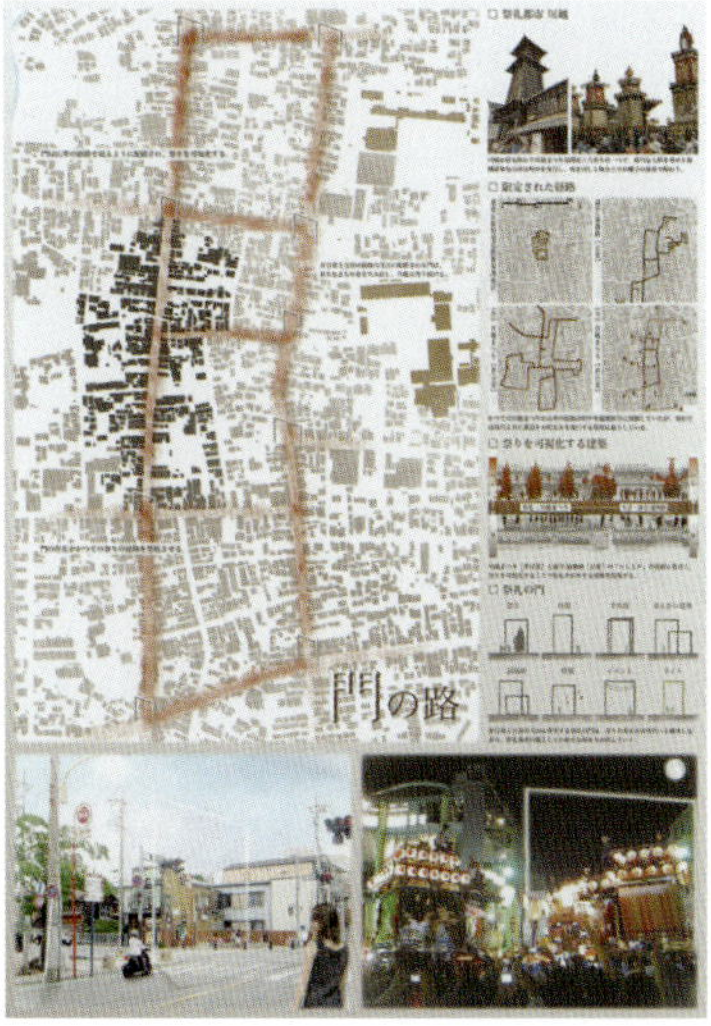

［設計趣旨］
川越に日常生活では見えない祭りの姿を浮かび上がらせる。川越まつり［非日常］と通学／通勤路［日常］の「ハレとケ」の経路に着目し、祭りを可視化することで祭礼を伝承する建築を提案する。非日常と日常の交点に存在する祭礼の門は、かつての山車の経路や祭りの姿を次の世代へと継承しながら、祭礼都市川越としての新たな場を生み出していく。

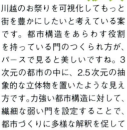

古澤大輔

川越のお祭りを可視化してもっと街を豊かにしたいと考えている案です。都市構造をあらわす役割を持っている門のつくられ方が、パースで見ると美しいですね。3次元の都市の中に、2.5次元の抽象的な立体物を置いたような見え方です。力強い都市構造に対して、繊細な弱い門を設定することで、都市づくりに多様な解釈を促していると思います。

HONOR

うつろう家路、または住まい

湯佐和久　京都工芸繊維大学大学院建築設計学専攻修士1年
的場愛美　横浜国立大学大学院都市イノベーション学府Y-GSA修士1年

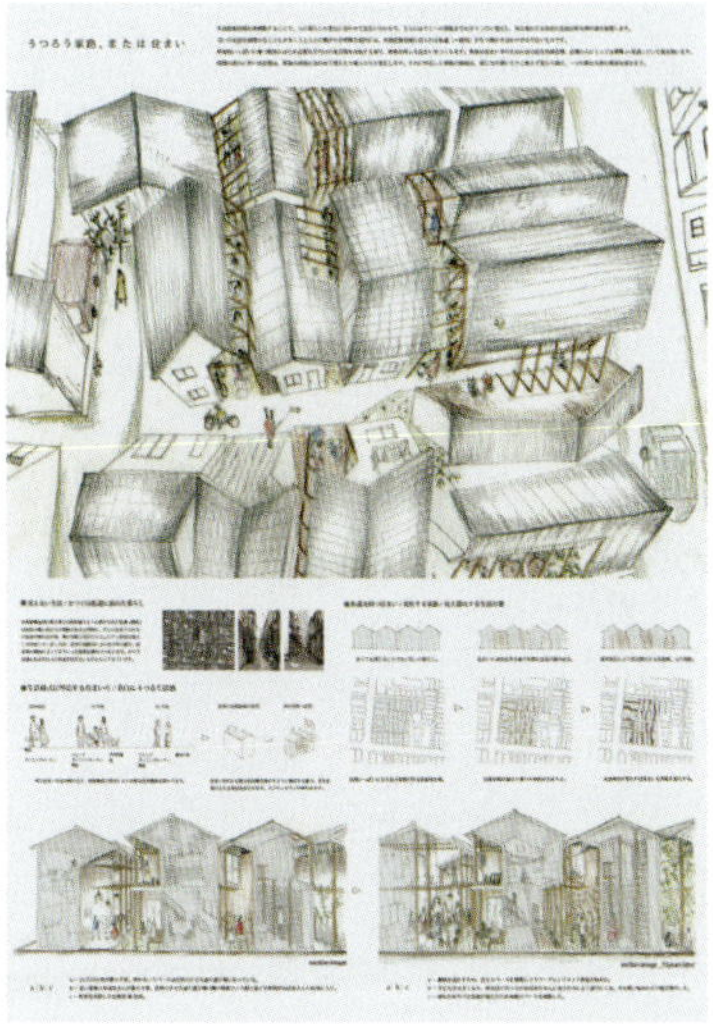

［設計趣旨］
木造密集地域の住まいの在り方を再構築します。所有地いっぱいに建つ躯体にはじめ必要な分だけの住空間を付加する事で、外部に開けた余白を持った住まいをつくります。それは近隣の人にとっては家路として振る舞います。時間の流れに伴い住空間は、増えたり減ったりと変化します。人の暮らしの変化に合わせて住まいのかたち、さらにはそこへの家路までもがうつろい、見え隠れする住民の生活が彩る街の姿を提案します。

米澤隆

内に閉じて周辺住民との関係が希薄化している現代の住宅において、住み手の現状や空き家の増加という社会的な背景を前提として、空間を街に解放して構築しようと試みる案ですね。私自身、耐震や防火の問題も含めて、現状を引き受けた上で、これからの時代における新しい街のあり方を考えたいので、共感できる作品でした。

HONOR

そこにあるのは線と柱だけ

藤田敦　近畿大学工学部大学院システム工学研究科システム工学専攻建築都市システムクラスタ修士1年

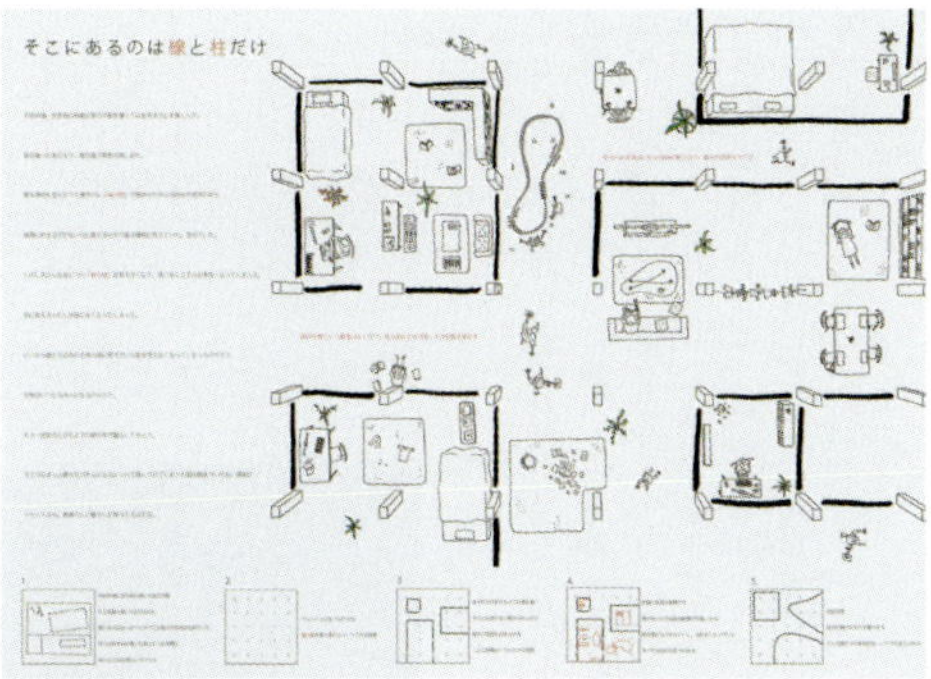

［設計趣旨］
線と柱だけでの空間の提案
子供の頃、空き地に家の平面図を書いては
おままごとなどを楽しんだ記憶がある。
実際に家が建っているわけではないのに、
子供の頃の僕たちにはすべてが見えていて、
感じることが出来た。
線に囲まれた中に個人の空間があった。
しかし大人というものになってだんだんと
見えていたものが見えなくなり、
感じれたものが感じられなくなってしまった。
この建築を通じて失ったものを
取り戻したいと考えている。

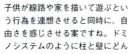

倉方俊輔

子供が線路や家を描いて遊ぶという行為を連想させると同時に、自由さを感じさせる案ですね。ドミノシステムのように柱と壁にどんな関係性を持たせるかが建築だと割り切って、建築の多様な建ち方を引き出す提案なのかなと思いました。

HONOR

10㎡／1hの家

鈴木智紘 芝浦工業大学大学院建設工学専攻修士1年
上田将之 芝浦工業大学大学院建設工学専攻修士1年

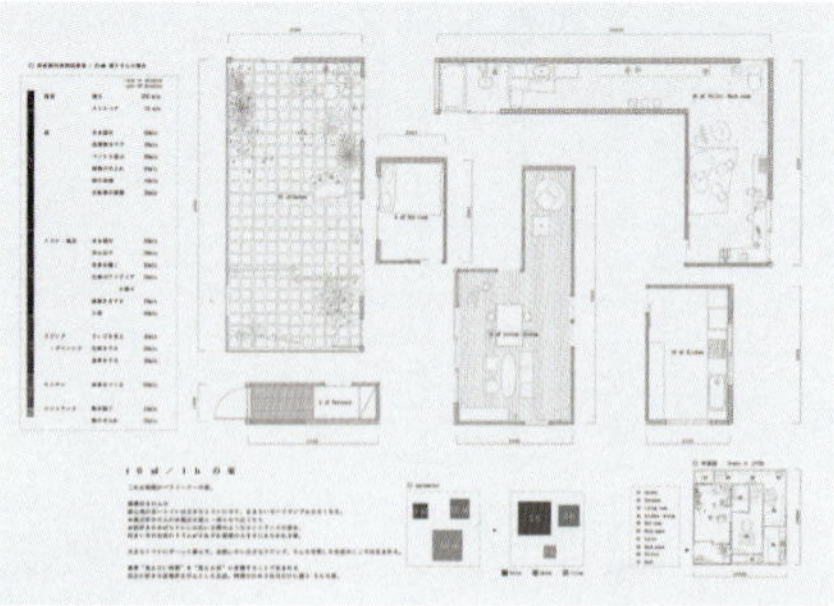

【設計趣旨】
これは時間がパラメーターの家。
読書好きの人の
居心地の良いトイレは大きなトイレになり、
あまりいないリビングは小さくなる。
お風呂好きの人のお風呂は庭と一体となり広くなり
お話好きのおばちゃんには広い土間のようなエントランスの家を。
住まい手の生活のリズムがそれぞれ部屋の大きさにあらわれる家。
大きなトイレにずーっと暮らす。全然いない小さなリビング。
そんな可笑しな生活がここでは生まれる。
通常"見えない時間"を"見える床"に変換することで
生まれる自分の好きな居場所を中心とした生活。
特殊だけれど自分だけに適う そんな家。

中村竜治

滞在時間を反映した建築ですが、時間という見えないものを視覚化するというアイデアは思いつきませんでした。にもかかわらずプランが割とオーソドックスで、もっとヘンテコなプランができるのかと思いきや、意外に過ごしやすい空間ができている。そこが意外で面白いなと思いました。

HONOR

鐘が鳴らない時計台

戸谷奈貴 名古屋工業大学大学院工学研究科社会工学専攻修士1年

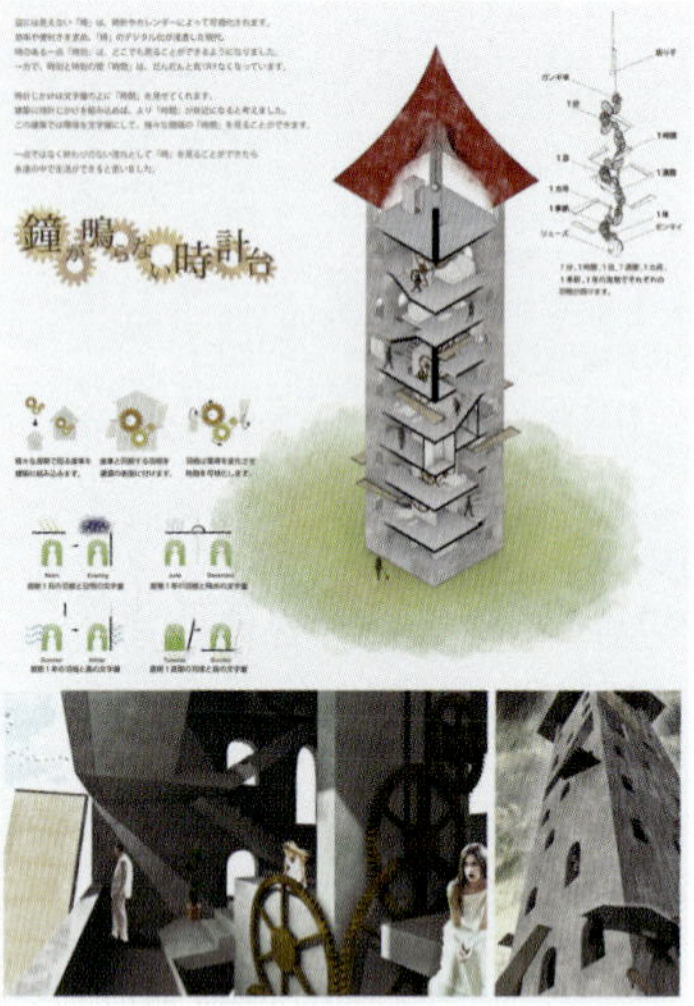

【設計趣旨】
目には見えない「時」は、時計やカレンダーによって可視化される。効率や便利さを求め、「時」のデジタル化が浸透した現代。時のある一点「時刻」は、どこでも見ることができるようになった。一方で、時刻と時刻の間「時間」は、だんだんと気づけなくなっている。時計じかけは文字盤の上に「時間」を見せてくれる。建築に時計じかけを組み込めば、より「時間」が身近になると考えた。この建築では環境を文字盤にして、様々な間隔の「時間」を見ることができる。一点ではなく終わりのない流れとして「時」を見ることができたら、永遠の中で生活ができるのではないだろうか。

北川啓介

時計がなく鐘が鳴らない代わりに、ぜんまいや歯車のようないろんな機構が仕組まれていて、建築の中で時間の経過の経験を増幅させる時計台です。鳴るべき鐘が鳴らない方が、中にいる人にとって豊かだという状況をつくっています。プレゼンはシンプルで機構的に見えますが、内部空間の高さ方向のシークエンスがすごく豊かで、長くその場にいたくなりそうですね。

HONOR

風と凪の家

菊地翔貴 信州大学工学部建築学科学部4年
野上将央 信州大学工学部建築学科学部4年

【設計趣旨】
凪とは風力が0の状態。沿岸地域では日中には海風、夜中には陸風が吹く。海風から陸風へと切り替わるときを夕凪、陸風から海風へと切り替わるときを朝凪という。この家は風に負ける、風と共に生きる、やわらかい建築。風が吹けば家は自由に傾き、新しく多彩な表情を見せる。凪のときにだけ、この家本来のかたちが現れる。風に負けない、かたく強い建築にはない、風や時の変化を感じることができる。

近藤哲雄

風が吹いたら形がふにゃふにゃと形が変わる建築というのは面白いですね。こんなやわらかい建築だと、このプレゼンテーションに描かれているブランコのように家具も生活スタイルも変わるでしょう。街並みも面白そうです。

HONOR

はざまの建築 ―縮減から拡張のデザイン―

谷口弘和　大阪市立大学大学院工学研究科都市系専攻前期博士課程２年
上田真有佳　大阪市立大学大学院工学研究科都市系専攻前期博士課程２年
角田優子　大阪市立大学大学院工学研究科都市系専攻後期博士課程２年
西野雄一郎　大阪市立大学大学院工学研究科都市系専攻後期博士課程１年

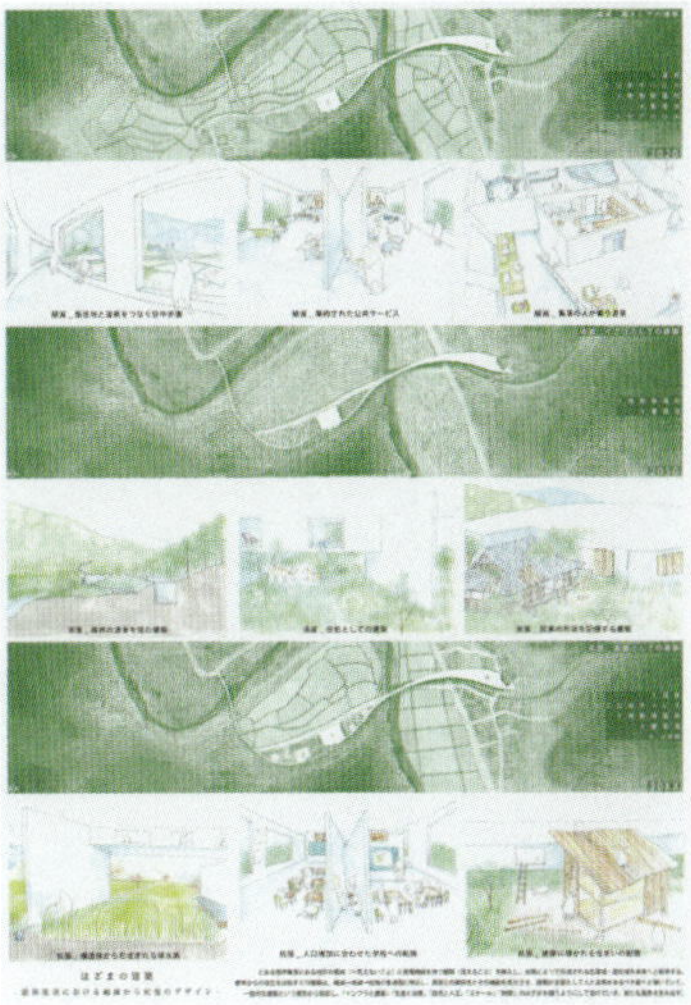

［設計趣旨］
とある限界集落に発電機能を持つ建築（見えること）を地形の領域（見えないこと）に挿入し、水路によって形成される居住域、生産域を未来へと継承する。この建築は縮減、消滅、拡張の各過程に呼応し、周囲との関係性とその機能を変化させ、建築が主として、人と自然をあるべき姿へと導いていく。インフラと建築、生産と消費、自然と人口、スケール、時間のはざまを縫うようにして溶けて、新たな風景を生み出していく。

みかんぐみ

インフラや都市計画、地形といった大きな領域を踏まえた上で、住宅や学校といった小さな居場所それぞれを捉えており、これらの要素を細やかに調整し、集落を次世代へ継承していきたいという願いのようなものが、美しいグラフィックとともにまとめられていて、よいと感じました。これからの都市のテーマとなるのは縮減と拡張とどちらなのかという個人的な関心にも響いた案です。

HONOR

かざぐる間

古賀隆寛　北九州市立大学大学院国際環境工学研究科環境工学専攻建築デザインコース修士２年

［設計趣旨］
普段、厚い壁で遮っている『風』。
視覚的には見えないものであるが、新たな空間をつくりだし、様々に変化させるものとして可視化する。
柱の四方にとりついた壁に透きとおった体で吹き抜けていく
時には強く、時には優しく…
壁は歯車のようにカタカタと動き始め、
さっきまであった空間は消え、新たな空間が生まれる。
領域という概念は曖昧になり、緩やかにつながる街の創出。

近藤哲雄

たくさんのものが集合する、その集合のしかたがこれまでに考えられたものとはちょっと違う気がして選びました。立面などを見ると、実際にはかなり鬱陶しいようにも思えますが、プランは楽しそうですね。

HONOR

『絵』のないミュージアム

興津みなみ　千葉大学大学院工学研究科建築都市科学専攻修士１年

［設計趣旨］
繰り返される日常と変わらない街の中に窓枠を置いてみる。
そうすると、見慣れた景色が切り取られ、一枚の絵のようになる。
街の中に表れた窓枠は、当たり前すぎて今まで気に留めなかったものを再び見えるようにしてくれる。切り取られた風景は、新しい発見の連続かもしれない。誰かが笑っていると嬉しい、こんなところに花が咲いている、空がとてもきれいだ…そんな自分だけの『絵』が見つかるミュージアムの提案。

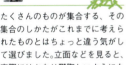

古谷誠章

僕が普段よくやる方法に近い考え方をしていて、共感を覚えました。見慣れた光景が額縁で切り取られて絵に変換されるという方法がありますが、この作者の場合はむしろその逆で、切り取らないで壁のまま残した部分が重要な意味を持つと考えているんですね。逆に不可視の部分がイマジネーションを喚起するという方法を使った空間です。

HONOR

永宗紗季
関西大学大学院理工学研究科ソーシャルデザイン専攻修士1年

隅家—SUMIKA?

［設計趣旨］
空間を見ることはできない。
空間は、何かに遮られて、初めてその間にあるものとして感じることができる、「感覚」である。
カドはいつも家具に占領され、人目に触れず存在する。
カドを認識すれば、それをつなぐ「見えない線」が見え、カドに囲まれれば、そこには「見えない面」が現れる。
見えないものに定義された不安定な空間は、
今まで見ていた壁や天井に疑いを投げかける。

中村竜治

角をあらわすオブジェが並んでいて、そこには角しかないにも関わらず自然と空間があらわれる、という案です。角というのは空間を感じるための方法として、すごく重要で特異な部分だと思うんです。いろんなことに拡張できる、空間についての普遍的なアイデアを示している案だと感じました。

HONOR

渡辺裕貴 日本大学大学院理工学研究科建築学専攻修士1年
近藤正和 日本大学大学院理工学研究科建築学専攻修士1年
西明慶悟 日本大学大学院理工学研究科建築学専攻修士1年
平野雄一郎 日本大学大学院理工学研究科建築学専攻修士1年

微気候のある家

［設計趣旨］
目を変えると見えない世界が見えてくる
人間の目には物理的なものが見えています
一方、植物には人間の目には見えない
細やかな気候の変化を敏感に感じ取っています
植物たちは自生して強い力を持っています
環境を新しく生み出すのではなく、
周辺の風や光の微小な変化を感じ取り、
その環境に適応していきます
こういった環境の捉え方こそ
これからの環境共生を必要な目に
なるのではないのでしょうか

椎名英三

2.4m角くらいの家形をした木の板を何層か重ねたエレメントに、腰をかけることができたり、植物が生えたりするという案です。小さな操作で植物、鳥などと人が共存できる仕組みが考えれらており、かわいらしく楽しい提案だと感じました。

HONOR

勝又亮介
宇都宮大学大学院工学研究科地球環境デザイン学専攻修士1年

大きな水盤の街

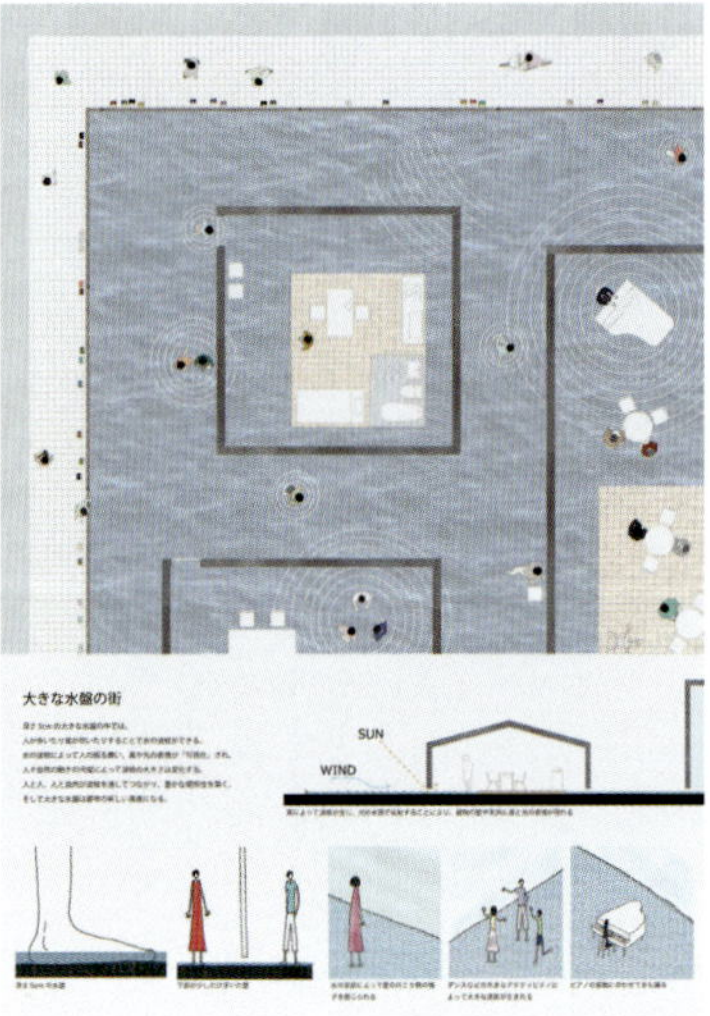

［設計趣旨］
深さ5cmの大きな水盤の中では、人が歩いたり風が吹いたりすることで水の波紋ができる。水の波紋によって人の振る舞い、風や光の表情が「可視化」され、人や自然の動きの尺度によって波紋の大きさは変化する。人と人、人と自然が波紋を通してつながり、豊かな関係性を築く。そして大きな水盤は都市の新しい風景になる。

米澤隆

水盤を通して空間が歪まされ、見えない行為が可視化されていく案です。知らず知らずのうちに自分のふるまいが空間に影響を及ぼし、巻き込まれていく。そうしたことがコミュニケーションのあり方にも影響を及ぼす可能性をも暗示するという、実験的な空間です。ここにいる人は観測者でもあり創造者でもありうる。その円環の中に、建築の可能性が見えるのではないかと思いました。

HONOR

To build Nothing

Ulises Omar Zúñiga Taller Veinticuatro Director Architect

椎名英三

1983年に市長が声明を発したことを機に、ニューヨークの真ん中に非常に大きなシリンダーがつくられるというSF的なストーリーを持つ作品です。僕が金賞に選んだ案とも共通する、都市に空虚を生み出す提案ですね。街のあり方を構想するときには、このような精神的な、何もない空間を出発点に据えるという方法にも可能性があるのではないかと感じ、この案を選びました。

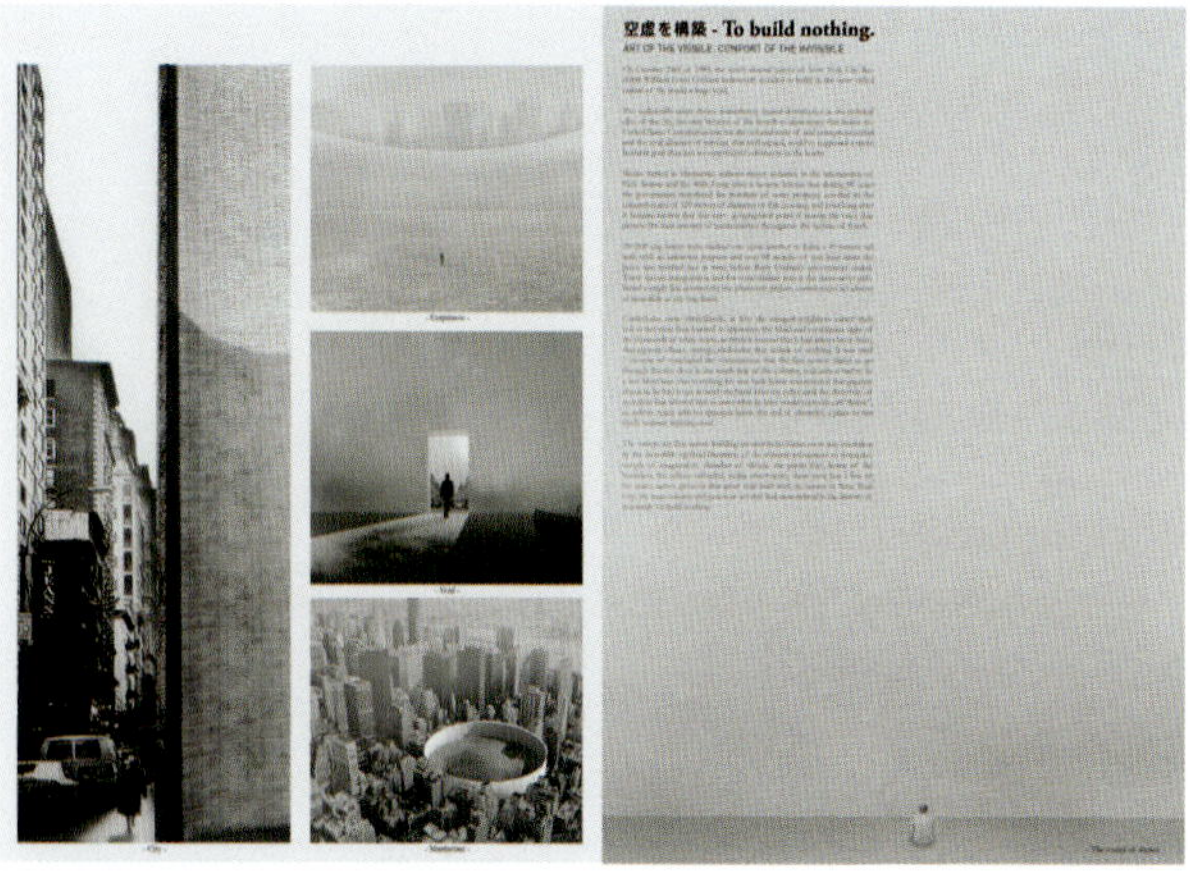

［設計趣旨］

To Build Nothing.
On October 24th of 1983, the newly elected mayor of New York City Rudolph William Louis Giuliani ludicrously decided to build in the once called capital of the world a huge void.
The unilaterally taken choice immediately caused disturbance in the political elite of the city, not only because of the breach to democracy that hoists the United States Constitution but for the colossal scale of said entrepreneurship and the total absence of reasons, that well argued, could' ve supposed a more laudable goal than just an exacerbated selfishness in the leader. Works started in Manhattan without mayor setbacks, in the intersection of Park Avenue and the 40th. Long after it became known that during 86 years the government negotiated the purchase of every property enrolled in the circumference of 120 meters of diameter of this crossing, and even long after it became known that this very geographical point is among the ones that present the least amount of particularities throughout the surface of Earth.
250,000 clay bricks were stacked one upon another to form a 40 meters tall wall, with an unknown purpose and over 68 months of non-stop labor the piece was finished just in time before Rudy Giuliani' s government ended. There was no inauguration and for some sinister reason the press never published a single line concerning the pharaonic project, containment act almost as incredible as the ring itself.
Conjectures came immediately, at first the enraged neighbors raised their voices but soon they learned to appreciate the blind and continuous sight of the thousands of white bricks, at times it seemed that it had always been there, that gigantic object, strange, molecular, that temple of nothing. It was until 7 months of concluded the construction that the first person dared to go through the tiny door in the south side of the cylinder, curiously it had to be a lost blind man that searching his way back home encountered that gigantic obstacle, he had to go around one hand after the other until the discovery of an indent that allowed him to enter what he later would correctly call "home", an infinite space with no apparent limits, the end of obstacles, a place to run freely without tripping over!
The violent act that meant building an enormous hiatus soon was overtaken by the incredible spiritual liberation of the citizens; monument to nonsense, temple of imagination, chamber of silence, the giants fort, home of the homeless, the echoes cathedral, stellar observatory, these were just a few of the many names given to that great void built with no reason in New York City, the most solemn and generous act that had materialized in the history of mankind: To build nothing.

HONOR

個漏れ陽ハウス

小倉一美 千葉大学大学院工学研究科建築都市科学専攻修士1年
矢野恵 千葉大学大学院工学研究科建築都市科学専攻修士1年

松岡聡＋田村裕希

松岡：街のレベルで考えられた視覚的な光景の面白さが、第一の評価理由です。街の中にあふれ出しているものには統一感がありませんが、それらを白と黒の世界に置き換え、フラットな模様にしてしまうと風景に見えてくるという着想がよいですね。実現性に疑問はありますが、地面に景観が生まれる世界というのは面白いと感じました。

［設計趣旨］

近い未来、"個人の重視＝プライバシーの重視"の認識の元、それを守る為に住宅は閉じられた。

その生活空間は、他人を避けピロティ化し、開口が無くなったが、採光や開放感等の住み心地を求め壁は半透明化した。

この住宅では個人の生活が見える事無く、他人と直接的な関わりを持たない。

だが、その設計意図がパラドクスを生み、見せる建築に変化する。見える見えないの関係は、"個人の重視＝個人の表現"へと人の認識をも変えた。

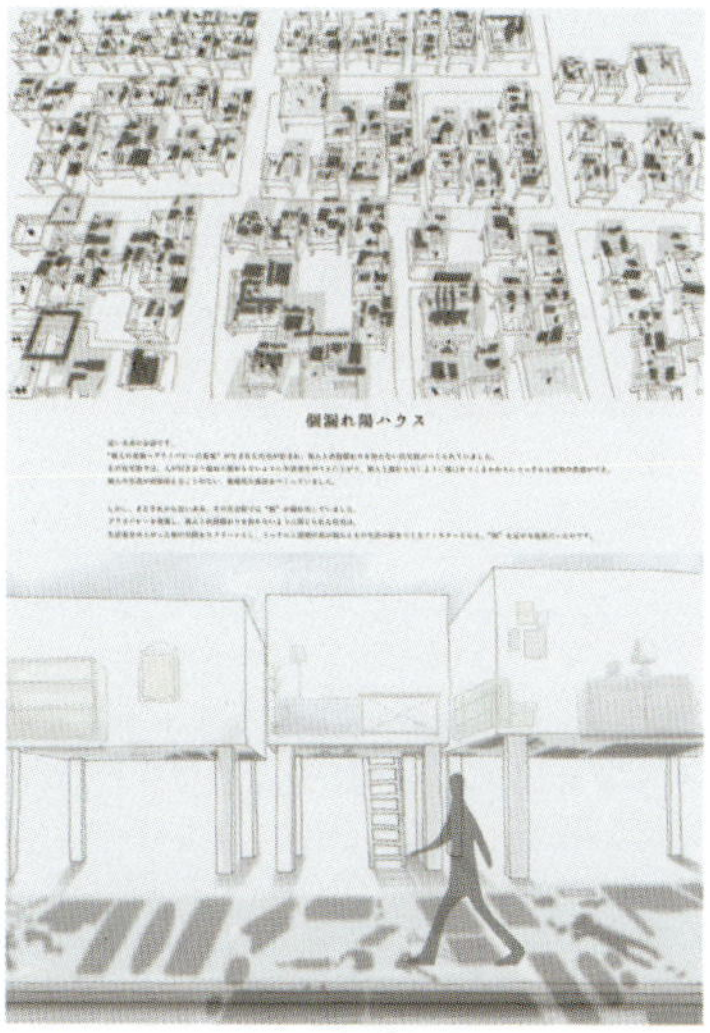

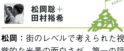

HONOR

青戸貞治
近畿大学工学部建築学科学部4年

私までの距離、3つの壁

【設計趣旨】

人はそれぞれに視覚的に認識することのできない自分だけの精神的な”領域“を持っている。
人は無意識にその”領域“をもとに他者との関係を構築している。
人の持つ”領域“を住宅の”壁“として具現化したとき、
そこに住まう人の感情がライフスタイルにダイレクトに反映されるのではないだろうか。

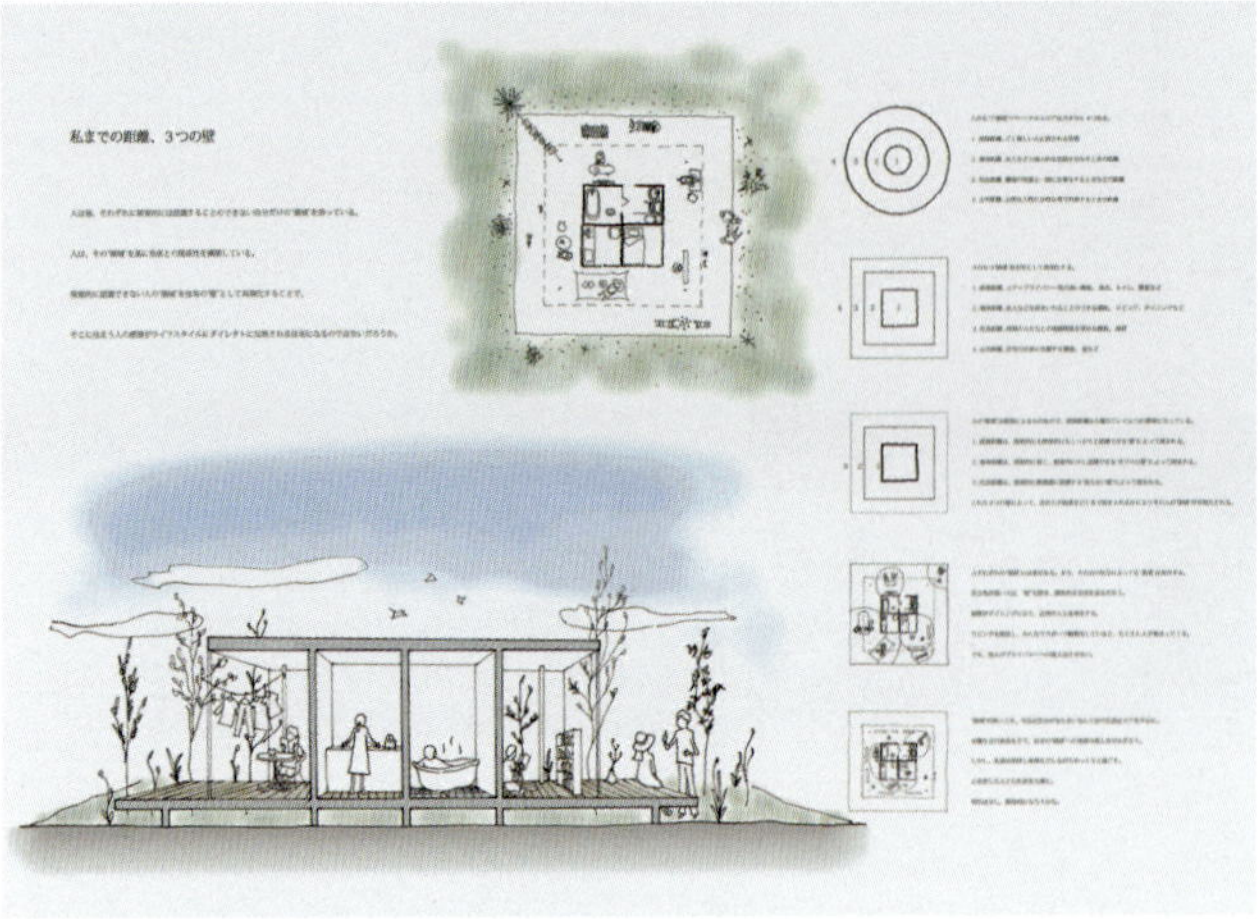

五十嵐淳

僕は地球と建築の関係をどう構築するかということに興味があり、そのためには風除室のような中間領域が大事だと思っています。そのような自分の感覚からは、共感できる案です。十二分に生活を支えられるコアのまわりにレイヤー状に空間が広がっていくという単純なプランで、マンガのような図面しか描かれていないのですが、実際にこのように建てれば住みやすく、非常に楽しい空間になりそうです。ただ、プランのアイデアだけを出したということだと思うので一概に否定はできないのですが、周辺とどう関係し合うのかがわかる表現があるともっとよいかなと。たとえば縁側的なテラスの軒も、ただ屋根をのばすのではなく、いろいろな方法を検討できたのではないかと思いました。

HONOR

黒川麻衣
法政大学大学院デザイン工学研究科建築学専攻修士2年
山崎拓野
法政大学大学院デザイン工学研究科建築学専攻修士1年

巡園 ～仮設動物園がつなぐふれあいの輪～

【設計趣旨】

仮設動物園が生み出す憩いと出会いの場所の提案です。
人と人、人と動物、輪の外側と内側でたくさんの交流が生まれながら、
この『巡園』は次の場所へと巡っていきます。
『巡園』の柵は1枚1枚つなぎ合わせることで輪をつくります。
それぞれの柵が閉じたり開いたりすることで、
豊かな空間をつくっていきます。
たとえば、休む場所、展示をする場所、おしゃべりをする場所…
街中にある何でもないような空間を、少しの間だけ、
人々の憩いの場人と動物のふれあいの場へと変えるこの『巡園』は、
訪れる人を明日も賑わせていることでしょう。

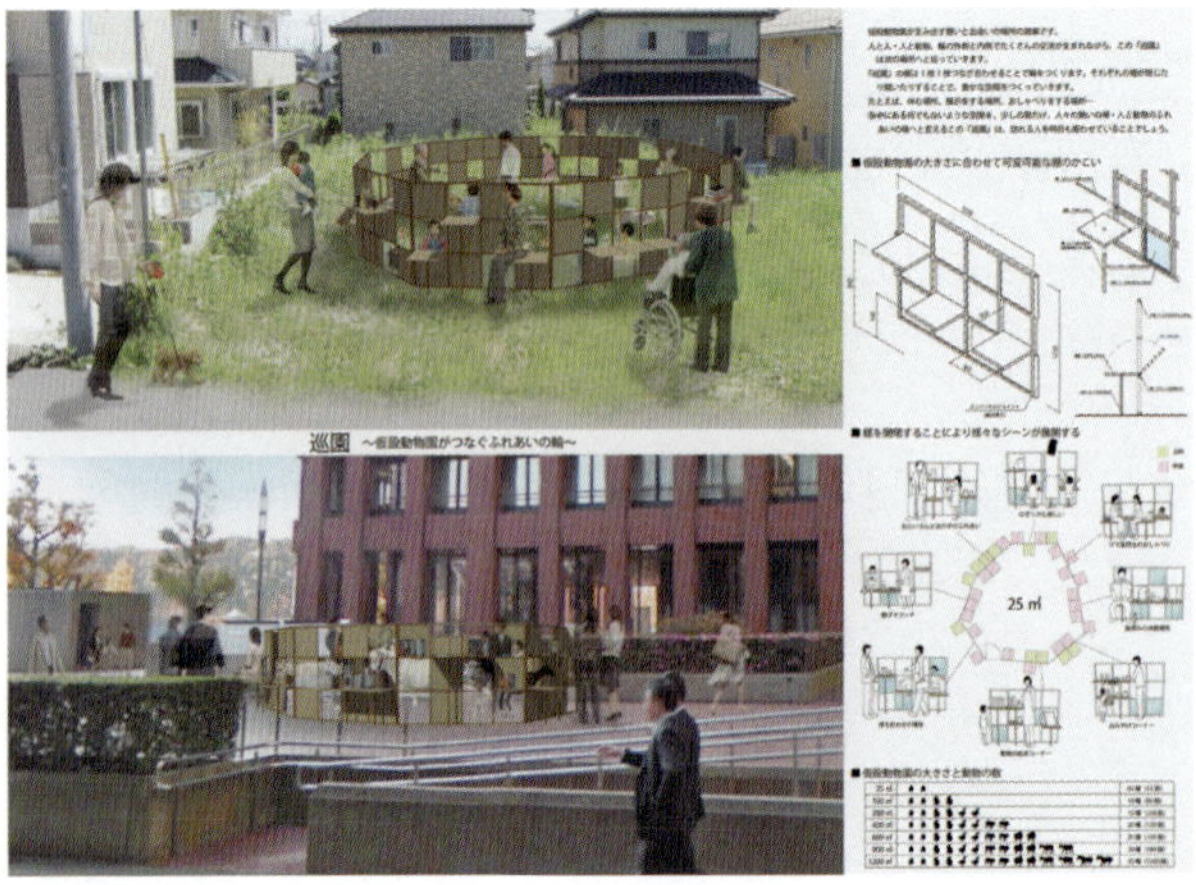

山崎亮

子どもや動物が遊べる場所をいろんなところに出現させてしまおうという案です。アーキグラムの「インスタントシティ」を彷彿とさせる発想ですね。この案が面白いのは柵のデザインで、動物と人が関わるだけではなく、動物を媒介にその地域の高齢者や子どもなど人々が関わりを持てるようなしくみをつくっていこうとしているところです。地域の中で持続的に人が集まる場所をつくるのは難しいんですが、このようなしくみがあれば無理なくそういう場をつくれるのではないかと可能性を感じました。現代の地域が抱える悩みを的確に捉え、回答をしようとしている案だと思います。ただ図面に描いてあるとおりに人が座れるのか、といった構造的な疑問はありますが。

HONOR

邊界的崩解與新生_Space created by space

Yang, I-Jen
Tamkang University Department of Architecture Bachelor 5

古谷誠章

これは崩壊していく過程が新しい空間を生み出すという提案だと解釈しました。背景となっている、屋根が半分剥がれかかった廃屋のような工場は、機能していた頃は均質な環境としてつくられていたはずなのですが、それが崩れ出すと、まだらにいろいろな場所が生まれ、場所に細かい個性のようなものが与えられます。崩れていく建物が空間的な価値を発生させるという考え方が面白いですね。

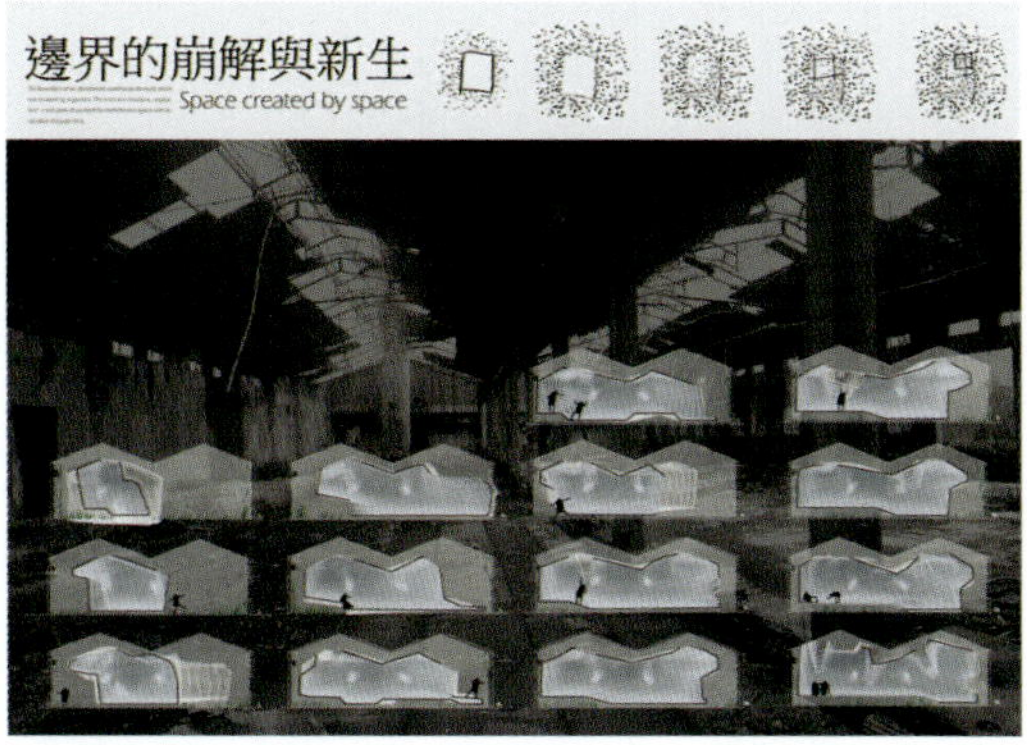

［設計趣旨］

The boundary of an abandoned warehouse demised which was invaded by organism. The worn out structure, vegetation' s and peek of sunlight formed the new space with its variation through time.

HONOR

わたしと私の家

内田健太
芝浦工業大学工学部建築学科4年

倉方俊輔

1日ごとに隣り合う2つの部屋を交替しながら暮らすという案です。1つの部屋での生活が1日置きになることで、連続しているのが当たり前だと思っている生活が断絶します。つまり生活と空間の対応関係を点線のように飛ばしていくことで、自分がやっていることが他人の行為のように見え、日常の中に見えていなかったものが見えてくる可能性があるんです。それをシンプルな手つきで表現したことを評価しました。プレゼンもきれいです。

［設計趣旨］

「わたし」の部屋と「私」の部屋の2つの部屋の家。
2つの部屋を1日ごとに行き来しながら生活する。
2つの部屋は同じしつらいがされている。
窓はなく、その日その日の行動の小さな差異だけが部屋を彩る。
「わたし」は「私」を驚くほど客観的な立場からみることができる。
普段見えない「私」が見えてくる。
昨日の「私」が目の前にいる様に感じる。

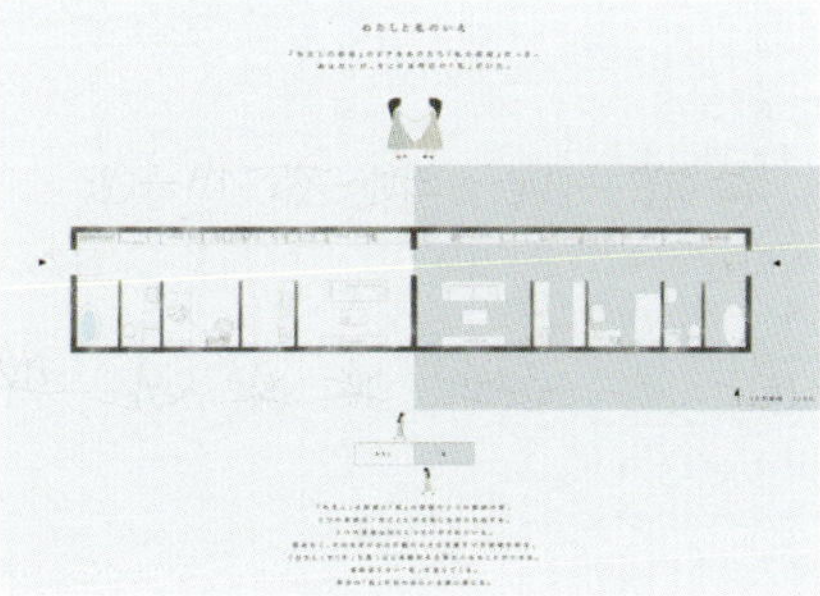

HONOR

日時計の間仕切り

早川亮
東洋大学大学院福祉社会デザイン研究科
人間環境デザイン専攻修士2年

南泰裕

佳作は多くの作品から絞り込んで、迷った末最終的にこの1点のみ選びました。細いトップライトで太陽光による光の壁を出現させるという、実現ができそうな計画案です。通常我々がいろんな建築を見たり設計をしたり、空間体験をしたりするときには、光が重要だと言われます。その光の滲ませ方、境界として機能させるというところに着目したその視点がよいと思いました。テーマに対する回答としても上手で、少し一発芸的なところはあるんですが、評価できると感じました。

［設計趣旨］

壁のない暮らし。太陽光によって現れる
"光の壁"によって暮らしが変化する住宅の提案。
"物質"としての壁でなく、"現象"としての壁が暮らしの輪郭を作り出す。光の壁は開口部の操作によって多様な光をつくりだし、その境界線を曖昧にする。
24時間365日変化し続けるこの住宅では、先の見えない暮らしの豊かさと突発的に見えてくる生活の豊かさが内在する。

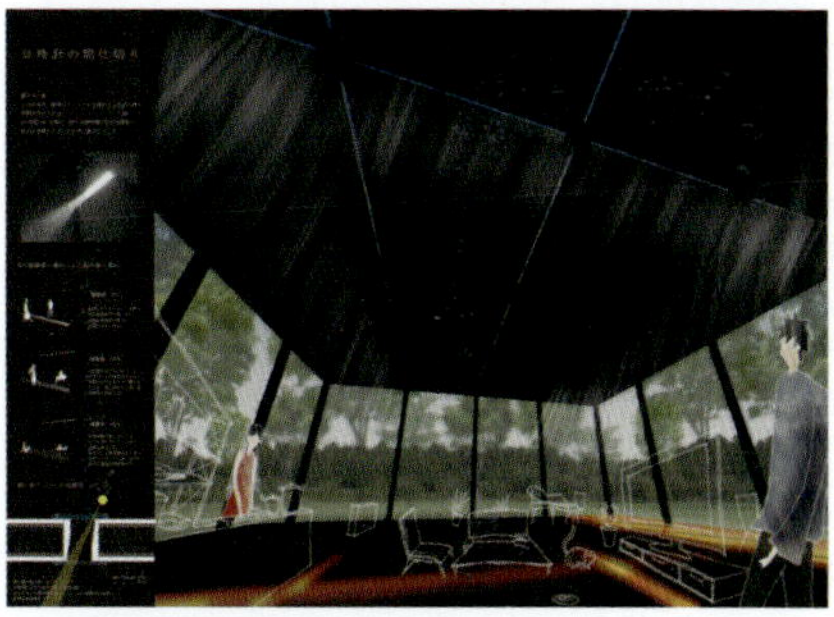

HONOR

本田世志郎 日本大学大学院理工学研究科建築学専攻修士1年
野上将央 信州大学工学部建築学科学部4年
澤崎綾香 信州大学工学部建築学科学部4年
北沢伸章 信州大学工学部建築学科学部4年

再び編む

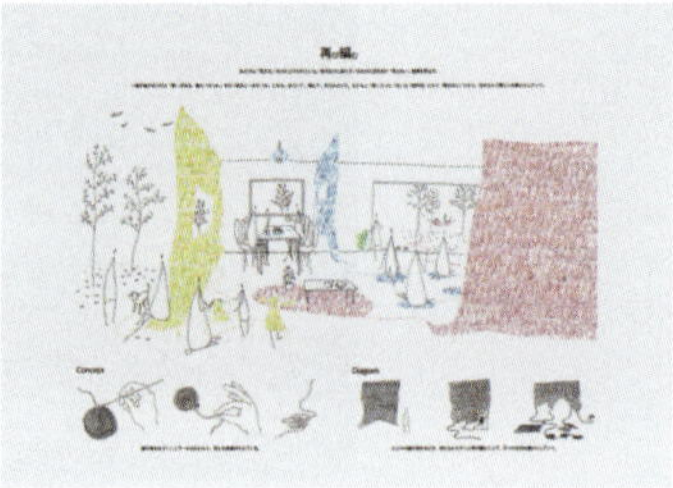

［設計趣旨］

私たちは「見える」ものにとらわれている。身の回りに溢れているものに目を向け「見えない」価値を見出す。

一着の袖がほつれた「服」がある。

服の「ほつれ」を引っ張ると一本の「糸」となる。

ほどいて、編んで、またほどいて。

もともと「服」だった「糸」は「座布団」になり「間仕切り」になっていく。

一つの編み物をほどき、新たなかたちへと再び編むことで、日々の生活を豊かにしていく。

米澤隆

ほどく、編むという行為により服、座布団、間仕切りと、自由自在に姿と機能を変えていく空間の案です。すべて糸からできたものではあるけど、人や環境との関わりによって形を変えていく。変わっていくことに、これぐらい気軽でありたいものだと思わせてくれる作品です。

HONOR

稲垣伸彦 島根大学大学院総合理工学研究科建築生産設計工学専攻修士1年

コップ一杯分の水を使う家

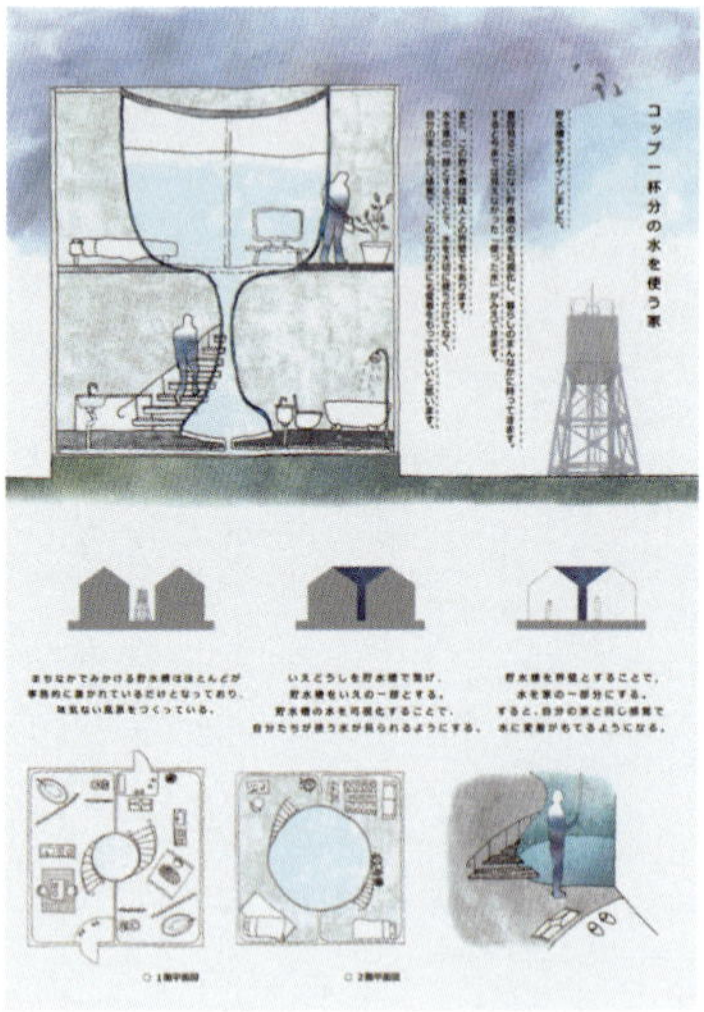

［設計趣旨］
貯水槽をデザインしました。
普段見ることのない貯水槽の水を可視化し、隣家との界壁にします。水を家の一部とすることで、単に水を大切に使うだけでなく、自宅に抱く感覚と同じように、この水にも愛着をもって欲しいと思います。

倉方俊輔

水のデザインを扱った案は結構あったのですが、これはコップの形をしていることでメッセージ性といいますか、水を身近に感じさせる仕掛けが込められています。1階と2階が連続しているため、2階から1階を意識させたりもします。形が持つ効果なのか、その形が意味するものが持つ効果なのか。そして実際に目の前に見えているものなのか、見えているものを通して見えない意味が浮かび上がっているのか、どちらなのだかわからない。そのような多重性が織り込まれている点に魅力的を感じました。

HONOR

内田健太 芝浦工業大学工学部建築学科学部4年
鈴木愛子 芝浦工業大学工学部建築学科学部4年

とこしえの賜物

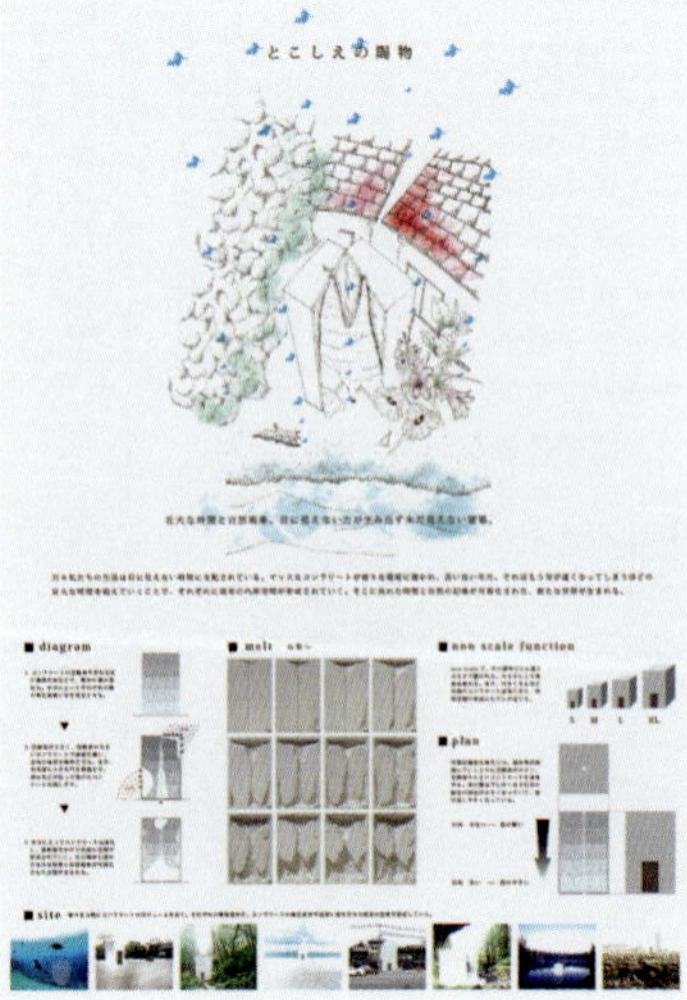

［設計趣旨］
日々私たちの生活は目に見えない時間に支配されている。マッスなコンクリートが様々な環境に置かれ、長い長い年月、それはもう気が遠くなってしまうほどの壮大な時間を超えていくことで、それぞれに固有の内部空間が形成されていく。そこに流れた時間と自然の記憶が可視化された、新たな空間が生まれる

吉村昭範＋吉村真基

真基：コンクリートの配合をちょっと変えて、雨水でだんだん風化していくようにして、いつしか内部空間ができあがるという提案だと思うのですが、すごく長い、下手したら何万年という悠久の時間を内包した提案というのがいいですね。また建築の諸元や環境との関係についても考えさせる、幅の広さも評価しました。

HONOR

宮崎侑也 東京藝術大学大学院美術研究科建築専攻修士2年

遊具基準法から生まれる可視化される空間

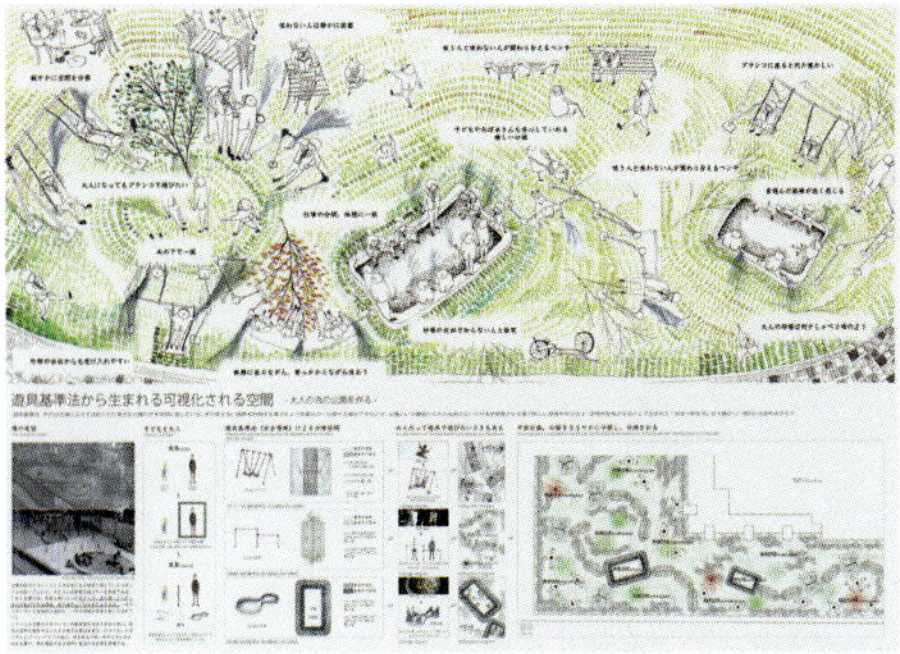

［設計趣旨］
遊具基準法．それは法律によって決められた見えない線引きを空間に施している．その見えない境界を利用する事で人と人を柔らかく分節する事ができないか．公園という機能から大人も遊ぶという行為を誘発させる事で新しい風景を作り出す．空間を変容させることで生まれてくる幼少期を思い出す懐かしい場所にも変わるだろう．

みかんぐみ

遊具は法的には建築ではなく構築物などとして扱われながら、それが置かれることで、ある領域を生み出すという性質のものです。見えないところで領域を規定するというような法律が持つ影響力と、少子化の影響で空白になりつつある公園の遊具に注目した着眼点が面白いと、選びました。ドローイングに楽しく遊んでいる子どもの姿だけではなく、黄昏れた様子の大人が描かれている点にも、現実を踏まえた視点が感じられます。

HONOR

宮崎侑也 東京藝術大学大学院美術研究科建築専攻修士2年

Bus Stop Landscape

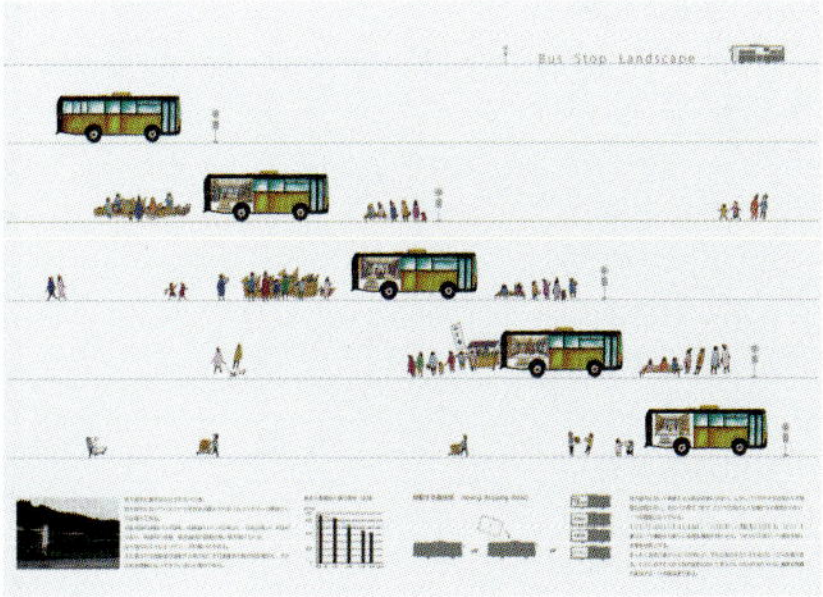

［設計趣旨］
地方都市において乗車する人数は非常に少ない。しかしバスの大きさは変わらず無駄な空間が多い。またバス停で”待つ“という行為が人々を嫌がらせ使用されない一つの要因となっている。そこでバスに楽しみを与える為に、バス内に新しい機能性を付加する。つまり人を運ぶという機能から新しい多様な機能を持たせる。つまりバス停という概念を無くす事を目的とする。まったく活気の無かったバス停に少しでも元気をもたらすためのシンプルな案である。しかし必ずこれから地方都市において考えていかなければいけない重要な問題を解決する一つの解決策である。

山崎亮

中山間、離島地域や地方都市、商店街といったものは大事になりつつあるテーマです。そういった地域ではバスは一応走ってはいるけど、ほとんど人が乗っていません。それなら半分お店にしてしまえばよいという提案で、それは地方で求められていることでもあるんですよね。運輸事業者の抱えている法律的な制限が取り払われない限りは実現できないんですが、こういうアイデアを出す人が増えることが重要。世論が高まれば、法律を変えてもよいのではないかという機運が出てきますから。世の中の課題をつかんで解決しようとする点を評価したいと思います。

HONOR

宇都宮明翔 九州大学大学院人間環境学府空間システム専攻修士1年
堀尾菜摘 九州大学大学院人間環境学府空間システム専攻修士1年

都市ダム

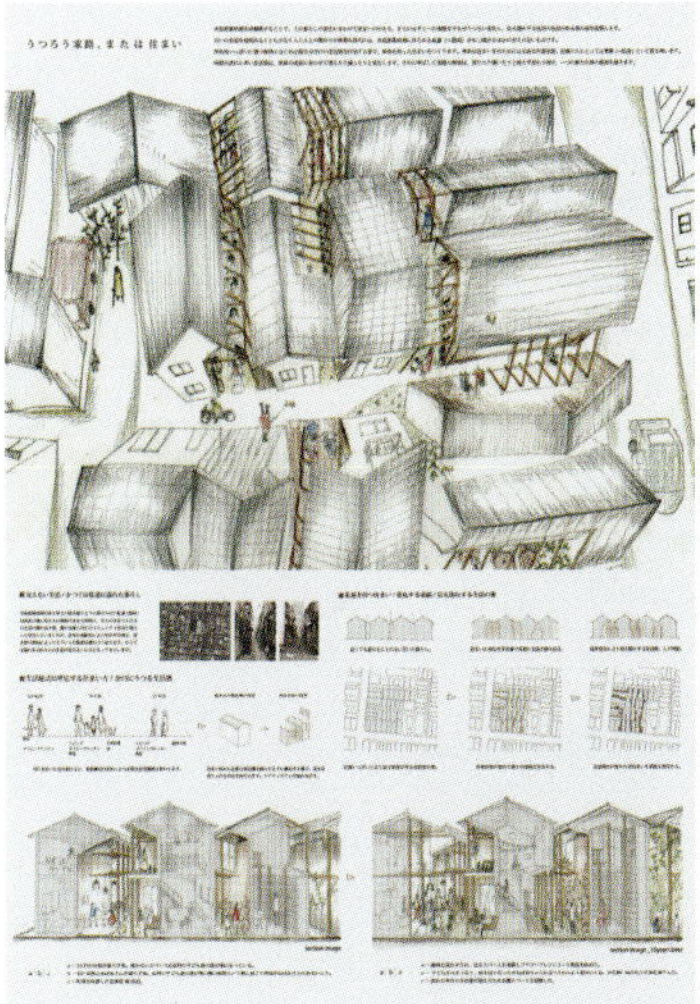

［設計趣旨］
都市型浸水災害を考える上で、山間部を切り開くことによるダム建設や、都市の地中に網目のように張り巡らせるような従来のインフラ整備の在り方を再考する必要性を感じる。そこで都市に雨水量を調節する装置となるダムを提案する。これにより、従来の大規模なダム（インフラ）ではなく、ヒューマンスケールの小さなダム（インフラ）を都市に点在させることで貯留／浸透機能を備えた新たな公共性を備えた建築物が生まれる。

迫慶一郎

「都市ダム」というテーマ自体が面白いと思いました。インフラは土木の領域として、建築とは切り離された分野として扱われがちですが、都市ダムというのはマイクロストラクチュアというのでしょうか、通常のインフラの持つ巨大なスケール感を覆し、東屋のようなレベルまで落としこんでいる点がよいですね。小さなスケールのインフラを都市の中にたくさんつくることで巨大なインフラの機能をもたせる考え方に可能性を感じました。ただ他にも同じテーマの作品があったので、この作者自身が設定したテーマではない可能性が高いと感じ、ちょっと残念に思いました。

HONOR

渡邉光太郎 東海大学大学院工学研究科建築学専攻修士2年
穴瀬博一 関西大学大学院理工学部建築学分野修士2年
菅原雅之 日本大学大学院理工学研究科海洋建築工学専攻修士2年

借り暮らし。貸し暮らし

［設計趣旨］
今、誰もが生産者になった。
物や情報を創作発信することは
特別なことではなく誰もができる。
何かを生産する場がシェアされ、
価値を出し合う生産と消費の関係を
住宅で再編できないだろうか？
家も物だ。
本やCDと同じように場を共有する。
飛び地に部屋を設けることで、
廊下を誰もが通れる場でありながら
部屋の延長として生活が共有される場にする。
物を媒体として目に見えぬ
「価値を持ち寄ること」で
生まれる豊かな集合住宅。

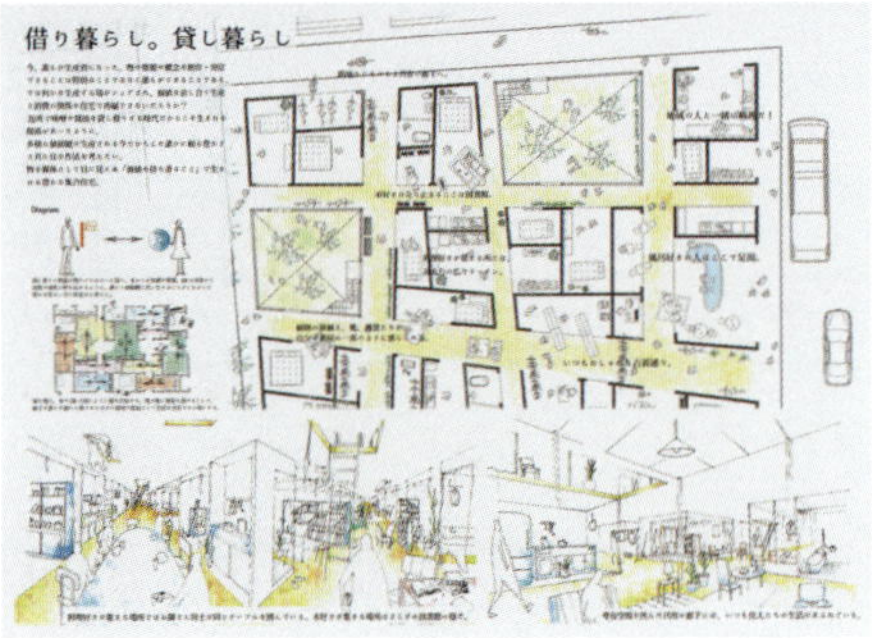

古谷誠章

家屋やビルの隙間に路地網をつくり、別世界を生み出す案です。表通りの裏側に設定したひだのような空間に、自由に人が入り込んで探索できるという、迷路的な面白さを狙った案は多く、そもそも学生のコンペなどではよく出てくるアイデアで、その場合は迷路的な空間性に留まらずもう一歩踏み込んだ提案が欲しいと思っているんですが、この案は裏路地のコミュニティのような、表通りとは別次元の交流をイメージしているところがよかったです。かつ昔の袋小路と異なり、通りがグリッド状に通り抜けているのでコミュニティがプライベートな範囲に閉じない面白さがある。また既存の軸線を利用したとは思えないひしゃげたプランを取っているところに、デザインとしての可能性を感じました。

HONOR

勝又亮介 宇都宮大学大学院工学研究科地球環境デザイン学専攻修士1年
羽部竜斗 宇都宮大学大学院工学研究科地球環境デザイン学専攻修士2年
谷風美樹 宇都宮大学大学院工学研究科地球環境デザイン学専攻修士1年
稲川芽衣 宇都宮大学大学院工学研究科地球環境デザイン学専攻修士1年

星の見える都市

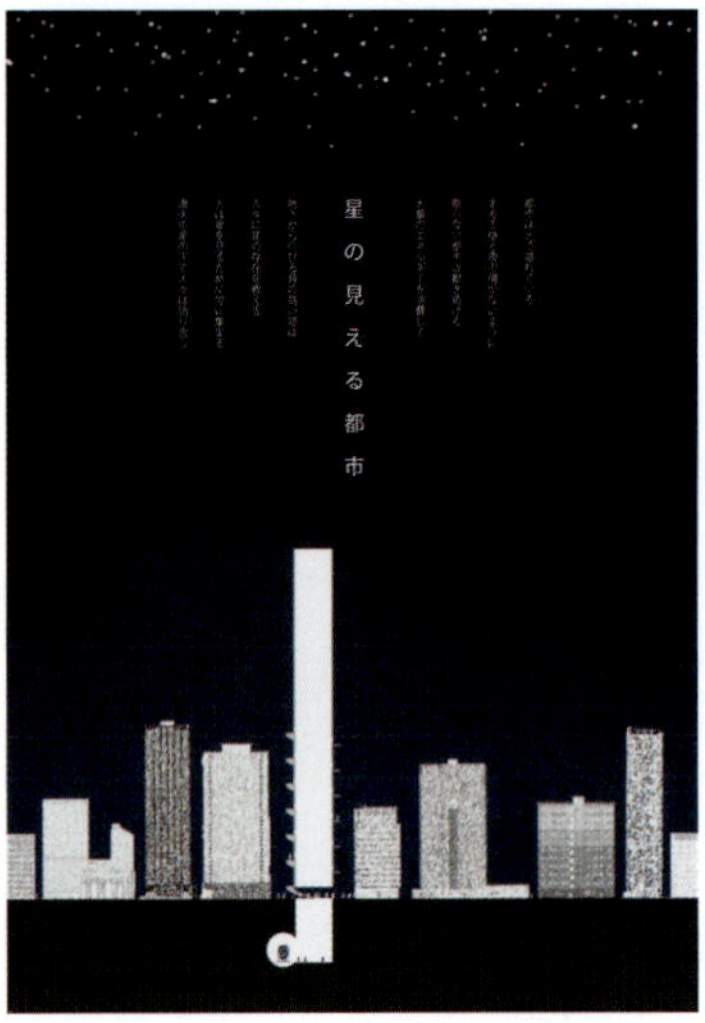

［設計趣旨］
都市は光で溢れている。
まるで昼と夜の境がないように、
大量のエネルギーを消費して、眠らない都市は動き続ける。
地下からのびる背の高い塔は、人々に星の存在を教える。
人は星を見るために塔に集まる。
満天の星の下で人々は語り合う。

椎名英三

光が溢れる都市の中で、あえて星を見ようという考え方の作品ですね。僕らの住む地球というのは宇宙137億光年の広がりにおける小さな銀河系の、さらにその太陽系の1つの星にすぎず、壮大な広がりの中の局部的な現象に僕らは存在しているわけです。こうした状況に対して多くの方は無意識に日々を過ごしているんですが、そこに意識を促すためには星の存在というのは重要です。ただ、この筒は地下に貫かれるべきではないか、小さな星を見るためには筒は逆円錐型をしている必要があるのではないか、などディテールに矛盾を感じるところもあります。でも星が見える都市という考え方はすごく大切だと思うので推しました。

HONOR

松嶋源 東京理科大学工学部建築科学部3年

what's illumination?

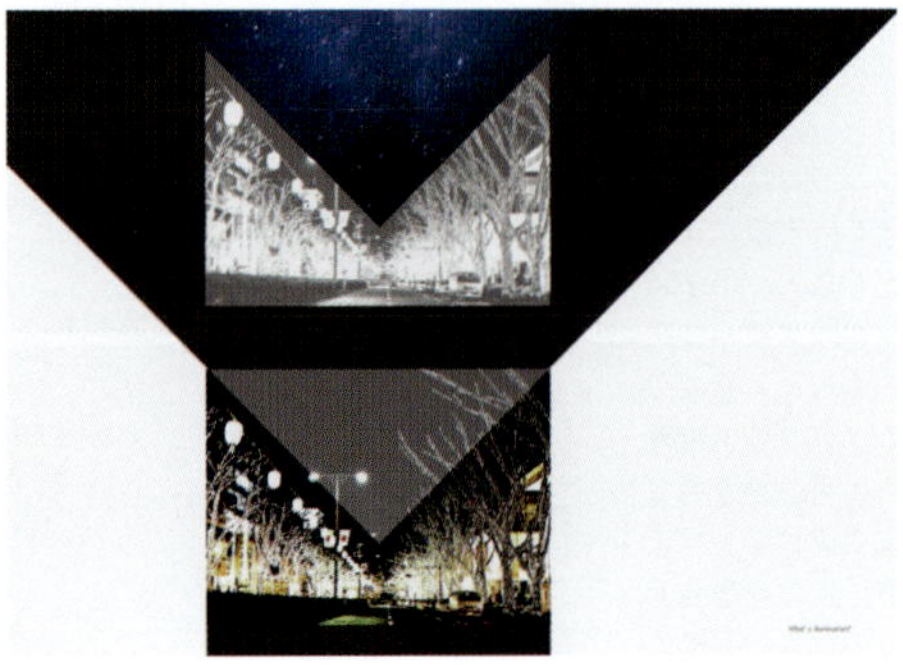

［設計趣旨］
人の光にあふれる都市。
真夜中でも薄く明るい夜空。
そのなかに星は隠れてしまう。
光害のもととなる人の光を遮り、
夜空だけをくりぬく。
そして都心で、贅沢に、
満天の星空をみたい。

椎名英三

都市が星を失ってから久しいわけですが、宇宙の中に僕らがいるんだよ、という意識を喚起させる案ですね。ただこの作品は理念だけを示したもので、方法については触れられておらず、実現性や具体性は弱いのですが、僕にとって非常に大切な考え方が示されているので選びました。

HONOR

足下30cm

谷口豪　神戸大学大学院工学研究科建築学専攻修士1年

［設計趣旨］

「足下を見る」という言葉は普段よくない意味で使われる。

しかし、「足下から様々なことがわかる」という意味にもとれる。

足下しか見えないからこそ、見えてくるもの。光、影、残像、音。

それは想像力を使うコミュニケーション。これはAM7:00の物語。

ワンルームマンションには、厚さ20cmの壁の向こうに自分と同じ様に人が暮らしている。

でも、日々の生活で隣人の気配はほとんど感じられない。

そして、建物に自分だけしか住んでいないような感覚になる。これはとても気持ち悪いことだ。

小さな操作により、ワンルームマンションの窮屈さを解消する。

そこで、「足下から感じられる気配」に注目してみる。

部屋の側面の壁において、足下30cmを削り取る。

相手の体や顔は全く見えないが足下30cmでつながりあう。

隙間からは足下の残像や足組、歩くスピードが垣間見える。

また光や影の揺れ動きから動作を想像できるかもしれない。

そして音や匂いも漏れだしてくる。

お隣さんの気配が様々なものを媒介に溢れ出してくる。

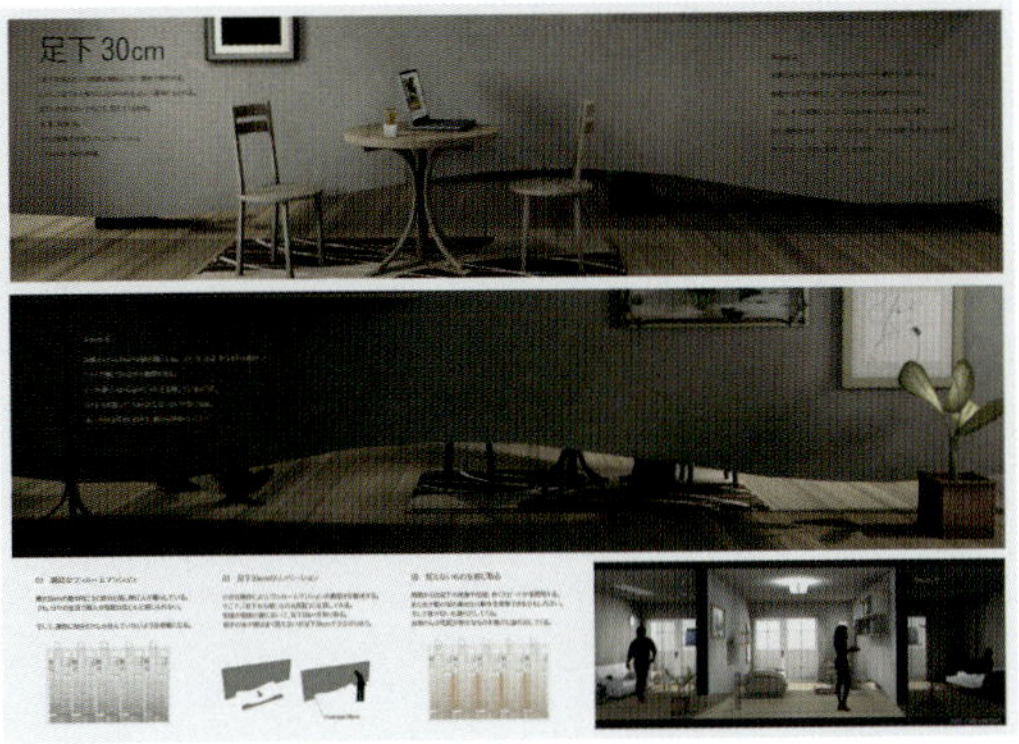

倉方俊輔

壁を隔てた向こうに誰が住んでいるのかわからないという匿名性は都会的魅力のひとつ。で、都市生活を描いた小説のジャンルのひとつに探偵小説があります。その元祖、シャーロック・ホームズは推理をするときによく足元を見るんです。どんな靴をはいているかとか、靴のどこが減っているかとか。顔なんかは先入観に左右されやすいし、意図して装うことも可能。だけど足元は無意識に近いので、本人がまとわりついている。だからあえて足元から人物をプロファイルするんです。ワンルームマンションという都市的で匿名性の高い空間で足元だけを切り取るというのは「見える/見えない」というテーマに対する回答として、あり得る気がします。

HONOR

Paradoxical Camouflage

風間健　早稲田大学大学院創造理工学研究科建築学専攻修士2年
鈴木里美　早稲田大学大学院創造理工学研究科建築学専攻修士1年

［設計趣旨］
〝パターン〟には、意味がある。特定の文脈のなかで生まれた〝パターン〟は、その中では与えられた機能をもつ。しかし、〝パターン〟がその文脈を外れた場所で用いられると、奇妙なことが起こる。時としてその〝パターン〟は、全く逆の機能を持ちはじめるのだ。例えば迷彩柄は、その最たるものである。本来〝invisible〟になるための機能をもつ迷彩柄は、今や〝visible〟なアイコンとして消費されている。置かれる文脈によってvisiblityが逆転すること。その建築的翻案は、表層の問題に留まらず、中に住む人間の心のあり方まで、変えることを余儀なくするだろう。
1.8m×1.8m。木造、パネル張り。家具は寝台・机・椅子・棚、その他梁/ロフトの上に収納した折り畳みの家具。最小限の住まいを従えて、彼は旅をする。家の表面に設えられた「パターン」が、置かれる場所場所によって異なるvisiblityを発揮する。この家は時として消え、時としてアイコンとなるが、それはこの住居、そして住民の社会的位置づけを否応がなしに規定する。
家のvisiblityに合わせて、彼は住まい方、果ては人格すらも変えながら旅をする。

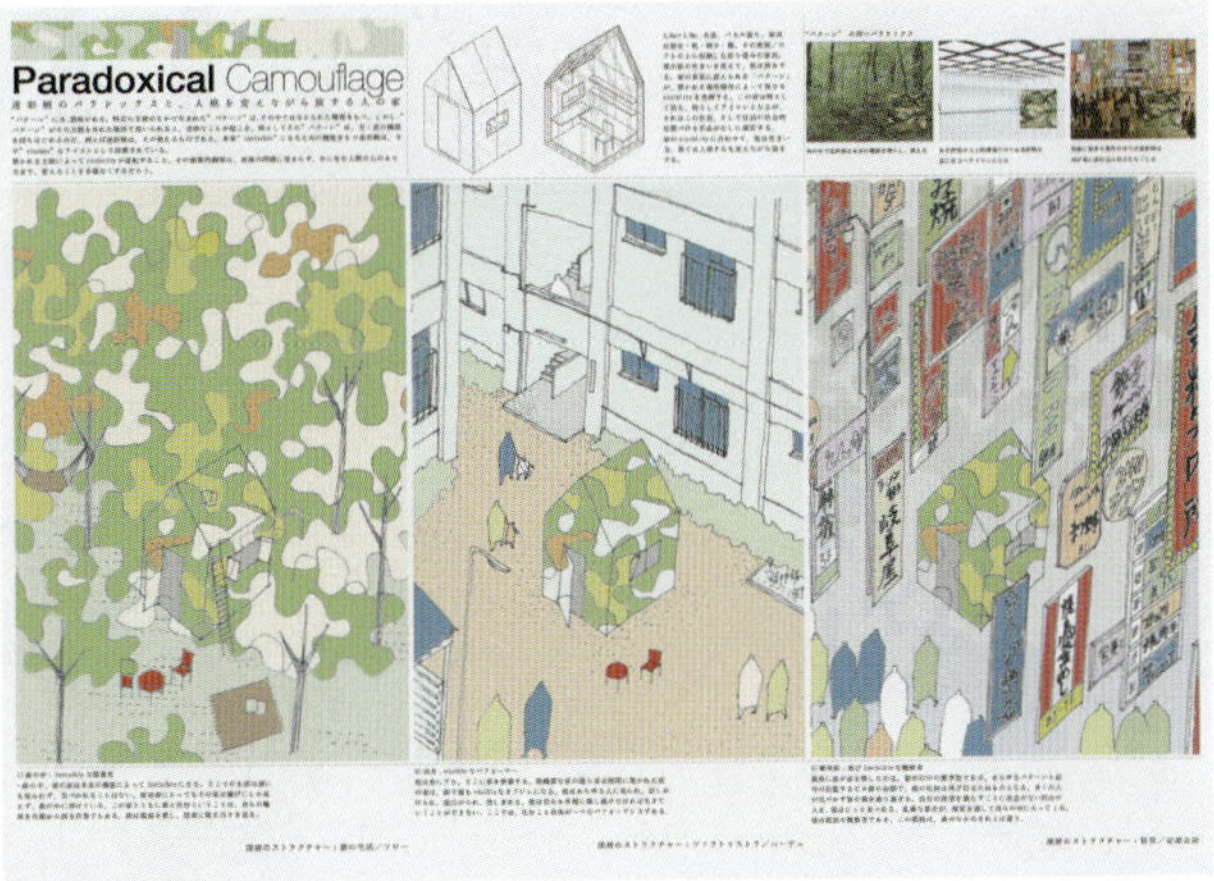

米澤隆

この案にある「建築は周囲に合わせ、土地の持つ歴史的なコンテクストを読み込んでつくるべき」という考え方はけして間違いではありません。しかし周辺景観や歴史は揺れ動くものですから、その考え方には危うさも感じられます。時代を超えて存在するであろう建築が何を拠り所にすべきかというのは、特に10年先、20年先が読めない現代においては問いとして難しくなりつつあります。これは建築の生存戦略を問う作品のようにも思えました。

選外

HONOR MENTION

ガラスの道、繋がる島

［設計趣旨］

瀬戸内海には多くの島が存在し、住民達はフェリーを主な交通手段としている。しかし、大型橋梁の建設に伴ってそれらフェリー航路は減少の一途を辿り、廃止された路線も少なくない。この状況は人々が島を離れていく人口流出の大きな要因の一つにもなっている。これらの島々の間に小さな橋を架ける。素材は蓄光ガラスを用いることで、昼間は景観保護地域である瀬戸内の自然に馴染み、夜は人々を照らし導くような光の道として現れる。

二つの環境四つの風景

［設計趣旨］

南に大きな川、北に背の高い森が広がる敷地である。この二つの重要な環境を一辺方向に大きく広がる開口部によって４つの風景に置き換える。二つの環境が二つのトリミングにより相対化され、新たなシーンとして住人の生活を豊かに彩る。

草原のフォリー

［設計趣旨］

幼い時には見えていたが、大人になると共に見えなくなってしまった「小さいけれど大切な存在」。そんな見えない存在との出会いを探す草原のフォリー。

訪れた人は草を掻き分けるように少し狭いポールの間を移動し、幾つもの「小さいけれど大切な存在」との出会いを探しにいく。この場所は訪れる人、季節や天候、草や花の動きによって揺れ動き、人々や自然を包み、見えない存在との出会いを与え、あの頃のように少しの幸せを与える。

思い出の更新

［設計趣旨］

２棟の低層建築が地下街でリンクする三原橋センターと三原橋地下街。歴史や交通インフラが重なり、銀座の歴史を唯一知っている三原橋は、現在、見えない歴史的ストックとなっている。

失われた三十間掘川と映画文化の思い出を可視化し、リンクしていなかった地上と地下、さらには銀座の強力な交通ネットワークと繋げることでフレームは拡張され、三原橋は未来に思い出を継承するブロードウェイとなる。

わたしたちの傷跡

［設計趣旨］

現在カバーで覆われている原子炉建屋を放射線遮蔽ガラスのピラミッドでカバーし、可視化する。

見えるピラミッドの肯定的遺産のイメージに対し、ガラスによる "" 見えないピラミッド "" が未来の福島の街並みに負の遺産を遺す。

NEW DEFINITION 家の定義

［設計趣旨］

核家族、生涯独身を貫く人が多くなる中、目に見えない人と人の関係はより薄くなり、地域のコミュニティーや繋がりは消失している。家のあり方を少し変化させることでこれらを防ぐことはできないだろうか？カーテンをめくるように、住居を開く、内部に隠れていた生活が街に漏れ出し、家と街に視線、音、空気、の繋がりが生まれる。

物理的に繋ぐだけでは生まれない関係性が、そっと住居をめくることで多様に変化する。

瞬間と追憶の建築

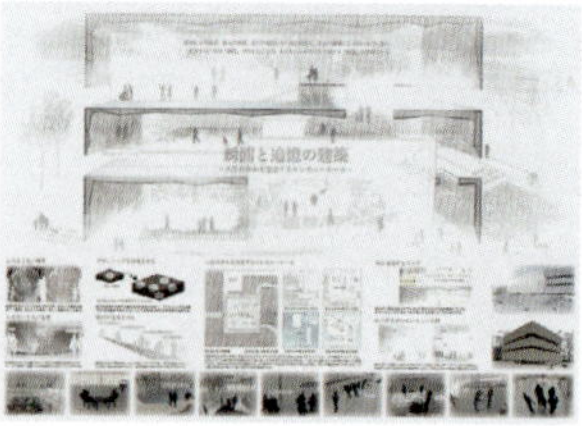

［設計趣旨］

瞬間の要素を取り入れることで通常の空間とは異なる、一度しか出逢えない空間を演出した建築である。敷地は夢の島。断層ごとに異なる自然環境が魅力的な場所である。そこで建築構成は自然の断層に空間を挿入することで外部と内部を交互に挟みこむサンドスペースの建築にし、瞬間的な空間を作り出している。プログラムは人生の歩みを記念するセレモニーホール。人生の節目に再度訪れ、心の中に生き続ける瞬間と追憶の建築となる。

「見えない恐怖 見える壁」

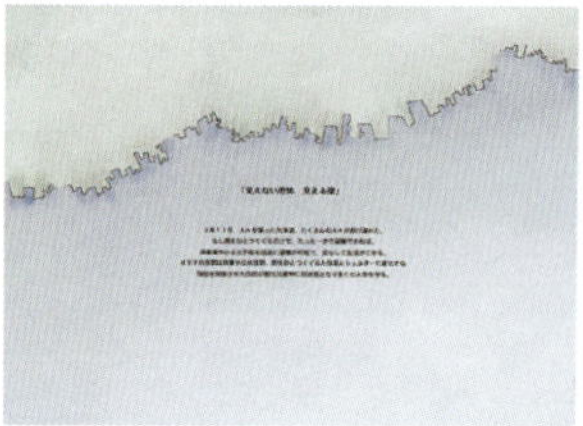

［設計趣旨］

3月11日、人々を襲った大津波、たくさんの人々が逃げ遅れた。

もし、たった一歩で避難できれば、高齢者や小さな子供も迅速に避難が可能で、安心して生活できる。

オモテの空間は商業や公共空間、扉をひとつくぐるとそこは住居とシェルターだ、職住を隣接させた凸凹の壁は災害時に防波堤となり多くの人命を守る。

見える自然、見えない屋根

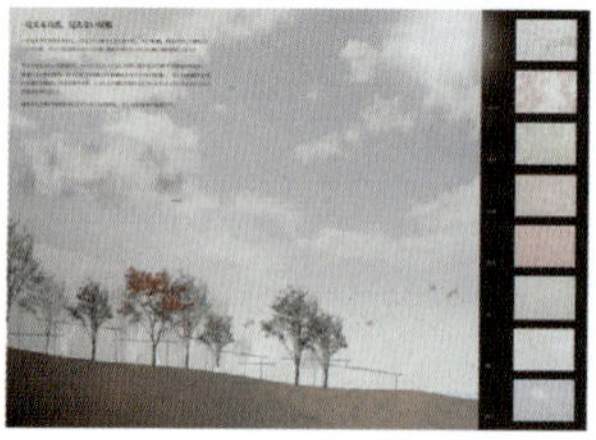

［設計趣旨］

ひらひらと落ちてきた春の桜、秋の紅葉、腕をのばして掴もうとしたその時、薄く透明なガラスにひらり舞い降り屋根になった。

見えなかった屋根が、いつのまにか花や葉の軒下空間を作り出す。風雨により再び透明に戻ったガラス屋根には木漏れ日や月の光、朝露や小雨の水滴が幻想的な光を見せる、積もる雪はまるでかまくらのように冬のあたたかな居場所を作り出す。自然の時間を少しだけ止めて垣間見る、そんな居場所の提案です。

必要な時だけの建築

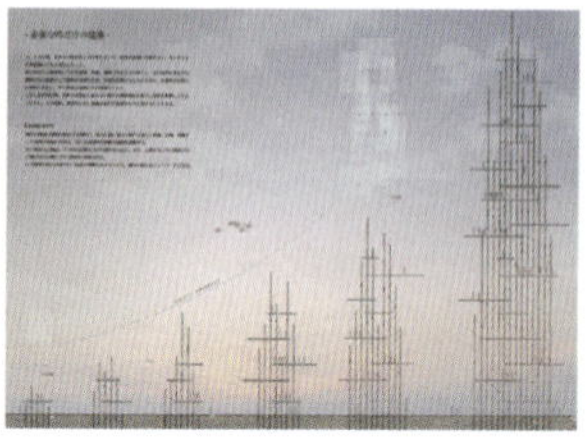

［設計趣旨］

都市の環境や需要が変化する場所で、先人に習い国土と時代に適した移築、改築、増築、減築が容易にできる、そんな仮設的で柔軟な建築を提案する。

木で組まれた櫓は、その時に必要なだけ空間を生み出す。また、必要がなくなり解体された櫓は別の必要とされる場所に移築される。

この建築は目には見えない社会の需要をカタチにする、都市の新たなランドマークとなる。

THE LIGHT

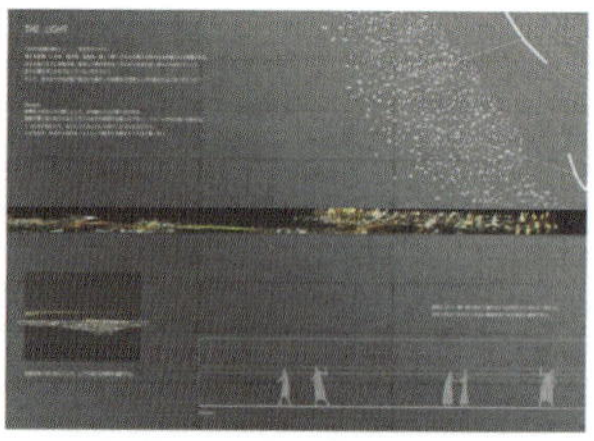

［設計趣旨］

美しく輝く光の影には現代社会の問題が潜む、自らを蝕むまでに過剰成長した現代都市はエネルキギーを垂れ流し明々と光を灯すことで自らの闇を消し去ろうとする。夜景を大きな上下の壁によって、水平線のように薄く切り取る、切り取られた夜景は私たちに1つ1つの光の意味を教えてくれる。光が消えたり、点いたりすることも気付くようになるだろう。小さな光が、本当に大切なモノと人と人の繋がりを教えてくれるきっかけになるだろう。

Tsu-Tsu

［設計趣旨］

部屋から何が見えて、何が見えないかということは、住宅の個性を決定し得る程、重要であると思う。大名は、様々な用途や建物が混在し、不思議とその雑多さが居心地の良い街である。この素敵な街に繰り出したくなる住まいとして、また、休息の場としての居心地の良さを有する住まいとして、それぞれ「見える」、「見えない」ことやものは設えられなければならない。どうやら「筒」を並べ重ねることで、これらは満たされそうである。

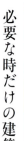

解かれた面／紡がれる線

［設計趣旨］

従来までの建築は壁、床という垂直水平要素で空間を分断してしまっている。面を解き、線に分解する事で建築は初めて境界を超える。線で構成された面の傾きにより、奥に見える景色は人の動きで常に見え隠れし、変化し続ける。

ガラスの墓標

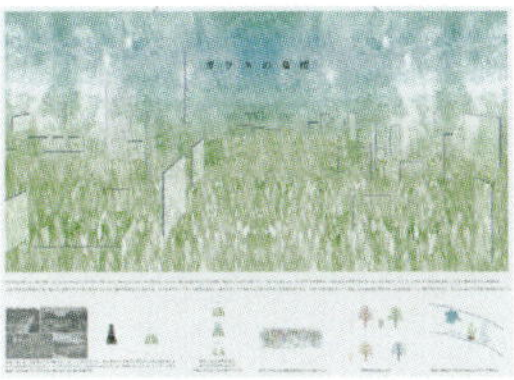

［設計趣旨］

そもそもお墓とは、故人を思い返しながら何かをしてあげたいと思ったり、祈ったりする場。年に数回行くだけで、怖さを思わせるほど心理的物理的にも遠くて暗いもの。それでも誰かにとって大切なこの場所を、日常の豊かな情景に引き込めないかと考えた。そこで、これまでの無表情で重苦しい石材の墓標をガラスに転換する。土地の特性とは無関係に建つ墓石が、透明なガラス質に変わることでその場所の環境などと同化する。光の具合によって刻々と表情が変化し、群になることで神聖さとは異なる明るい空気感を漂わせる。自然の大地に調和したり、窮屈な木造家屋群に花畑のような場を見せたり、季節と呼応したり。あらゆる場所である種の静寂をふるまう。

MArchitecture

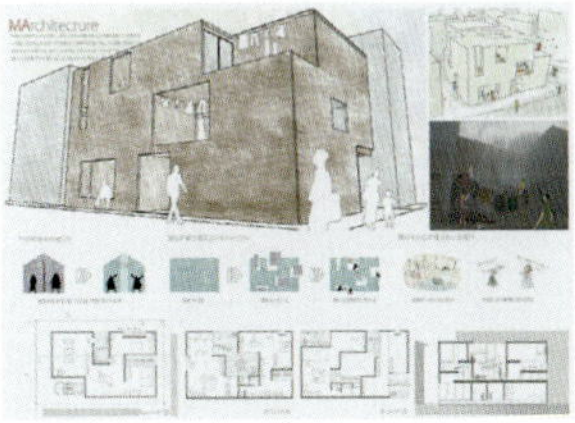

［設計趣旨］

空間とは間をあけると書く。

住宅における間は他人の気配を感じとり見えない気配りを生む。外部のテラスをあちこちに挟み込み、二世帯の家族が近いけど遠い二世帯住宅を提案する。減らした空間にできる外部でも内部テラスは遠いけど気配だけを感じ取り見えないキクバリを生み、程より距離感を保つ。

Kitchen such as the big table

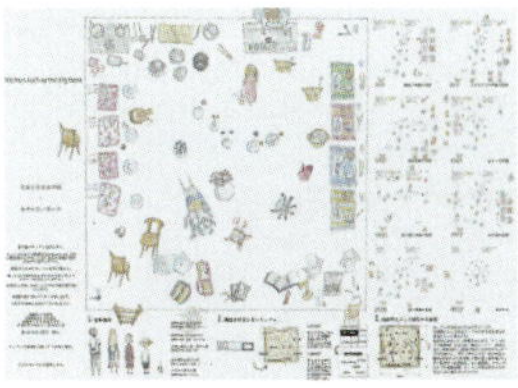

［設計趣旨］

皆が集うキッチンを作りたい。トントンと包丁で野菜を切る音がリビング中に響き渡るような、大きく見える母親の背中を前から受け止めたい。勉強をしながらキッチンを少し眺める。帰ってきて100点のテストをいち早くキッチンにいるお母さんに見せる。お母さんが作ったおいしそうなご飯を待ち遠しく待つ。新聞を読む父にコーヒーを差し出す。大好きな植物にお米のとぎ汁をあげる。勉強してる姉も、お絵描きしてる弟も、仕事をしてるお父さんも、料理を作り終わったお母さんも、食べるときは皆で一緒に。キッチンは家族を円満にする大切な場所。そんな見渡せる家族の顔見通せない使い方のできる空間を提案します。

小道と大窓—地域と言う名の家族—

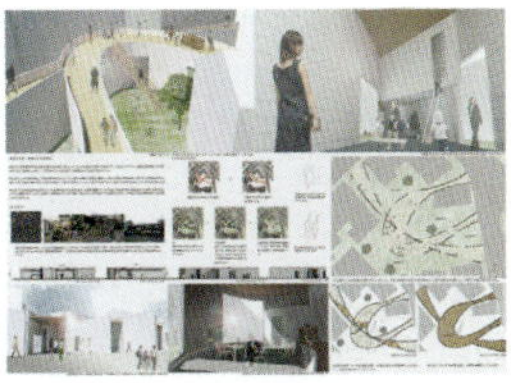

［設計趣旨］

敷地である東京都墨田区京島は家屋の密集する道の狭さと庭によって、他人の生活感が浮き彫りになる街です。過密な家屋の隙間、生活感が表出する庭を建築に応用し、大開口によって見え隠れする裏路地のような長屋住居をつくる。家屋の密度感や庭、玄関口などの生活感が表出する既存の京島の家屋群の空地に小道状の家屋をつくり大開口の長屋によって人の生活を浮き彫りにしながらも、緩やかに街と混ざっていけるような街の拠り所。庭と屋上テラスは周辺住民との共有空間であり、災害時の避難場所でもある。地域住民がひとつの「家族」と呼べる場所を目指すことで災害時だけでなく、日常的にも本当の意味で安心安全な暮らせるのではないか。

grass skin

［設計趣旨］

地方都市に林立し続ける既存の立体駐車場から緑のスキンによる都市の余白を作る。閉鎖的な都市がある一方で、広場のように目的地以外で人が気兼ねなく利用できる場は街から消えていってしまっている。広場のベンチは秋の落ち葉と土を混ぜ合わせることで肥料を作り、郊外地域の田畑で利用される。その肥料を使ってできた野菜や花が市街地で売られたり、grassskin（緑の表皮）として都市と郊外をつなぐ役目をなす。街にある何気ないものから街の景観や環境を少しだけ日常的に見せていく。そんな建築を目指した。

非常のための日常

［設計趣旨］

いつもの場所、日常の風景。

非常のために日常を用意する。

高台にある展望台は町のひとびとが集う場所。

無意識に場所は記憶され、建築は町の風景に溶け込む。

大雨の日、ひとびとはこの場所に集う。

見慣れたこの場所も、この日だけは見え方が変わるだろう。

孵化する家

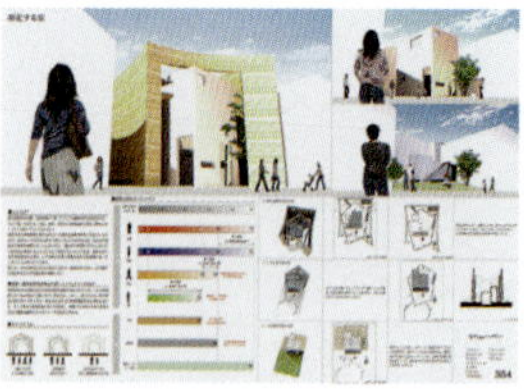

［設計趣旨］

我々は様々な行事、出来事等の「事（コト）」の連続の中を生きている。その「事」の中でも、出産、進学、死別など家族構成の変化に関わるタイミングは必ずやってくるだろう。従来の家は家族構成が増えることへの対応は比較的容易にできているものの、減ることへの対応があまり無かったように思われる。例えば子供部屋は単純な物置になってしまったり、使わない和室ができてしまったり日常的に使われなくなってしまう空間になりがちである。家族に合わせて家を建てたはずが、いつの間にか家に家族が合わせる結果になってしまうことは往々にしてある。我々は、そんな家族が合わせるのではなく、家族に寄り添い、その構成に適応することが可能な家を提案したい。

想像創造する建築

［設計趣旨］

建築物とは、形状・大きさを目で判断することができる代名詞である。これに対し、「四季による変化」「生命の成長変化」「人とのつながり」「記憶の共有」などの見えない要素を付加する。物体的である建築物により、見えないが確かにそこにある「変化」や「新たに創造されてくるもの」を感じることができるものを考えた。

case of window view

［設計趣旨］

窓で切り取られる風景に焦点を当て「見えること／見えないこと」についての提案。開口部を反転することにより、切り取るはずの風景を隠す。隠したことによってそれまで見えなかったその風景の本質を知ることができる。

Existence of me

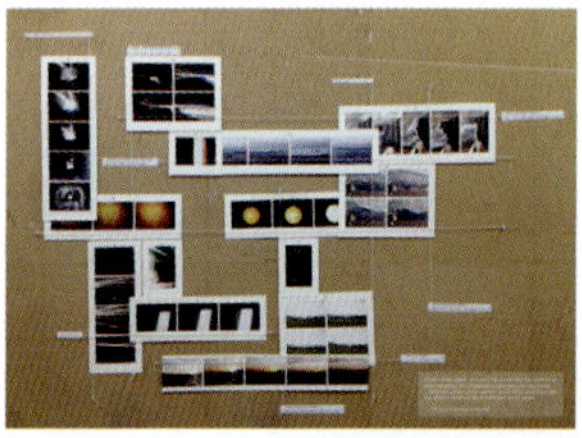

［設計趣旨］

Photos were taken, not only the scene but the position of photographer and the idea in mind are also captured.
Different series combined into each other and draw out the plan of relationships in-between each series.
This is a drawing of myself.

かすかな居場所

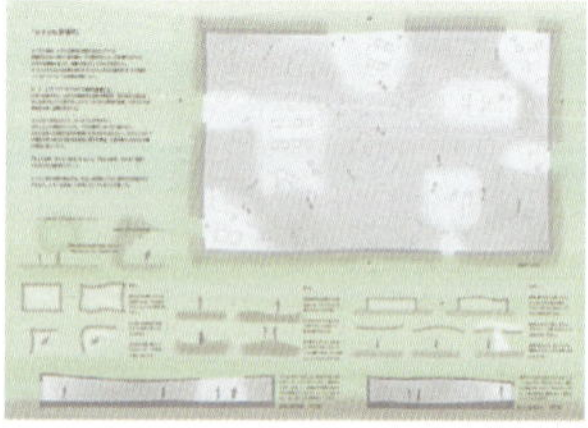

［設計趣旨］

かつて人間は、かすかな領域に空間を見出してきた。洞窟の小さなくぼみに身を潜め、木の幹を中心とした枝葉の広がりにぼやっとした領域を見つけた。

そういった、かすかな領域の中で空間がつくられていくような建築を提案したい。

壁、床、屋根がわずかに凹凸する建築を提案する。そんな見えるような見えないような「かすかな領域の差異」の中でかつて人間が空間を発見してきた潜在的な感覚がここで生まれることを願って。

都市に浮かぶ"New"ニュータウン

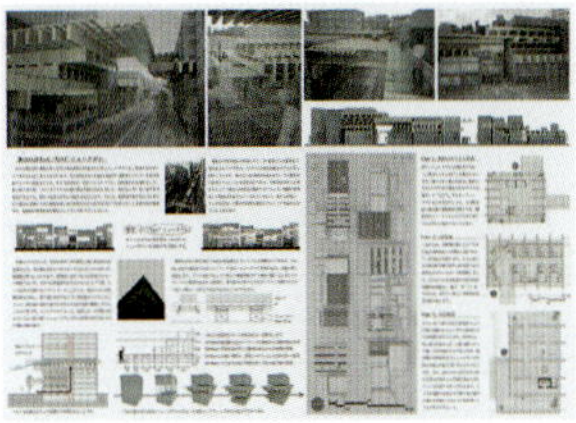

［設計趣旨］

次世代の「新しいニュータウン」が創造される場所として、都心部の空き家、つまりオフィスビル群に潜む空洞に注目しました。現在見えていない場所を可視化することに、都市の発展の新たな可能性を見出します。これは敷地境界線で完全に区切られて垂直に発展してきた都市が同じ記号を持ちながら水平方向につながっていく未来の姿の提案です。この仕組みでは従来のニュータウンになかった成長というフェーズが目に見えて生まれます。

watering house

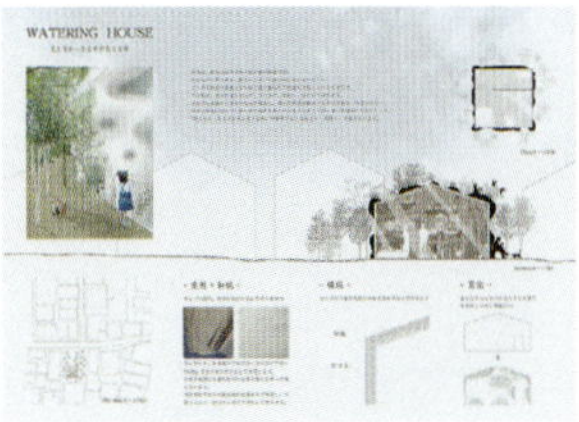

［設計趣旨］

徐々に、徐々に溶けてゆく紙の家の提案です。住宅地の一角の木々に囲まれた中に小屋の様な家がありました。ガラスの表面に幾重にも和紙を張り重ねた不思議な手触りの小さな家です。最初は中の見えない少し不気味な家でした。しかし、その家は時間の経過と共に少しづつ溶け、変形し、はだけてゆきます。はだけた表面からは中の生活が露出し、少しづつ見えてゆく中の生活や外の世界… 徐々に徐々にはだけてゆく事で住民も、周りの人もより見えてゆく事に意識的になるでしょう。『見えなかったものが見えてくる事』で世界の見え方はより一層深く、明確になります。

大地の呼吸

［設計趣旨］

朝日が昇り、風が吹き、雨が降る、暑い日も寒い日も…

そんな自然現象は私たち人間の活動とは無関係に起ります。それは母なる大地、『地球の呼吸』の様なものであるといえるかもしれません。しかし、私たちはもはや自然をコントロールする事が出来ると勘違いしているのではないでしょうか。私は見えないガラスを用い、地球の呼吸を可視化する装置を提案します。ゆらりゆらりと蜃気楼の様に現れては消え、また現れるガラスと空気の現象は一瞬一瞬違った表情を見せ通り行く人々の足を止めます。

それは"生命体としての地球"という存在を感じさせるモニュメントとなります。

COURT × COURT ～コバコ～

［設計趣旨］

韓国の伝統的住宅　韓屋のあり方の提案です。
敷地は韓国ソウル市の西村（セチョン）です。今回の提案は、韓屋の向き、部分的に変える事で閉鎖的な街を解放する提案です。韓屋の向きを変える事でお互いが向かいさらにずらすことで見えたり見えない空間ができるようになります。また、扉付近を壁ではなく、ルーバーやガラスを置く事で周辺から見えるが、いく事ができない空間を考えました。

器の家

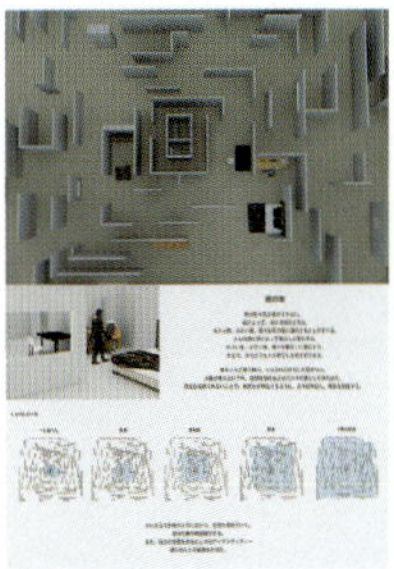

［設計趣旨］

水は形を見る事はできない。

器によって、水は可視化される。

人も水と同様に家によって暮らしが変化する。

まるで、水のような人の暮らしを表す家である。

BLUE EXPERIENCE

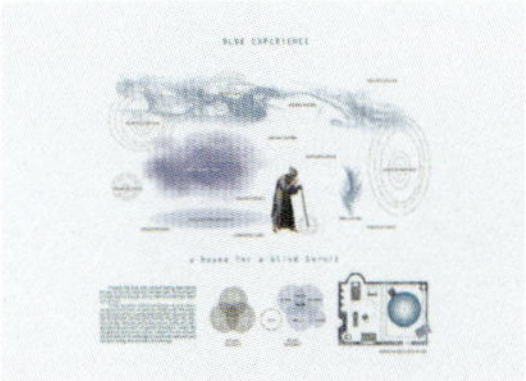

［設計趣旨］

Imagine the blue color without having seen before the sea or the sky seems a complex task. Try to imagine a single color is enough to dive into the existential mystery of a blind.
In this house for a blind hermit there is no windows, nor bulbs nor mirrors nor pictures on the walls. We propose that each of the aspects that build this house are defined by the blind memory of the hermit. That sounds, volumes, smells, textures and temperatures, configure a polisensorial environment of spatial orientation, where the imagination of the blind hermit, merges with the monolithic hardness of his hermitage to secure his memories and create a feeling of blue color in his memory.

Athens Olympic Museum

［設計趣旨］

A new Greek temple enters in Athens, this time it's podium is dematerialized and the building is sinking. Athens' Acropolis still rules the city.
The roof and facades are formed by a skin that works as light filter, by this, light is transformed in a rhythmic and in a scale appropriation element. Working as an ancient Greek temple's columns, this skin protects the interior program from the intense Greek light and climate. In the interior, four rectangular volumes resting above the interactive area contain the exhibition galleries.

Secret Shelter

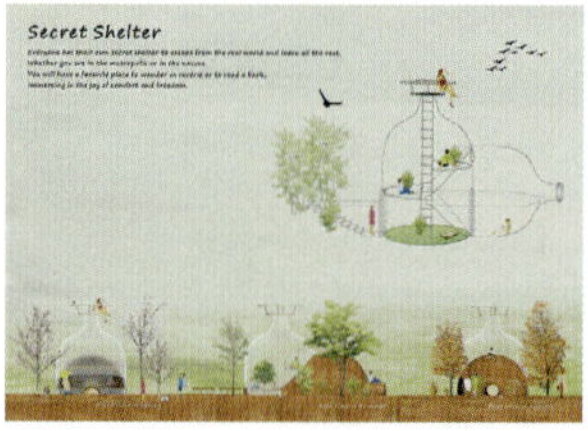

［設計趣旨］

Everyone has their own secret shelter to escape from the real world and leave all the rest. Whether you are in the metropolis or in the nature. You will have a favorite place to wander in reverir or to read a book, Immersing in the joy of comfort and freedom.

霞む奥滲む淵

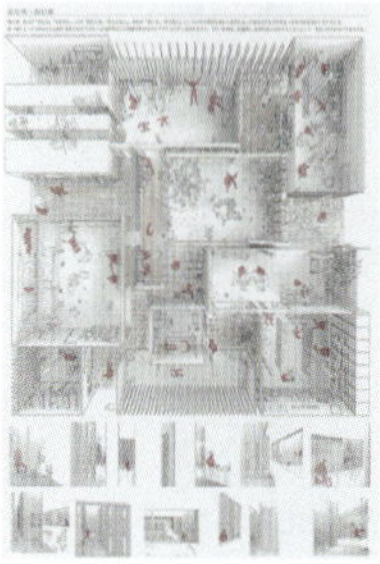

［設計趣旨］

例えば、相手が「見える」「見えない」、声が「聞こえる」「聞こえない」、気配を「感じる」「感じない」という自分の身体を通した感覚によって場所を発見できるような集合住宅の在り方を考える。
壁一枚によって private と public を隔てるのではなく、自分が相手との距離を嗅ぎ分けてアクティビティを発生させる。その「距離感」が連鎖し、建築全体に波及することによって「空間」ができないであろうか。

BLUE EXPERIENCE. The visible

［設計趣旨］

Imagine the blue color without having seen before the sea or the sky seems a complex task. Try to imagine a single color is enough to dive into the existential mystery of a blind.
In this house for a blind hermit there is no windows, nor bulbs nor mirrors nor pictures on the walls. We propose that each of the aspects that build this house are defined by the blind memory of the hermit. That sounds, volumes, smells, textures and temperatures, configure a polisensorial environment of spatial orientation, where the imagination of the blind hermit, merges with the monolithic hardness of his hermitage to secure his memories and create a feeling of blue color in his memory.

朽ちる永遠

［設計趣旨］

あらゆるものにおいて、朽ちてゆく姿は見えても、終わりにある死は見えないし、見ることもない。

でも、そこには私たちの見えない何かが蓄積していて、それを知るすべは、モノを見ることでしかないのだとするなら、朽ちてゆくものの痕跡は、1つの永遠の形を見せるものになる。

これは、ある家系の家の永遠の一部の姿である。

虚の建築

［設計趣旨］

現代の世の中はシャッターへの落書きなど人のマナーの悪さが懸念されている。
私たちの住む世界の美しさを守るように
人の心の奥深くに訴えかける提案。
見える人には見えて欲しい。

格子を通して見える風景と外界から見えない内観

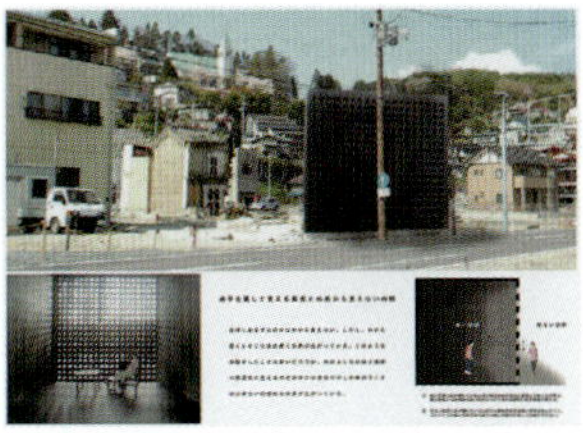

［設計趣旨］

台所にあるザルの中は外から見えない。しかし中から覗くとそこには光輝く世界が広がっている。このような体験をしたことはないだろうか。外の人には地味で薄暗い雰囲気に見えるがその中には自分だけしか味わうことの出来ない幻想的な世界が広がっている。

The Rain Pantheon

［設計趣旨］

This project was created to inspire people and to remind us of the beautiful side of rain, which we so often seem to ignore. Rain, a common phenomenon, is made into art. And this ""exhibition"" celebrates rain, makes people appreciate its strength and just seek comfort in its appearance, sound and the feeling of it when it touches our skin.

This ""exhibition"" consists of three parts that are equally important for the whole experience, the Path, the Crypt and the Pantheon itself.

隠さない家

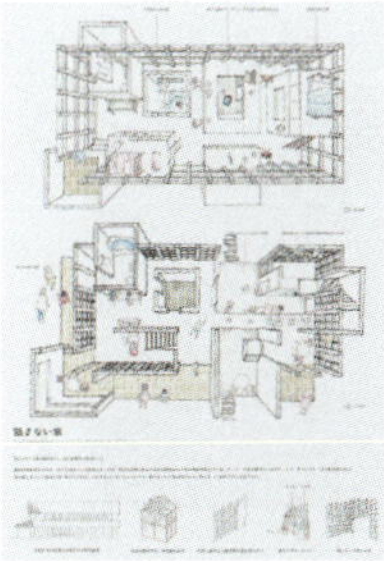

［設計趣旨］

【見えない土壁の納屋から、見える棚壁の住まいへ】

納屋は物を蓄えるため、壁で囲まれている必要があったが、地方の農村にある古民家の納屋はもうその役割を終えている。そこで、土壁を棚壁へと変えることで、住まいとして生まれ変わらせる。物を蓄えるという機能は受け継ぎながらも、それを表へと見えるようにする。隠されていた物が露になり、物によって表情を変える家となる。

BLUE EXPERIENCE. The context

［設計趣旨］

Imagine the blue color without having seen before the sea or the sky seems a complex task. Try to imagine a single color is enough to dive into the existential mystery of a blind.

In this house for a blind hermit there is no windows, nor bulbs nor mirrors nor pictures on the walls. We propose that each of the aspects that build this house are defined by the blind memory of the hermit. That sounds, volumes, smells, textures and temperatures, configure a polisensorial environment of spatial orientation, where the imagination of the blind hermit, merges with the monolithic hardness of his hermitage to secure his memories and create a feeling of blue color in his memory.

まちの隠れた小さな広場

［設計趣旨］

～稲穂がつなぐまちの安全～

3.11 以降、どんな災害が起きてもおかしくないという意識が共有されたと思う。しかし、目紛しく人口移流し続ける東京では災害時にどこに逃げれば分からないという現状がある。現に街中には防災公園が点在しているにもかかわらずそこには全く人が訪れていない上に携帯のマップにも検索が引っかからない公園も少なくない。こういった意識に着目し、エネルギー自給型の新しい防災公園のあり方を提案する。

Revision of the City case 001

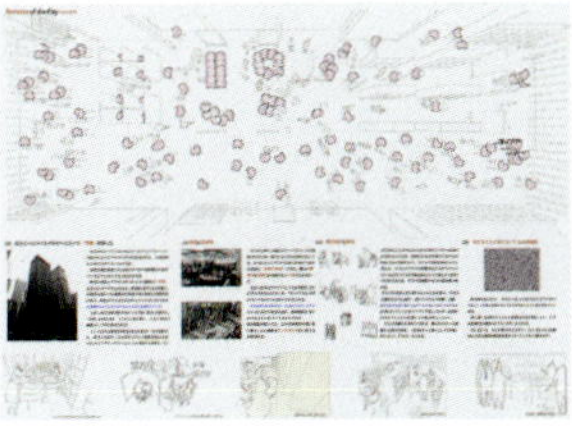

［設計趣旨］

動脈硬化を起こしている都市の場所に見えること／見えないことを再編集することで、血液をめぐらせる。ここではオフィスをケーススタディとして脱均質化の方法を人々のアクティビティとモノの関係から模索したい。現代都市において、少なくともこれまで以上にフレキシブルで、空間が血液のめぐる生命体のように振る舞いはじめる。常に蠢く血液を手に入れた建築は内部活動により、大きな有機的な環境へとアップデートされる。

ネットワークシェルター

［設計趣旨］

日本中には携帯電話やパソコン、その他電子機器の電磁波で都市の中が溢れかえっている。

もしこの線を可視することが出来たならば…。その世界ではきっとあらゆる空間を無数の線が駆け巡り、様々な領域を形成しているのだろう。駅や会社、大学…そして人間の体の中へと電磁波は侵入し、無秩序に領域を作りだす。

すでにこの都市は大きなシェルターに覆われ、ひとつ屋根の下の大都市が存在しているのではないか。

Demolition Of A Scale

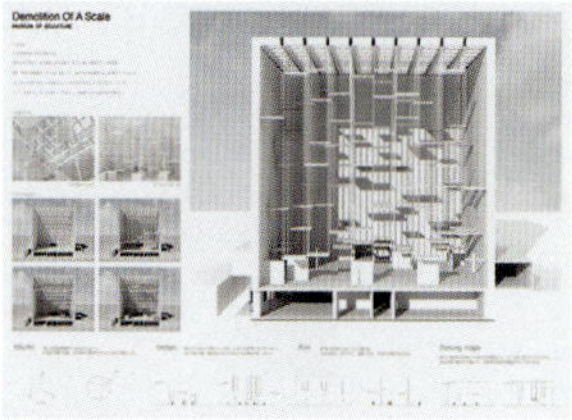

［設計趣旨］

この美術館は訪れる度に姿を変える。

変わるものにおいて、見える事とは作品であり、見えない事とは空間のスケールを指す。

現在、既存する建築物は、人の行為、目的により、それぞれの身体感覚に適した空間でつくられている。

しかし言い換えてみれば、人は建築物により、身体感覚を制限されているのではないだろうか。

そこで、美術を介し、様々な空間をつくる事により、鑑賞者に新たな身体感覚を形成する。

雨の日に現れる壁

［設計趣旨］

目には見えない時間をガラスによって可視化できないかと考えた。

木密地域の空き地や空き家などを縫うように、ガラスの二重壁でできた四阿を配置していく。

この四阿により、火災時の延焼を少し抑えることもできる。

普段は見えないが、雨の日にはガラスの壁の間に水が溜まり、壁が見えるようになる。

雨の日に現れる、公園のような建築の提案。

目で見えないこと耳で見えること

［設計趣旨］

私たちは普段生活する中で空間を認識把握することは目で見るという行為によって成り立っている、と心のどこかで理解している様に思える。しかし耳で音を聞く事によって空間を理解している事もあると考えた。耳だけに頼った空間は無限の可能性をもっているのではないだろうか。

盲目の祖父へ。

［設計趣旨］

とある森の中に、盲目の老人(祖父)がいた。

この場所は、祖父にとって何十年も通った思い出の募る場所。しかし、祖父はある日を境に視力を失い、かつてのように歩くことはできなくなった。そして次第に記憶は薄れていく。大切な思い出なのに。そこで、道沿いに「見えないガラスの帯」を引く。目が見える人には見えない。しかし、目が見えない人には見えるのだ。長く続いた雨が上がる。祖父は今日も散歩に出かけていった。

暖かさに、つつまれて…

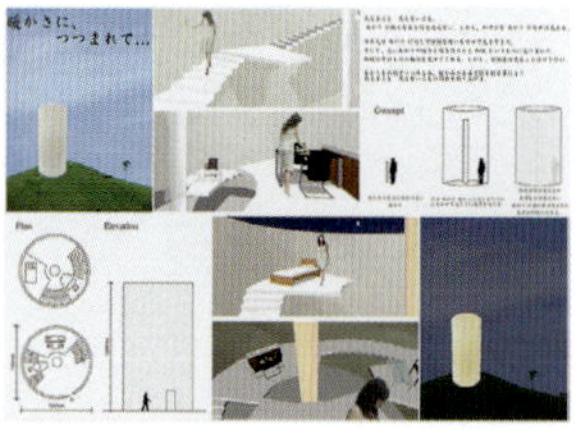

［設計趣旨］

見えること　見えないこと。あかり が無くなると何も見えない。しかし、わずかな あかり があれば見える。日本人は あかり に対して特別な想いを寄せて生きてきた。そして、淡いあかりや暗さと向き合うとき 和紙 というものに辿り着いた。和紙はそのものの輪郭を見せてくれる。しかし、全体像は見ることはできない。あかりを和紙でつつみこみ、暖かみのある空間を創る事により見えること　見えないことの関係を創り上げる。

余白に垣間見えるもの

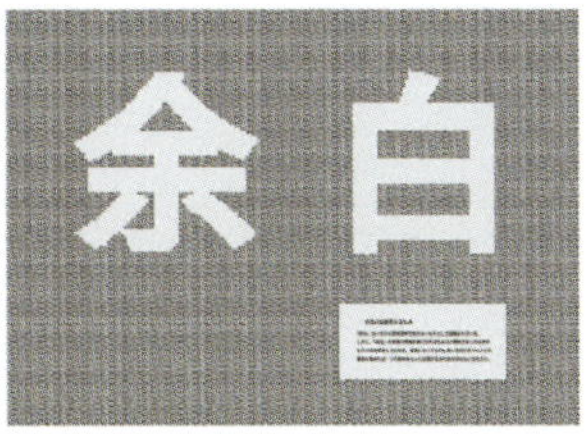

［設計趣旨］

「余白」というのは通常透明で見えないものとして認識されている。しかし、「余白」の周囲の環境が密になればなるほど透明であったはずのものが存在感をもち始める。建築においても何も無い空間の周りに小さな要素を集めれば一つの意味をもった空間が生まれるのではないだろうか。

オワリハジマリ

［設計趣旨］

普段生活を送っていく中で、目にしている物全ては、ある意味最終形態と言える。そこで建築で、モノの見えていない部分、つまり原型から最終形態に至る過程を表そうとした。

彼の見た家

［設計趣旨］

［盲目の夫］と［その妻］が住まう家。

夫婦はひとつの場に、それぞれの家を発見する。

空間を分節するのは部屋ごとに異なる床の素材。

素足で感じる感触や温度感は、どの部屋にいるのか情報を与える。［盲目の夫］だけに見える領域性、［その妻］は領域を超えて彼の存在を確認する。

これは、はじめて 彼の見た家。

境界が見える今。境界が見えなくなるとき。

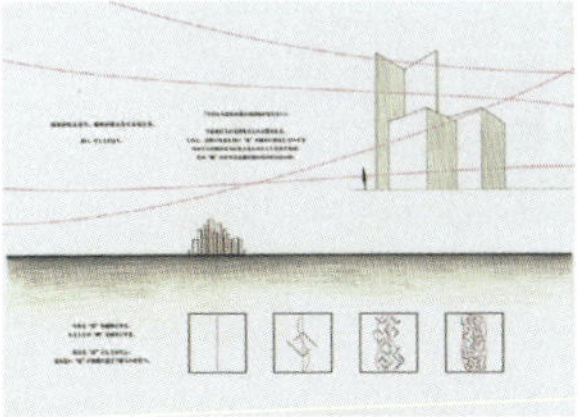

［設計趣旨］

人と人、家と家、国と国の間に境界がある。それは見えたり見えなかったりする。見えない“境”によって引き起こされる争いや心のキョリが、見える“境”として存在することで、その見えない“境”を意識することができるのではないだろうか。見えない“境”は広がり、そして両側へ溶けていく。見える“境”によって、見えない“境”が見えなくなるときを待つのだ。

都市ダム

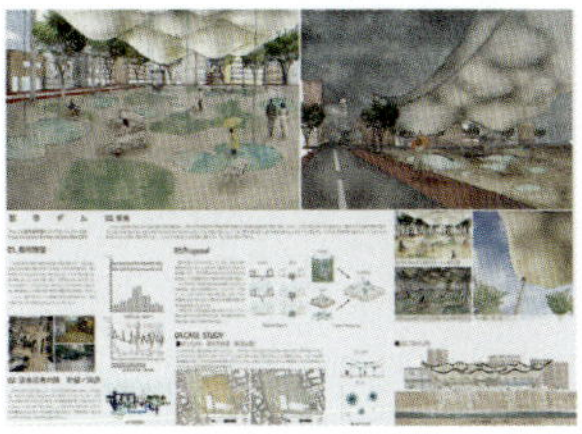

［設計趣旨］

都市型浸水災害を考える上で、渇水浸水対策が重要であると考える。従来の大規模なインフラ開発ではなく都市の中に小さなダムをいくつか点在させることがこれからのインフラの新しいあり方になるのではないか。本提案では水の浸透を遅延させる膜を積層させることで新たな街の風景をつくるとともに、天気により変化していく膜空間が地域のオープンスペースとなる都市ダムを提案する。

ヘンソウする家

［設計趣旨］

生活の変化は、はっきりと目には見えないが、生活が変われば当然必要となる建築の姿は変わっていくはずである。そうした変化に、目に見える形で建築が対応できれば、住宅の可能性は広がるのではないだろうか。長い間暮していれば、生活リズムやライフステージ、家族構成は変化していく。様々な変化に対応し得る選択肢として考えられるのは住み替えだが、本提案では、住み家そのものを変えていくことを前提とした住宅を提案する。

『見えない事／より良く見える事』

［設計趣旨］

背の高い半透明のとんがり屋根を中から見上げる。そこには木々のざわめきや雲や太陽の移ろいなど様々なものが映し出される。それは普段は気にもとめない現象である。しかし、そんな何気ない日常が半透明のフィルターを掛ける事でより敏感に感じられる。また、頂部に開けられた天窓からは柔らかい光が落ちる。その光は日時計の様に太陽の居場所を私たちに教えてくれる。葉と葉がこすれる音や、自動車の音、庭を歩く足音…、聞こえていなかった自然の音はオーケストラとなって私たちの心に響くでしょう。見えない事でより良く日々の日常が見えてくる、そんな場所の提案です。

最小限の大きな家

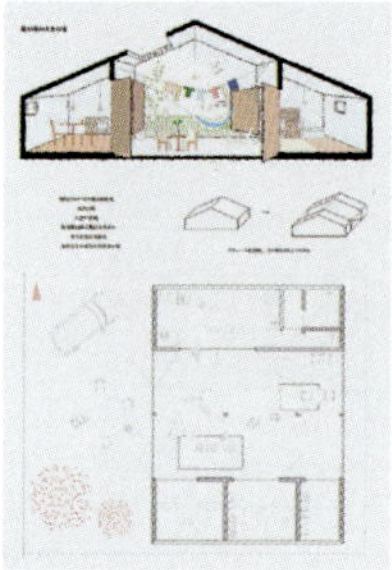

［設計趣旨］

最小限の大きな家。大きな玄関、大きな扉。扉を開けると瞬く間に住空間は街へひろがり、街を受け入れる。街とのあたらしい住まい方の提案。

ツナガル　テダスケ
～「認識すること」「みえること」～

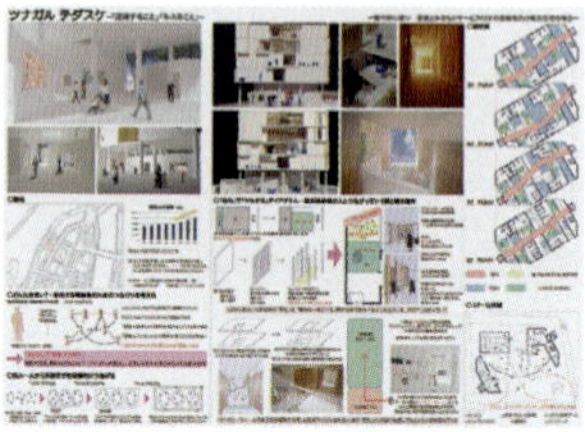

［設計趣旨］

生活の場で他者とのつながりが希薄となり、高齢者世帯に深刻な問題が起きることが珍しくない世の中となった。そこで、内と外とをつなぐ緩衝空間であり、多様な使われ方がなされているベランダから着想を得たLIVINGGARDENと呼ぶ空間を生み出し、他複数の建築的操作により「見えないこと＝プライバシー」は確保しつつ、「見えること（認識）＝最低限のつながり」をつくり、近隣他者とのつながり創出に寄与する高齢者向け集合住宅を目指した。

あふれる気配

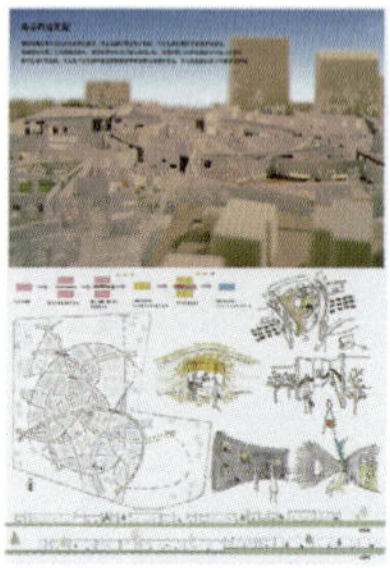

［設計趣旨］

教室全体に張り巡らされた壁と廊下。見える姿と見えない気配。子ども達が教室で勉強する姿も、音楽室から聞こえる合唱の歌も、家庭科室からのごはんの匂いも、先生の怒った声も曲がりくねった壁と廊下と空いた窓は、そんな子ども達の生活の気配を学校全体に浸透させる。そんな気配によって繋がる学校。

砂場と柱

［設計趣旨］

家は、柱という構造に屋根や壁をたてることで、その内側で生まれる行為を隠した空間である。砂場には、境界があるようでない。 その場所を、砂場たらしめる囲いはあるが、そこは誰のための場所でもないからである。 しかし、砂に一本の線を引くことで、線を引いた人にしかわからない境界が生まれ、柱はその線を引くきっかけとなる。砂場と柱の空間は、人の行為にあわせた機能を振る舞う、建築本来の姿と言えるのではないだろうか。

縦に伸びるジャングル

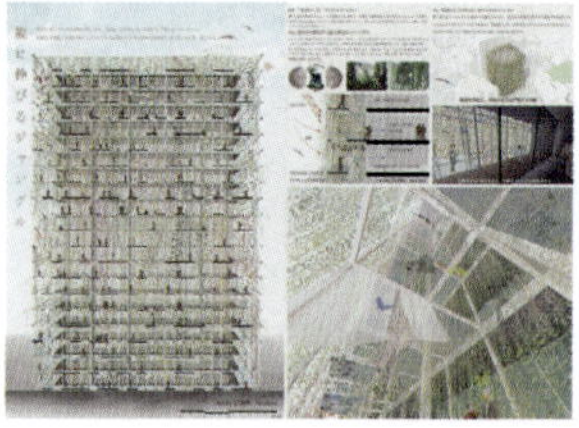

［設計趣旨］

都市や居住空間に対して、「地球」に存在している事が全く見えないマンション。そこでマンションの外部と内部の間に、「地球らしさ」のある縦に伸びるジャングルを提案する。格子状のジャングルは共有の庭となり、外部と内部の間に現象する地球環境装置となる。地球への敬意でもあり、1F居住者だけが庭を持つ従来のマンションへのアンチテーゼでもある。これは本当の意味で地球人となるこれからのマンションスタイルである。

百人百様箱

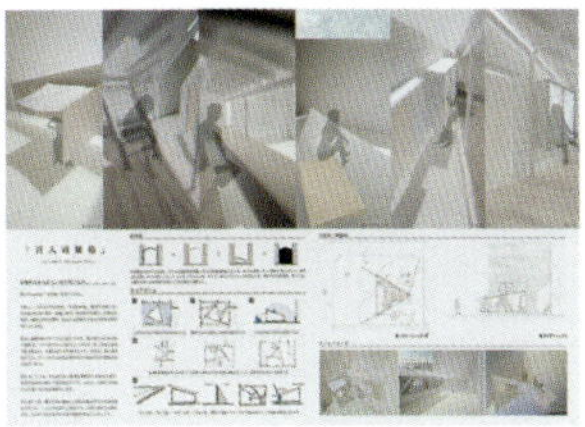

［設計趣旨］

都市の空き地に“百様箱”を置いてみる。すると周辺との関係によって多様な性格の場所が生まれます。また、多元的な意味を含んだ要素でこの建築はあふれています。だからここでは、みんな自分で多様な性格から居場所を選び、多重の意味から使い方を決めることで、人によって感じ方の異なる奥行きのある体験をします。そんなどこか「奥行き深い環境」は都市に何かが起きそうな予感をもたらします。

アクリルトゲンカク

［設計趣旨］

私たちは光のおかげで物が見えています。つまり、光を変える事が出来れば、見える物、見え方も変わってきます。その一例が蜃気楼です。そこで、都市における蜃気楼をつくり、実際見ている物と、虚偽として見えているもの、更には見えないものを作り出そうと考えました。

透明なアクリル。普段は光も通ります。アクリルの先も見えます。しかし最も光りの屈折率が高い素材です。そのアクリルを連続し並べる事で現象を起こします。

町に住まうガラスの方舟

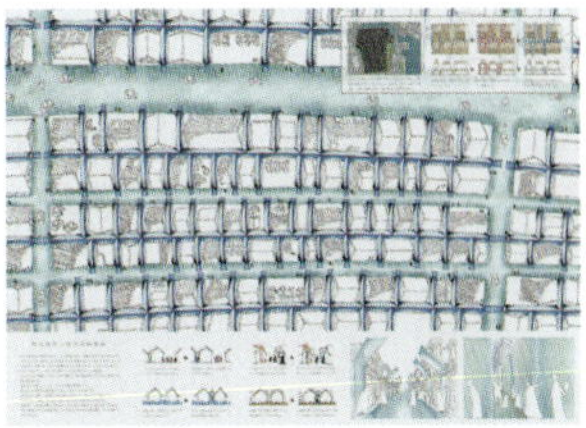

［設計趣旨］

住宅が密集する漁師町の住宅は、この場所特有の古い木造住宅の立ち並ぶ風景が演出されている。住人同士は、長く住み着いている顔見知りばかりで、昔ながらのコミュニティが今も続いている様子は、人と人の距離が近いことを物語っている。この人々のふれあいがこれからも続くような、この町に住まう新たなアクセントを挿入することを提案する。

「赤」のある世界

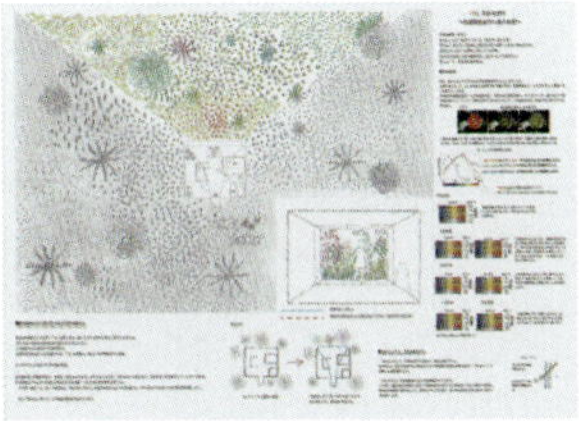

［設計趣旨］

色覚障害をもつ男の住宅を設計する。

毎日が色相を欠いた世界。「赤」が見えない。彼にとってはそれが当たり前のことだった。

けれどもこの世界の本当の色を見てみたいと思った。

この家はそんな彼のための家である。

日常生活ではほとんど認識できない「赤」を体験し、新しい世界を発見できる家。

暗くて、見えること。明るくて、見えないこと。

［設計趣旨］

明るいところから暗いところに入ると何も見えない。でも、しばらく経つとだんだん見えてくる。もしかすると、思いがけないものがあるかもしれない。明るいところに出るときも、世界が一瞬見えない。まるで異次元空間みたいだ。

不透明な世界と透明な場所

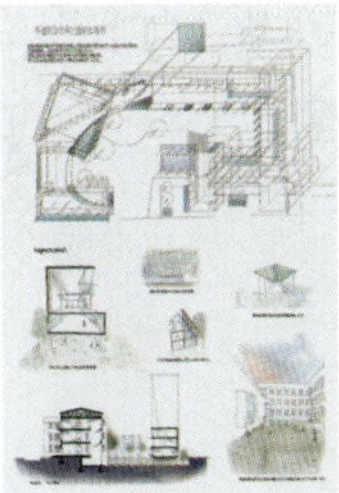

［設計趣旨］

身体と情報と空間。これらを一体にさせるにはどうするべきか。動く身体、更新される情報、変わり続ける両者を繋ぐ空間の在り方を考える。無関係に存在するもの同士が繋がるときに新たな出会いと関係性が生まれる。小さな空間の断片は別の要素と微妙に関係づけられる。その小さな空間の集積は全体を作るも、それはやはり部分でしかない。身体が動くとともに空間との関係も動く。空間のスケールが見えなくなったとき、それが現実であると気付くだろう。ここでは身体と情報との関係がより自然な状態がつくられるだろう。わたしたちがいる世界は不透明と透明のあいだである。

Ink Drops

［設計趣旨］

A shared library for communities with a reading room to spend some free time or just before taking the last train home, reading a good book. The idea is to create a familiar and intimate space that can be filled by the community itself, in which everyone can contribute. A sort of black concrete sculpture from the outside but comfortable like home inside, with a large use of white surfaces, wood materials and tatamis.Thanks to the construction concept, cubes intersections could be changed to accommodate site needs or create different spaces using same strategy.

風上にお尻をむける家
—水を生み出す動物たちの巣—

［設計趣旨］

尻上ゴミ虫。砂漠で生きる彼らは、霧の日になるとこぞってお尻を風上に高く上げ湿った風を体で受け表面に貴重な水を集めてゆく。森に浮かぶこの建築もまた、たっぷり水分をふくんだ風にお尻をむけ水滴をつくりだす。水滴はゆっくりとしたたり、ポタポタ…と落ち、生まれる水は、水系の遠い森の奥地では貴重な“恵みの水”となるのだ。ケガをした動物達にとってそれは“命の水”になるかもしれない。ここはカッコウキジサルシカリスヒトが水を求めては集うのだ。

シモキタスキマ五十音マップ

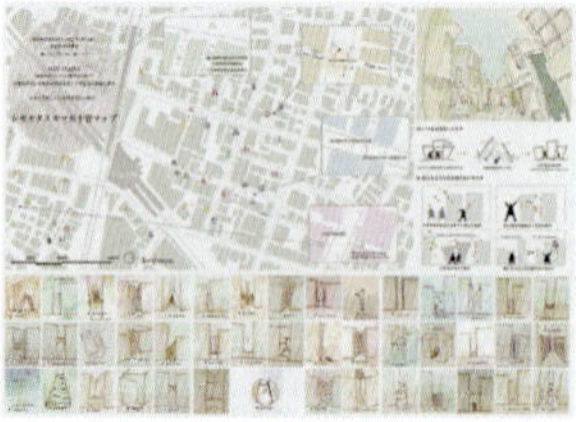

［設計趣旨］

人のスケールによりそったごちゃごちゃした街、シモキタ。そこを整理しにきた大きな開発に、更に小さなスケールの「スキマ」を使って迎え撃つ提案。

通りからひっそりと奥まった、普段意識しない見えないスキマという見えなかった空白が彩られる事によって、シモキタは開発から守られる。私たちが本当に大事にしなければならないシモキタが見えてくる。

輪郭のさき

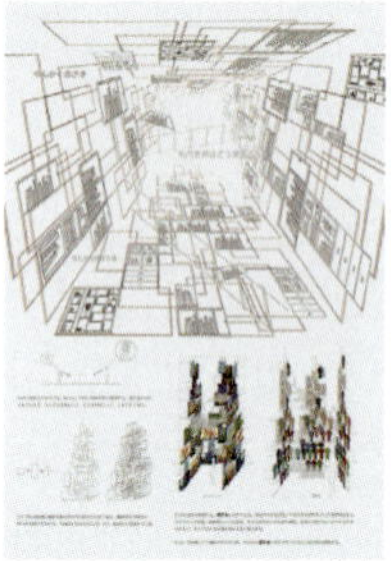

［設計趣旨］

ものは輪郭でできている。たんすであったり、まどであったりさまざまである。そこで四角い輪郭を、平面的に重ねる。輪郭同士で新たな輪郭が生まれる。平面のパーツで、囲われた空間をつくる。外側に奥行きをつけ、そこに自分の見えるものをそえる。他の人には見えないその人がかたどった世界が広がり、新たな輪郭でできた空間は様々な色に変化する。建築という輪郭がかたどられ、その人だけの空間ができるような提案をする。

想像させる断片

［設計趣旨］

この道にある塀は、通っている人の全身は見えない。

木漏れ日のように断片を切り取り視界に入る。そして、塀の向かいで出会う。塀に仕切られていながらも、隣を歩く人の気配を感じる。出会ってからの数秒の間、色々な想像をする希望や失望を持ちながら。隣の人がどのような人なのだろうかと想像する。同じ方向ならどきどきしながら、逆方向なら儚い夢を抱きながら歩いていく。

外濠の風景

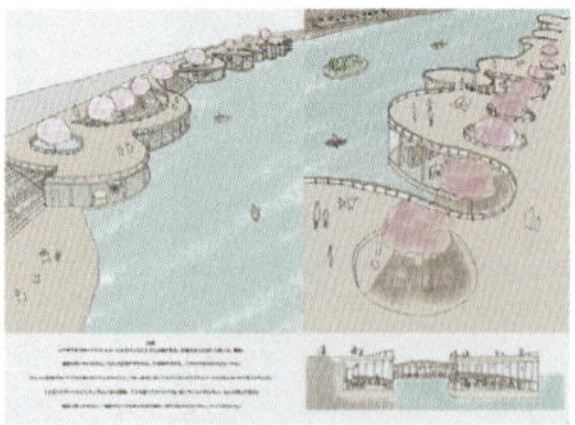

［設計趣旨］

外濠における高低差を利用した計画。車や人の通る道路からは新しい外濠の風景が見える一方、提案する建築の中はみえない。3-4メートル下がって建築と同じレベルになると、また違った外濠の風景が見える。建築のファサードは、外濠でボートをこぐひと、電車に乗る人からしか見えない。決して地面に建っている人からは見えないのだ。それぞれのいる場所から、見えるところ見えないところが変わる提案。

雲の層 ―都市の狭間―

［設計趣旨］

家の内と外を繋ぐアプローチ空間。

家の扉を開け、まちへ出る。外へ出る時、家とまちとの境界が無く、ストレスを覚える。扉を開け、雲のような不透明で曖昧な境界を歩き、グラデーションの濃度が変化していきながら都市という人車建物のある濃度の高い場所へ降り立つ。家と都市との境界を少しだけ曖昧にすることでストレスを軽くする。鳥のように空から雲を介して、地上に降り立つ。まちが雲で覆われたらきっと美しい。

ひと

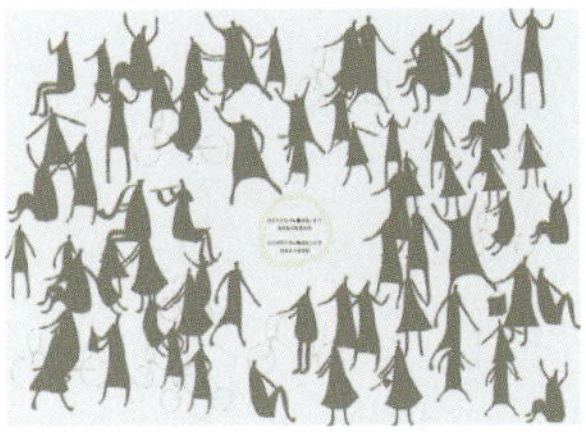

［設計趣旨］

〈そこ〉になにかある。

人が多く集まることで、「それ」は見にくくなる。

しかし、「それ」を見ようと人が集まることで、〈そこ〉だけぽっかり穴があく。〈そこ〉に誰もいなかったら「それ」は目にも留まらなかったもの。

人が集まることで、「それ」は人の目に留まる。

人によって「それ」みえてくる。

面であること、線であること

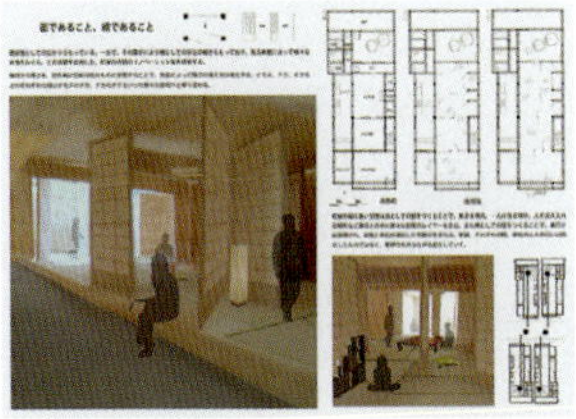

［設計趣旨］

住空間において、壁は空間を仕切るものとして存在していますが、面としての性格が強く、しばしば視界を遮る障害物として捉えられがちではないでしょうか。本提案では、壁の面としての広がりと、その薄さにより生じる、線としての存在の軽さの二面性に着目します。見る角度によって生じるその二面性を、町屋の細長い住空間に応用することで、町屋の新しい住まい方について、リノベーション案として提案します。

時間を共有する場所

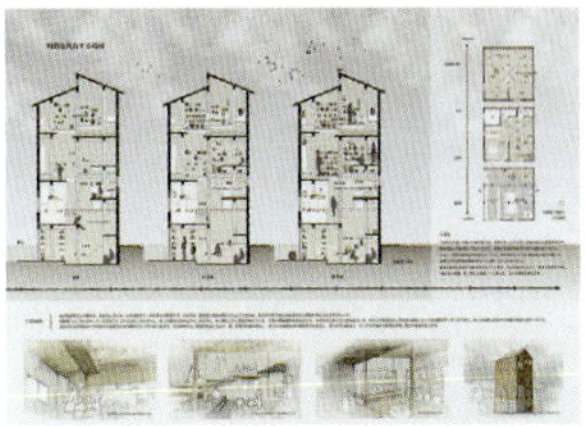

［設計趣旨］

ご近所付き合いがあった昔の家では、他者が入ってきやすい外部に近い土間空間などが居住空間と平面的につながっており、他者と生活の時間を共有する場がありました。しかし、現在の都市の中の家においては、昔の家のように広い敷地をとるのは難しく、外部との干渉空間を確保することも難しくなってきており、他者と時間を共有する豊かさを失っています。そんな都市において、他者と時間を共有し、「見えない時間」を「見える時間」へと変える、そんな建築を考えます。

チラリズームイン museum

［設計趣旨］

一瞬見えるが一瞬しか見えないというチラリズム。

その全体像が見えないものをみたいという欲求を利用した建築。作品を360°回り近づくにつれ、徐々に見える範囲が広がっていき、ようやく作品をじっくりと眺めることのできる螺旋型の壁を配した美術館であり、空間を動かない彫刻と動く建築により一つのシーンを人々の心に刻むことを表している。

最上の開放的空間

［設計趣旨］

現代人は縛られている。

電波という「見えないもの」を様々な媒体を通して「見えるもの」として。メール、インターネット、見たくもない時にも情報が入ってきて、常に頭が働き、行動思考が見えない鎖につながれているように。

四方壁に囲まれ電波を遮断した「ハコ」が、「見えないもの」から解放し、現代人において最も開放的な空間になる。

XL STRUCTURE

［設計趣旨］

地下空間から地上高く聳え立つ高層ビルへと垂直方向に伸びる都市では、それを支える交通や地盤、設備のインフラ、またその空間自体の分離が顕著である。私はそのような都市構造に疑問を呈する。そこで、新たな構造体「XL STRUCTURE」を持つ新たな都市の姿を提案する。

「XL STRUCTURE」は超高層建築物を支える構造体と、それを支える地盤をも垂直に貫き、設備動線ヴォイド空間などの垂直インフラとして全ての都市構造を補完する。

黒い塔

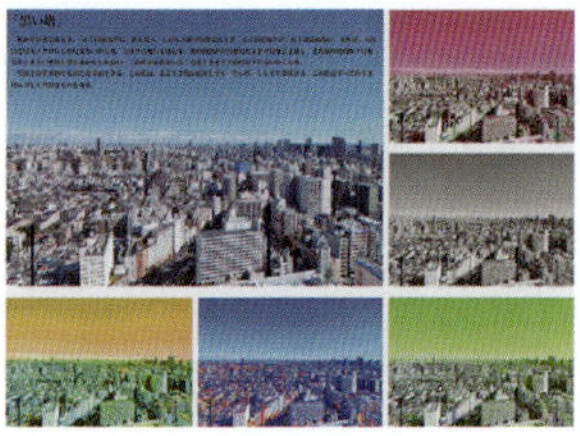

［設計趣旨］

私が夕日を見たとき、「赤く綺麗な夕日」だと思う。しかし犬が夕日を見たとき「赤く綺麗な夕日」だとは思わない。それは、犬の目ではモノクロにしか見えないからだ。犬は夕日を白と感じる。他の動物が夕日を見たとき夕日を青と感じ。また他の動物が夕日を見たとき夕日を緑と感じるかもしれない。この世から私がいなくなるとき赤くて綺麗な夕日もいなくなる。黒はどの生き物でも感じる事ができる。この塔は、ある生き物が絶滅しても「黒い塔」として生き続ける。この塔はすべての生き物に対して共通なものとなる。

大都市の迷宮

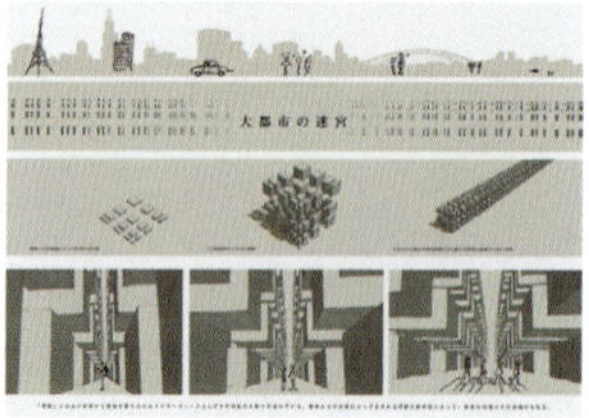

［設計趣旨］

「視覚」とは人が外部から情報を取り入れるインターフェースとしてその役割の８割りを占めている。物体とその余白によって生まれる空間の関係性によって、都市は明確にも不明確にもなる。私たちは今どこにいるのだろうか。大都市の迷宮に迷い込んでいる。

大地の下の息吹

［設計趣旨］

都市の大動脈である地下鉄路線。その地上の公道では地下鉄風によって地上に地下の排気がばらまかれるという見えない公害が発生している。そこで吹き出し口に環境装置を設置、都市の大動脈の呼吸を可視化し、都市に潤いをもたらす。排気口として無駄なスペースとなっていた場所を新たな拠り所とし、都市に賑わいをもたらす。

中神街
―賑わいの見える街神聖さが保たれる寺―

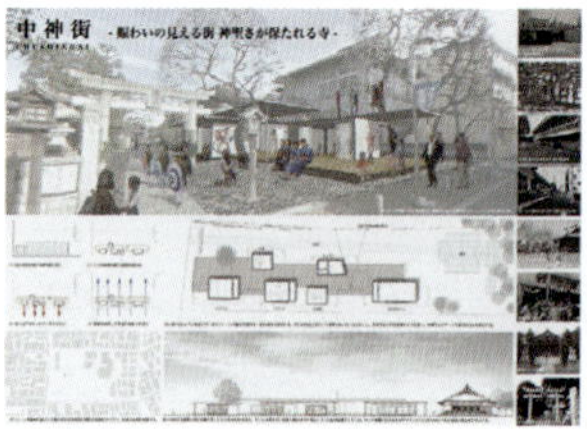

［設計趣旨］

かつてコミュニティの中心は神社とともにあった。

しかし今では敷地境には塀がたち様々なものが背中を向け、いつしか物寂しい存在となってしまった。

今、日本でコンビニよりも数の多い神社が、神社としての神聖さを保ちつつ、街の賑わいを見せていく場所として、再びコミュニティの中心となる事でまちの豊かさを獲得していく提案。

A local window of glass

［設計趣旨］

ガラスの開口は内外を結ぶ。ガラスを通して外部を覗きみる際、垂直、または一定の入射角をもってそれを行うことは誰しもが無意識ながら実践している。ガラスのカーテンウォールや均質な開口の羅列がつくり出す工学的で無表情な町並みは、そんなガラスの特性の不文律の上で成立している。本提案は、無表情な町並みに対するガラスを用いた細やかな提案である。ガラスに焦点を加えることで、開口部から得られる風景のなかにヒエラルキーを与え、見せる風景と見せない風景をつくり出す。これによって、より細やかなコンテクストへの対応が可能となり、新たなガラスによる表情のある町並みを形作れるのではないだろうか。町並みは、ほんの少し表情を変える。

+10,000mmの標本

［設計趣旨］

子どもたちの好奇心をくすぐる場所を考えてみる大きな木が2、3本集まっていて、そこからロープがたれている。そこにそっと大小の床をのせてみる。すると床は風のゆらぎや人の訪れを感じる度にゆらゆらと揺れ、気配を映し出す。そんな揺れを感じながら木漏れ日を浴び、風を感じ、木に住まう虫や鳥を感じる、子ども達に発見させてくれるのだ。“見えない風”を“見える揺れ”に変えることでうまれる、新たな子どもたちの居場所。

都市の別荘

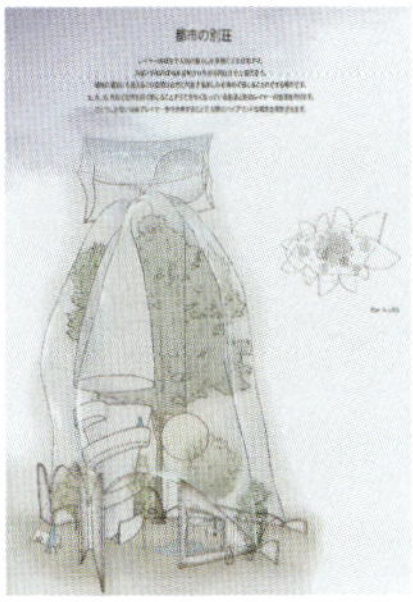

［設計趣旨］

レイヤー的概念で人間の暮らしを多様にする住宅です。

内部と外部の関係を反転させながら同化させた空間です。

植物の温室にも見えるこの空間は自然と共生する楽しみを改めて感じることのできる場所です。

土、水、光、熱など自然を肌で感じることすらできなくなっている生活と別のレイヤーの生活を作ります。

ひとつしかない身体でレイヤーを行き来することで人間にハイブリッドな概念を発生させます。

向こう側の「世界」

［設計趣旨］

壁の向こう側を人は見ることはできない。

空間と空間をつなぐドア。

そこから向こう側の要素が見えてくることで人は空間を想像する。不安や期待、好奇心から自分のなかに「世界」が生まれる。自分で選んだドアを開き、身を投じることで、見えていなかった空間に自分のなかにある「世界」が重なり、形成されていく。

静けさが訪れるまで

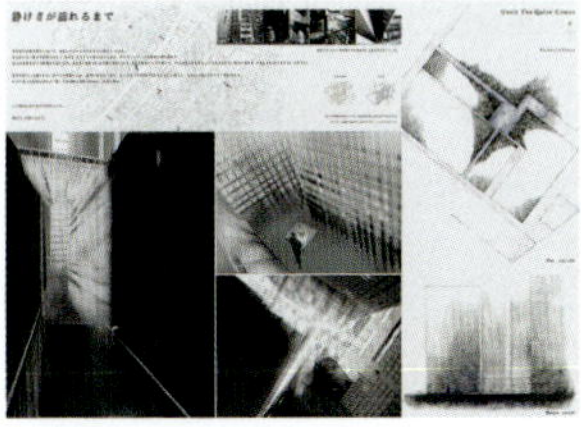

［設計趣旨］

高密度化が進む都市において失われてきたものの中に静けさがある。ただ音のない静かな場所ではなく静けさを設え、都市にそのネットワークを張り巡らす。

往来の激しい通りから一歩ビルの隙間に入り、奥まるに連れて自分の内側の音が大きく響き渡り始める。通りの喧噪が背景音楽のように聴こえ、人はそこで一時の安らぎを得る。都市の只中で静けさという目には見えない豊かな孤独が享受される空間を提案する。

大人子供視線

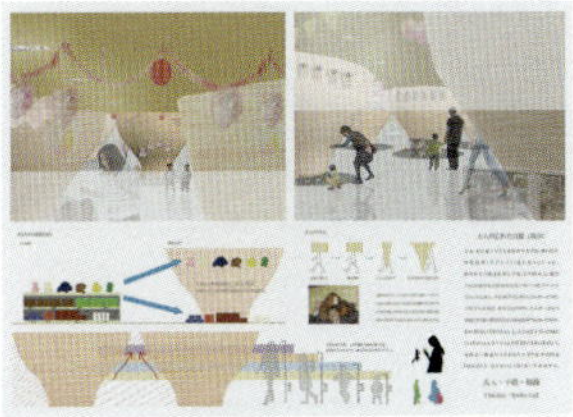

［設計趣旨］

現代では、幼い子供とのコミュニケーションがとれず、虐待を行うといった様々な問題が生じている。それは子供の気持ちを理解できないといったものから始まる例も少なくない。本提案では大人に成長とともに見えなくなった子供の視線を感じてもらおうというところから空間の提案を行っている。

共界集落

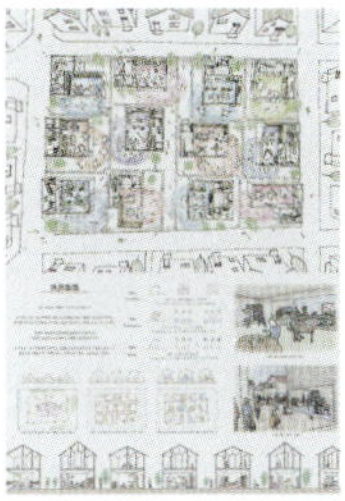

［設計趣旨］

「家」はなぜ「集まっている」のだろうか
かつて人々は「家」を集めて共に生活を営むために「集落」を形成してきた
現代の「家」は「ただ集まっている」だけの見かけの「集落」となってしまった
「境界」は住まう人のための空間を作り出すもの
「共界」は住まう人と他者との関係性を生み出すもの
人やモノ、コトの関係性が複雑化する今の時代こそ、「境界」によって見えない「集落」を「共界」によって見える「集落」と捉え直してみた

擬態する空気 ～都市に潜む有機体～

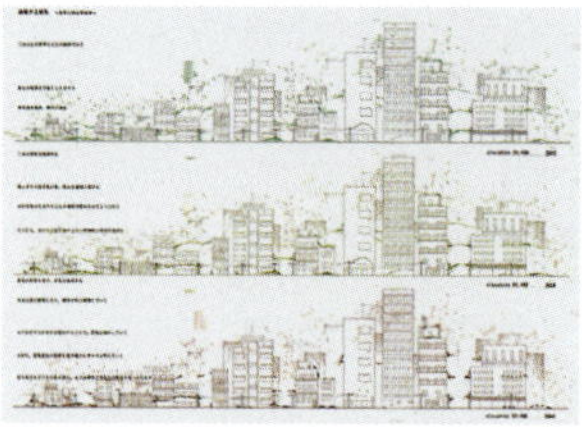

［設計趣旨］

これはある都市と人との物語である　耐力の極限まで薄くしたガラスが存在感を薄め、都市に潜む　薄いガラスは空気の塵、汚れを過剰に受け、汚れたガラスは人の視覚で認知されるようになる　それは庇に擬態したり、椅子や机に擬態していき、空気の影響を受け、空気を体現する　人々はガラスの存在を認知することで、空気を認知していく　やがて、空気汚染の影響を受け続けたガラスは朽ちていく　そして朽ち果てたガラスを目の前にし、人々は都市と空気との関係を見つめなおす

建築の群像劇

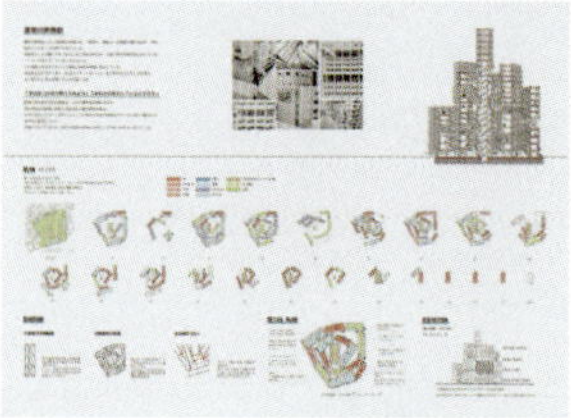

［設計趣旨］

螺旋の形状をしたこの建築の内部では、「近づく、離れる」が幾度も繰り返され、平行配置よりも多くの視界が生まれている。直接会うことは無くても「あの人よく見かけるなあ」と思うだけで無会話のコミュニケーションが成り立っているのではないか。この建物の内部ではそういう関係が同時多発的に発生している。直接対話だけでなくその一歩前のコミュニケーションを利用することでより容易に、緩やかに全体を繋ぐことが可能になる。

Negative House ～10個の不幸の寄せ集め～

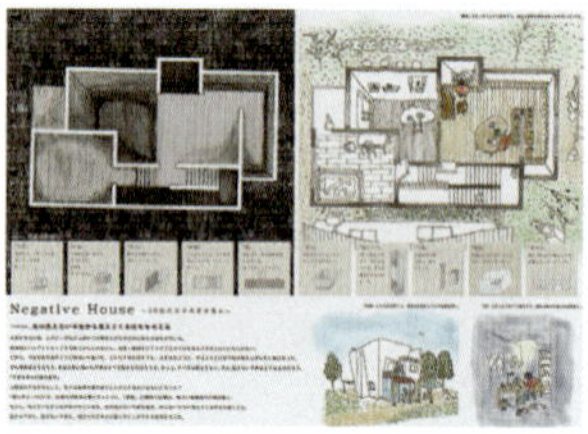

［設計趣旨］

未来を考えた時、ネガティブなことばかりが頭をよぎる世の中に私達は生きている。そんな先の見えない不安から見えてくる住宅を考えた。10の不安を想定し、それをクリア出来るように形を与える。そして、それが普段の暮らしにおいても快適であるように組み合わせ住宅を構成する。ネガティブな発想から生まれる住宅にこそポジティブな未来があるのではないか。起きる不幸も、起きない不幸も、受け入れ幸せに暮らせる住宅である。

ソウタイセイハウス

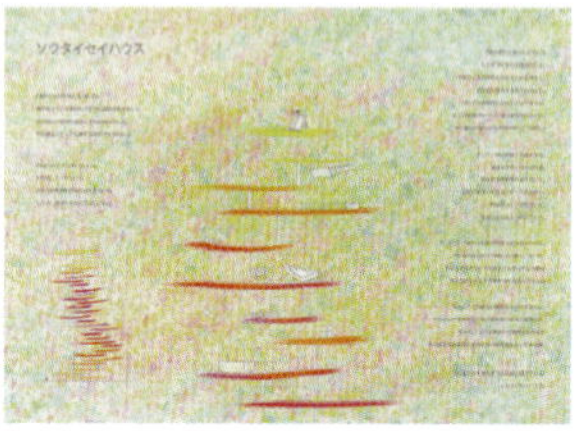

［設計趣旨］

今見ているモノはすでに過去のものである。流れていく時間の中で“今”はどうしても見ることができない。相対性理論を元に、見えない今を見ようと家を作り続ける夫。

そんなことをしても見られないと気づいていながらも、見られない故に大きくなっていく家が、夫の愛のように見える妻。そんな二人を乗せた回り続ける家。

本の広場

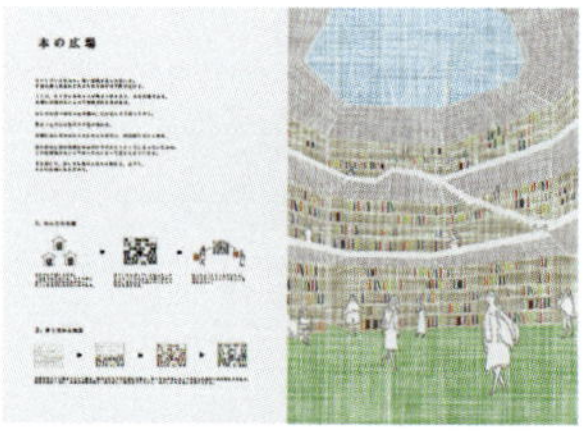

［設計趣旨］

エントランスを入り、細い通路を進んだ先には、全方面本棚に囲まれた大きな吹き抜けの空間が広がる。ここは、たくさんの本と人が集まり行き交う、本の広場である。本棚には街の人によって寄贈された本が並ぶ。本棚に並んだ本はたくさんの人と出会い、次の持ち主の手へと渡る。これまでは読み終わると家の本棚に並ぶだけで見えなくなってしまっていた本が、この広場に集まることで、多くの人によって見えるようになる。

小さな都市のオアシス

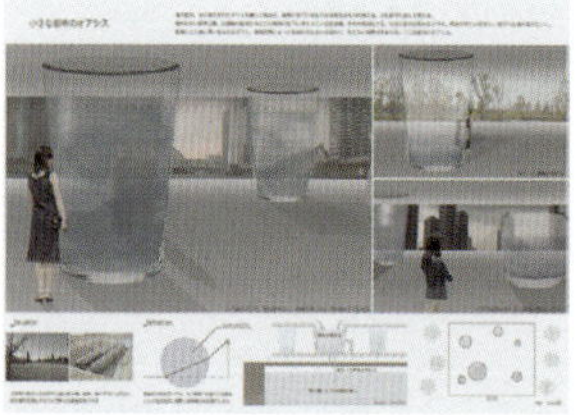

［設計趣旨］

光の屈折。水に満たされたグラスを通して見ると、実際に見ているものとは異なるものが見える。人も都市も歪んで見える。使われない都市公園。災害時の拠点となるこの場所の地下に埋まっている貯水槽、それを可視化する。地上に表れる巨大なグラス。雨水がそこに貯まり、地下へと流れ落ちていく。乾燥した土地に潤いを与えるグラス。視覚効果によって日常の見えかたが変わり、見えない境界が生まれる。ここは都市のオアシス。

ミズノイエイ

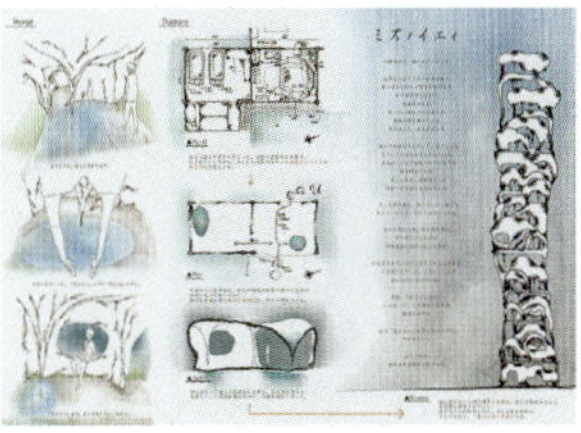

［設計趣旨］

お墓は幽霊にとっての家です。目に映っている形は違えど、僕の祖父は今だって、いつもの座椅子に腰掛け焼酎の牛乳割りを味わっています。僕らは、いつも囲んだあの日の食卓のままで、祖父と昔の話をします。

お墓に空間を与え、見えない祖父との対話を設計します。

どうわはうす

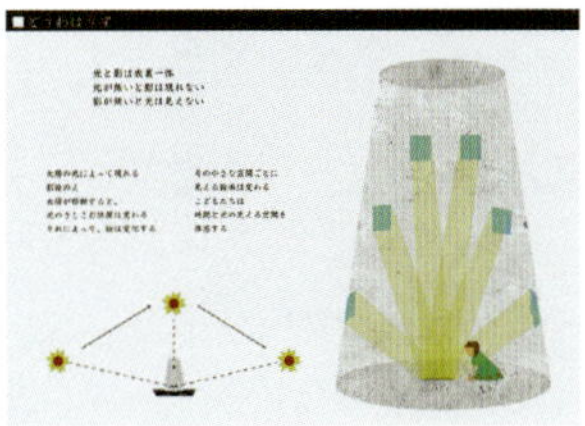

［設計趣旨］

「見えるもの見えないもの」は「光と影」に似ているなと思いました。光が無ければ影は見えませんし、影で私たちは光を認識できます。日常で意識しない光を、影によって認識するための建築を作りたいと思いました。太陽の動きによって絵が変わる影絵の絵本。そのためだけの建物。

これによって、こどもたちにとって光を体感することができればいいと思いました。

シャッターハウス

［設計趣旨］

存在感のあるシャッター。従来のシャッターは、「閉じる」という役割に終始しており、「シャッター街」という言葉があるように、マイナスのイメージが付きまとう。果たして、その位置づけでよいのだろうか。本計画は、シャッターを住宅に取り込み、シャッターの新たなる使い方を提案する。そうすることにより、シャッターは身近な存在であり、生活に潤いをもたらす存在となる。

都合のいい世界

［設計趣旨］

全人類が一ヶ所に集まって仮想世界に生きる。実世界で各個人が与えられたスペースは 1800 × 1800 × 1100（mm）の小さな空間。人間にとって、理想とする世界は仮想世界であり、身体を収納できるスペースがあればよい。さらに、散らばって住む必要はなく、一ヶ所に集まれば、人類以外の生物は棲む場所を人類に追いやられることなく、のびのびと生きられる。彼らにとっても理想とする世界が実現する。両者にとって理想的で都合のいい世界しか見えない。

町の大屋根―家と町の間の住空間―

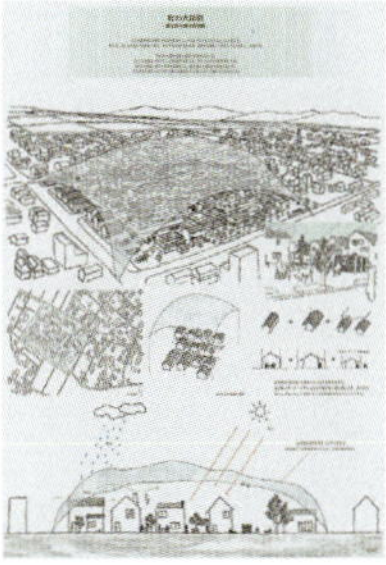

［設計趣旨］

人の活動領域は建築の屋根の範囲によって定められるのではないかと考える。例えば、長い庇を設けた場合、その下は外部であるが、建物の領域の一部のように知覚し、活動する。町全体に透明な膜の大屋根をかける。

その大屋根は、町の人々に領域を知覚させ、町の人々の活動領域となる。個々の領域に縛られた様な感覚から、町全体へと領域の感覚が広がり、さまざまな物や人が今まで個人の領域にとどまっていた場所からあふれる。

個人と故人の間に

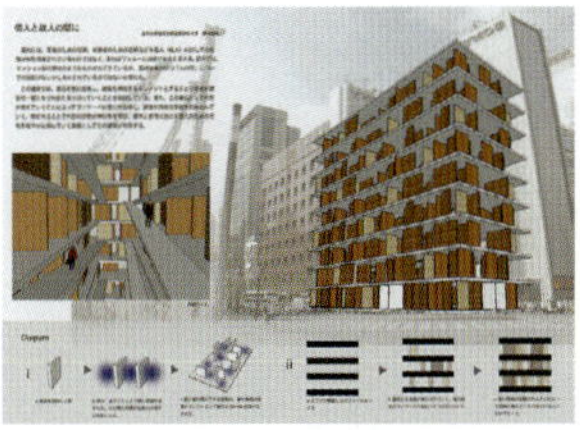

［設計趣旨］

墓地にしっかりとパブリックとプライベートを分けた空間を作る。それによりマンション墓地の新たな形式を提案である。現在のマンション型の墓地や建築が介入していないほったらかしの墓地など、「死」というモノがないがしろにされつつある。都市での墓地問題に対して、故人の空間についての建築を提示する。

the Buffer
―目に見える環境の変化、目に見えない問題―

［設計趣旨］

計画は、住宅地や道路に対して”バッファー”となる空間を設けることで、見えない薬剤散布という問題を解決し、周辺と関わりを持つ境界線に、機能を与えて梨農園の魅力を向上させることで、目で見える環境の変化に順応し、近郊農業が持続するきっかけをつくる。

Light and Shade

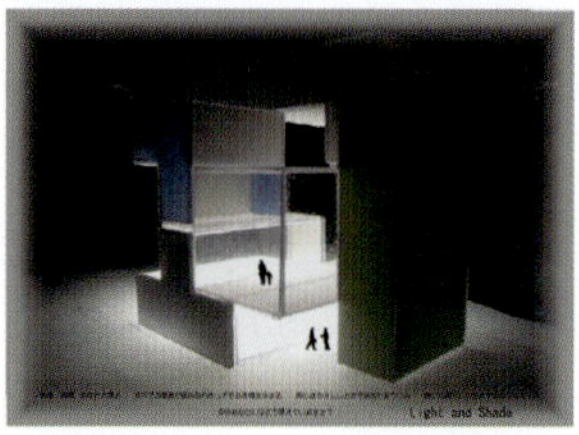

［設計趣旨］

すべてのフロアで空間は異なり、計算しつくした構成によりたくさんの表情を与えられる建物となった。どこにいてもいつみてもその瞬間唯一の見える楽しみと見えない期待感を味わうことができる。建物の中から見える街、外から見える建物。またそれらも角度を変えることによってさらに見え方が変わり、仕上げにあなたの目が加わって Light and shade は完成する。

ヒトがイエだったとき

［設計趣旨］

感情、恋愛…人はみえないものを「文字」や「言葉」をつかってみえるようにしてきた。

『イエ』もそのひとつだとしたら…

イエはヒトを映す鏡だったら…

きっと世界はこんなだろう。

Smell x Sound

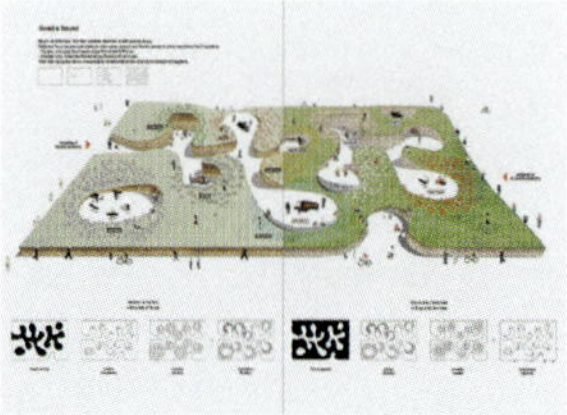

［設計趣旨］

Music and Aroma are 2 of the invisible element which people enjoy. Different from closed architecture, the music school and garden hybrid combines the 2 together. People who play the music enjoy the smell of flower, people who water the flower enjoy the music. It's where interaction and communication happens.

COLORooF

［設計趣旨］

切妻型の傘には向きがある。

ツマを前にすると、目の前の景色が見える。

ツマを横にすると、そばにいる友達の顔が見える。

それがさらに連なると、通りすがりの誰かが顔をのぞかせる。

この傘は雨の日だけにあらわれる小さな屋根並みとなり、灰色の風景を彩る。

見えないヒトリと見えるフタリ

［設計趣旨］

戦争、自殺、孤独死…。ヒトリはひとを殺す。

それはヒトリでは見えない部分に気づいていないからだと思う。まずはフタリになってみたらいい。ヒトリで見えないところを自覚したらいい。

今まで見えなかった空間が、世界が広がっていく。

ヒトリの部屋とフタリの家は違う。

伝えたいのはそんな当たり前で当たり前にならない本当のこと。

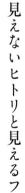

ゆれうごくもの

[設計趣旨]

悲しかったり、怒っていたり、嬉しかったり
人の心とはたくさんの形を持っています。
心を読み取る壁は、人の気持ちに合わせて変化する。
あるいは人にとって、同じ壁でも気持ちによって見え方が変わる。それが揺れ動く建物(モノ)。

蝋燭都市

[設計趣旨]

その高さを競うように乱立する高層建築　今ではそれが当たり前の光景として、我々の眼に飛び込んでくる　建築、それはまるで火を灯した蝋燭のようだ　建ち上がったその瞬間から、死に向かって歩みを進め、時々刻々と周囲に影響を及ぼす　大きさによって規定される蝋燭の寿命　建築は幾百年の時を経て、いつしか生き長らえることから消費されることへ転換してしまった　蝋燭都市が創る新たな群像は、建築の持つ生命力を表象する

裏返る家の縁 ―エンガワとドマで見えるふたつの暮らし―

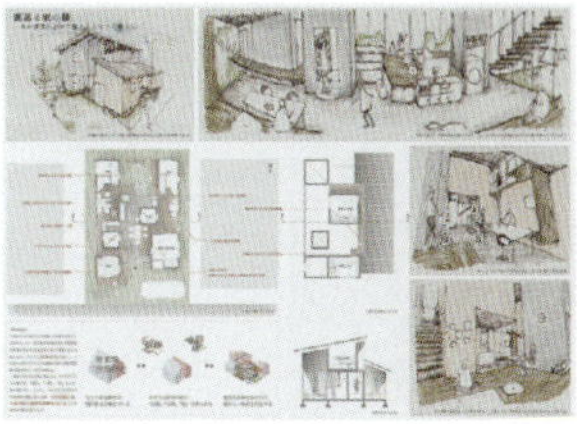

[設計趣旨]

人が家にマイホームや家族との温かな暮らしを求める一方、孤独死や近隣住民との関係性の希薄化など住宅地を取り巻く間人が家にマイホームや家族との温かな暮らしを求める一方、孤独死や近隣住民との関係性の希薄化など住宅地を取り巻く問題はあとを絶たない。そこで二世帯住宅に着目し、これからの住宅でお互いに助け合える関係性を築く様な暮らし方を再考する。一昔前の日本の民家に見られるノスタルジックな風景は、『縁側』、『土間』、『庭』などの家の縁に多い。しかし、この住宅ではそれらの要素を内側に取り込み、２世帯間に見える関係と適度な距離をつくることで温かな風景をもたらす。

Dancing shadow

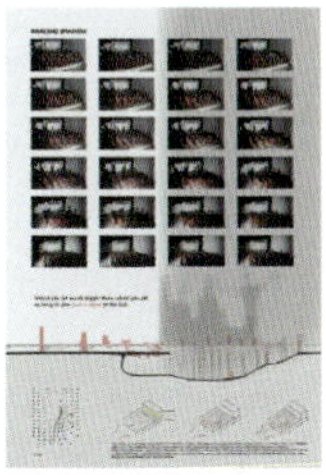

[設計趣旨]

This plaza is in the area of 1800 ㎡ which is used for connecting canteen and basement grocery store. We use simple element-column- to confine space and provide variety possible for people to use. Column grid and the Shaped ground act as a guiding role of flow. The concept is "three dimension's design, four dimension's comfort ". The fourth dimension is light and shadow. The relationship of people and shadow and people and column will be in an unexpected result by projecting (the light comes from cars driving by) the column forest to the facade of canteen.

ウツろう家

[設計趣旨]

現代の住宅は性能での評価やアイコンとしての家型によって家を家らしく見せようとする余り、日本の家にあった佇まいを見失っている。暮らしとその器が呼応する事で備わる幽玄な佇まいの事だ。そこで家を極端なウツの空間でつくり直す。境界は歪んで透け、時に重なり、スケールも曖昧で家具を入れる以外にその部屋を名付ける要素がない様な空っぽの状態。そこでの暮らしの全ては儀式の様に目に映り、暮らしのヒが移ろっていく。

NeW STyLe

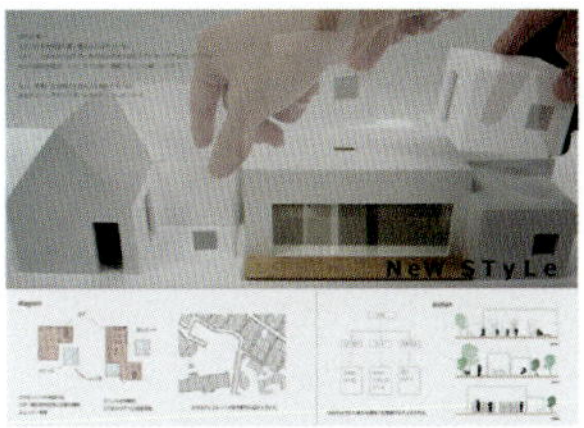

[設計趣旨]

人生において住宅を何回も買い換える人はあまりいないが、住まなければその土地の本当の良さは見えてこないのでないかと考え、もし気軽に生活様式を変える仕組みがあれば、それが見える機会は多くなるのではと考えた。

コアという最小限の生活に必要な機能を持った母体とユニットという個室が存在している。ユニットは可動式でそれを受け入れるコアがあることによって、人の行動範囲は広がる。

住まうこと

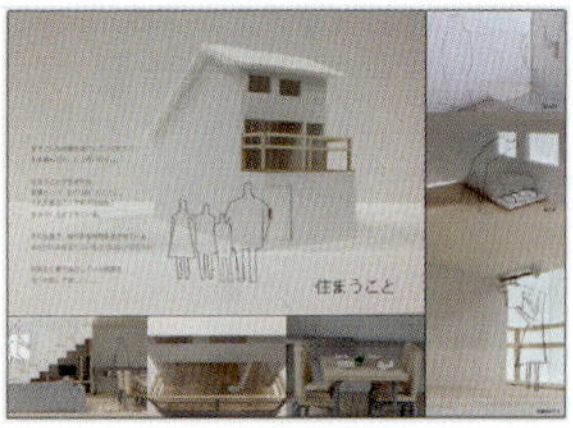

［設計趣旨］

毎日過ごす家において、住まうことで生まれる習慣という”当たり前”のことがあることで何不自由なく住まうことができている。その反面で、穏やかな時間を過ごせているありがたみを忘れているのではないだろうかと考えた。それに対して日常的に見られる光景をただ純粋に映しだすことで何気なく家で過ごしている時間を見つめ直なおすきっかけになるのではないかと考えた。

紫縁

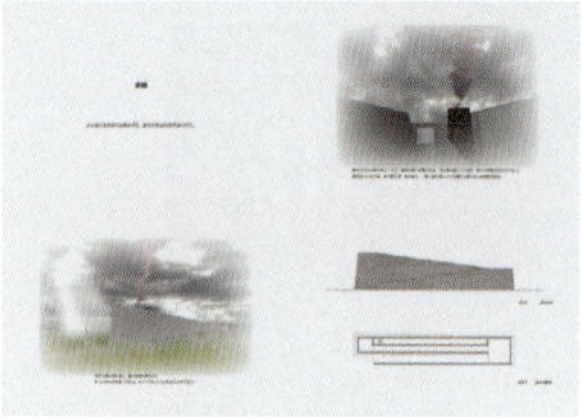

［設計趣旨］

故人を弔うということは、人がしてきた慣習である。その目的は自分の中で故人への思いに区切りを付けることにあり、その過程で涙を流し、最終的に火葬をする。ゆえに、その煙に故人を投影し静かに対話ができる空間を目指した。

暖と団欒と定位置と。

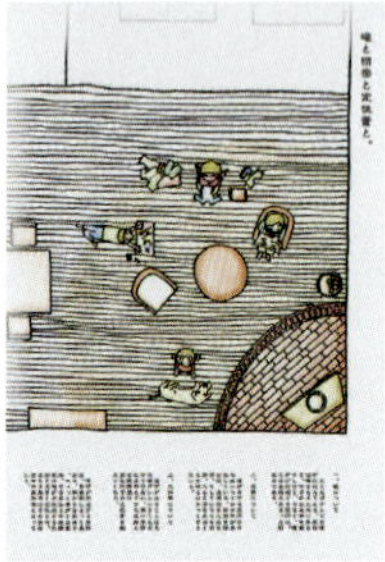

［設計趣旨］

暖房器具が構成できる空間の範囲を考えてみる。性能的な面から人が暖をとるというアクティビティをからめ、その範囲は数値的ではなく、不定形なものであると考える。そこに生じる家族間の距離感はとても自然で心地の良いものではないのではないだろうか。

愛犬家のいえ

［設計趣旨］

私は、犬が苦手だ。
そんな私が考える、愛犬家のいえ。
犬と人間が互いにとらわれずに共生するとき
見えるもの、見えないもの。

地球に教わる

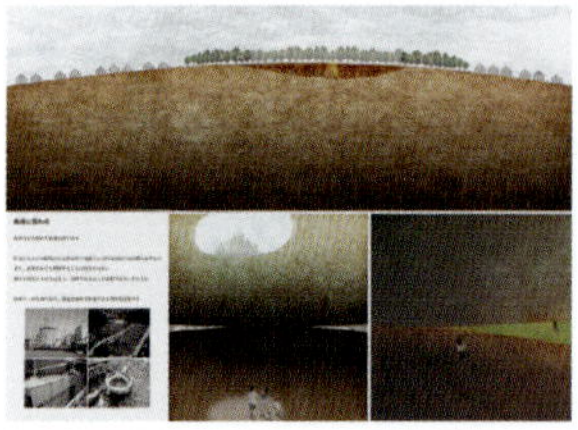

［設計趣旨］

地球は最も優れた濾過装置である。何事にもエコが提唱される世の中で濾過という行為を目でみる機会は少ない。また、説明されても理解することは容易ではない。数字や図でみるのではなく、身体でみることが必要なのではないだろうか。地球の一部を削り取り、濾過を身体で体感できる空間を提案する。

塀の領域

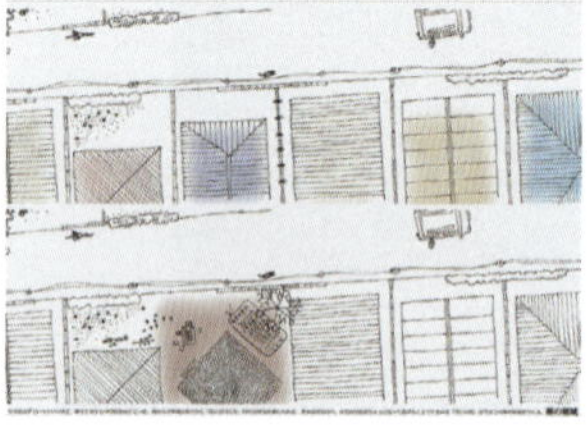

［設計趣旨］

住宅は必ずといっていいほど、塀でとなりとの空間を隔てている。塀からの領域はあたかも「私に近づくな」的な雰囲気が感じられる。その悪環境の中、住宅の角度をちょっと振ってあげることで生まれる「空白の間」が今までの塀の領域をつくる。

救済のベール ―見えないものから守るイエ―

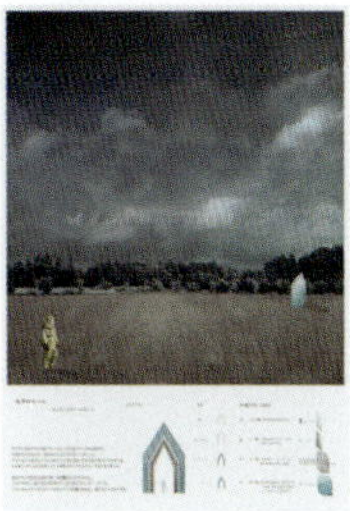

［設計趣旨］

東日本大震災の二次災害となった原子力発電所からの放射能漏れ。放射能は目に見えず、今現在でも人々を不安にさせている。そして近い将来起こりうる大震災でも放射能漏れが起こる危険性が予測される。本提案はその人々を危険にさらす放射能からイエを守り、希望の光を捧げる。建物に対して最も透過力が強い放射線を防ぐ水に着目し、イエの外側に二重の防水材を用いて水を防水材でサンドイッチする。それによってイエが水のベールをまとい放射線を遮断し、放射能から人々を守る。

ケンチクかシゼンか

［設計趣旨］

この建築は自然の溶け込み、自然と人工の曖昧領域をつくる。建築の中に自然があり、また自然の中に建築がある。日々変化する自然の状態に伴って建築の見え方が変化していく。どこからどこまでが建築なのだろうか。

無限に

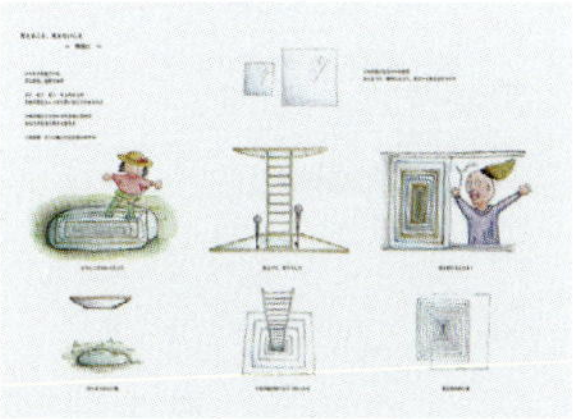

［設計趣旨］

２枚の鏡の中で広がる不思議な世界。

子供のころを思い出し、キョロキョロ目線を動かしたり、いろいろな場所から見たり。

その人だけのお気に入りを見つけてほしい。

犠牲者の魂の塔

［設計趣旨］

災害が起きたとき多数の犠牲者が発生する。その後、慰霊碑やモニュメントが作られるが結局後世の人たちにはその災害の悲惨さはリアルには伝わりにくい部分がある。例えば、阪神淡路大震災と東日本大震災のどちらがどれだけ死者数が多いか想像できるだろうか。そこで、犠牲者の魂を一つの要素に変換しそれを塔として積み上げることによって今まで見えてこなかった災害の規模の大きさを見える形にするモニュメントを提案する。

こころをつなぐいえ

［設計趣旨］

東日本大震災によって甚大な被害を受けた岩手県田野畑村に、復興住宅を提案する。

震災の悲しみから閉じこもりがちになる被災者の生活を、日常的に外部に触れさせることで、「見えるもの」（建築）だけではなく、「みえないもの」（コミュニティ）まで再建を図る。この建築で、田野畑村に幸せな未来が訪れるように。

ぬくもり の イエ

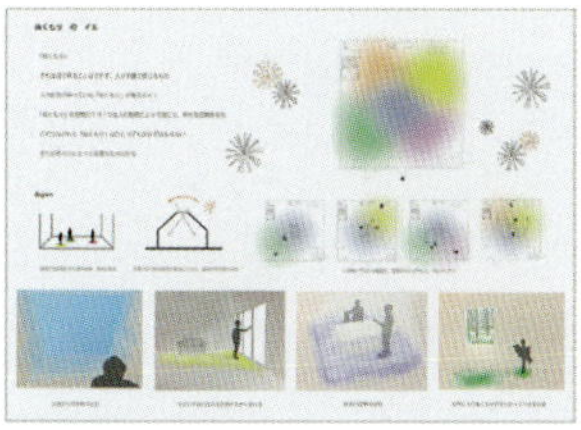

［設計趣旨］

このイエは温度によって変化する塗料を用いている。床と天井に塗装することで壁がないにもかかわらず、「ぬくもり」で様々な空間を生むことができる。また天窓により時間で太陽の当たる位置が変化し、生活を彩ってくれる。

自然と人のぬくもりが混ざり合うことで、分けられていた空間がつながり、使い方に変化が生まれる。何気ない日常のぬくもりから空間は自然と構成される。

におい×記憶

［設計趣旨］

見えること／見えないことのテーマから、見えないことと
して『におい』に焦点を当てた。ある『におい』を嗅いだときに過去の『記憶』が情景として見えてくるプルースト現象を利用し、見えない『におい』から見えてくる『記憶』を情景化できる空間をここに提案する。同じにおいでも見えてくる『記憶』の情景は人によって変わってくる。さまざまな『におい』で、自分特有の懐かしい『記憶』を感じてほしい。

はじまりの触媒

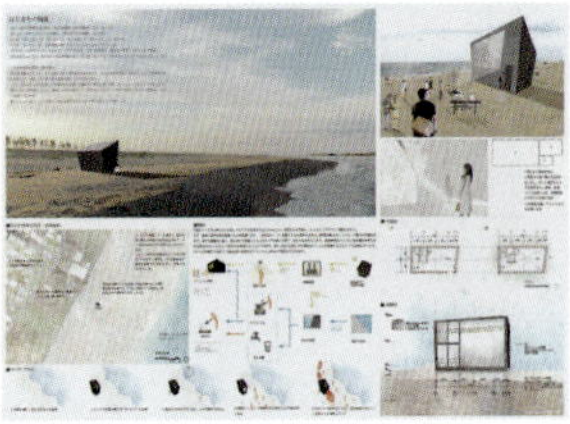

［設計趣旨］

我々の祖先が道具を使い始め、能力を拡張し文明を獲得していったように、見えるものは見えないことを誘発し、新たな世界を構築していきます。いわば”見えるもの”は”見えないこと”をひき起こす「きっかけ」ともいえます。

そんな「きっかけ」を、災害危険区域にもたらすことはできないでしょうか。再び住むことが許されないためにインフラすら復旧してない被災地が、新たな”場所”となるための触媒。見た目は小さくても、見えない大きな影響を生む、そんな「きっかけ」が求められているのではないでしょうか。

unit montage

［設計趣旨］

高度経済成長期に住宅供給のためにつくられた集合住宅の多くは、画一的で閉じられた空間構成だと感じます。
そこに住む人々の生活は“見えない”
集まって住むことの意味が問われている現在、“生活の見えない集合住宅”で、私はリノベーションにより、個が交じり合う空間構成とすることで、今まで見えなかった生活の営みが見え隠れする空間を目指しました。

つながりとへだたりが同時にある家

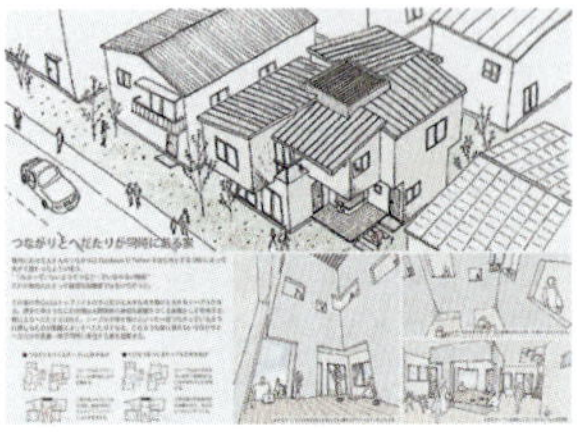

［設計趣旨］

現代における人と人のつながりはFacebookやTwitterをはじめとするSNSによって大きく変わったように思う。「つながっていないようでつながっているゆるい関係」これが現代人にとって適切な距離感ではないだろうか。壁によるへだたりではなく、テーブルや吹き抜けといった一見つながっているように感じるものが距離によってへだたりとなる。このような目に見えないつながりとへだたりが表裏一体で同時に存在する家を提案する。

water wall

［設計趣旨］

流れる落ちる水
その水量、気泡量、強弱をコントロールすることで水が壁にも、ガラスにもなる建築　普段、そこにあるのが当たり前の壁は、時に消えて見えなくなる
その時、人とのつながり方、居場所、空間の感じ方に変化が生まれ、今まで見えていたことが、見えなくなり、見えなかったことが見えてきたるする

「見えていたもの」↓「見えないもの」↓「見えるもの」

［設計趣旨］

マチに一枚の巨大なカベをおく。カベはいつも見えていたものを見えないものとしてしまう。人は見えないものが気になり興味をしめす。いつも見えてはいたけれど、見てはいなかったものが見えてくる。そこから人の生活になにか新しい刺激を加わるかもしれない。

Illusion Church

［設計趣旨］

普段は見えないその姿。あるようでない、ないようである。ないかもしれないけど、顕微鏡を覗くように、あてもなく彷徨うように、森の中を探しに行こう。そこに、木々のように佇む祈りの場があるかもしれない。

わずか100μmにも満たない微生物の世界には、人の発想を超えた曲線美が存在する。これは、そんな微生物の持つ形体の美しさを建築化した提案。

照明のない服屋

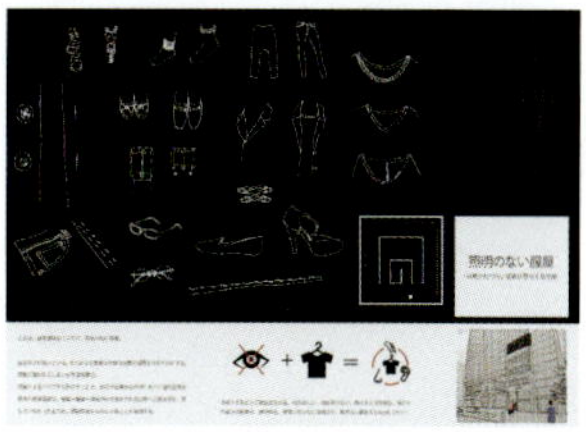

［設計趣旨］

ここは、商業建築の1フロア、照明のない服屋。

自分だけが知っている、そのような愛着は物事の消費の循環をゆるやかにする。視覚に覆われてしまいがちな服選び。視覚によるバイアスを剥がすことで、流行や店側からの押し売りに溢れる情報過多の商業空間は、触覚聴覚嗅覚が研ぎ澄まされる空間へと姿を変え、見えていなかったものを、認識可能なものとすることを実現する。

oasis

［設計趣旨］

砂の海に建つ建築

SPSP

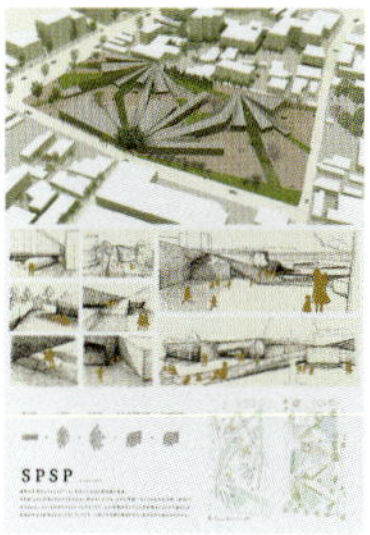

［設計趣旨］

建築の形態からランドスケープ、都市まで拡がる図書館の提案。本を開くように形態を拡げることで全体と部分がつながり、公的な空間（中心）と私的な空間（末端）が両立される。人の方向性をコントロールすることで、人の視線が気にならなず読書することが可能となる。

建築の外まで拡張されることで、ランドスケープ的にも多様な場所を作り、様々な見え隠れが生まれる。

気持ちのかたち

［設計趣旨］

ヒトは豊かな感情を持つ動物です。

喜怒哀楽を持っていて、みんなと一緒に活動したいときもあれば、ひとりになって深く考え込みたくなる時もあります。そのようなヒトの気持ちは都市という社会の中で簡単に見ることはできません。ヒトは社会という集団に属しているとき、慎み深くふるまうものだからです。

目には見えないヒトの気持ちを建築という目に見えるカタチで表したいと思います。

収縮する建築とその空間

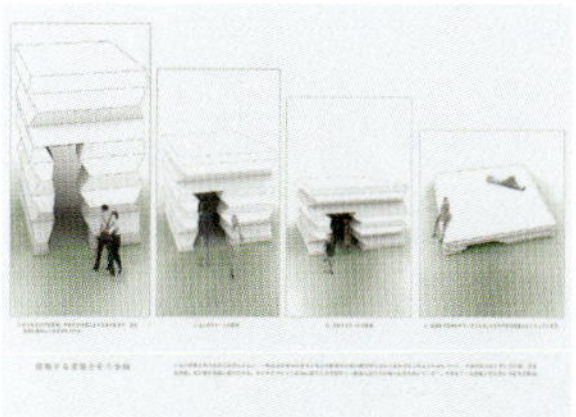

［設計趣旨］

どんな建築も時の流れには逆らえない、一枚の展開図から生まれるこの蛇腹状の紙の構造物は自らの重みでだんだんとしぼんでいく。平面形状は変えずに天井高、採光表面積、室容積を多様に変化させる。祈りをささげられる光に満ちた大空間から一最後にはただの椅子に落ち着いてしまう、今見えている建築の見えない可能性を探る。

Schatten【影－かげ】

[設計趣旨]

私たちは、共に生活する人々の気配を目で見ることは出来ません。そこでその気配を見えるようにするために、影を用いることにしました。ガラス張りの居住空間の中央に光源となる柱を設置し、周囲の壁に人々の生活の様子を影として映す。そうすることにより、上下階の人の様子が影を通して把握することができ、気配を影として見ることが出来るようになります。

全盲者の家

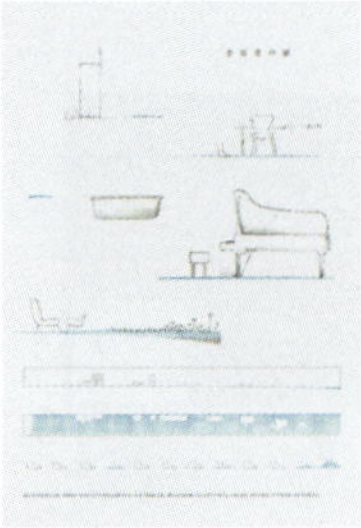

[設計趣旨]

見えない水を感じる家。普段気がつかないような生活に必要なサインを水で構成する家。僕らには水が張ってあるだけの床にしかみえるが、けれど彼はこの空間の揺らめきを知覚する。

見え隠れする地形

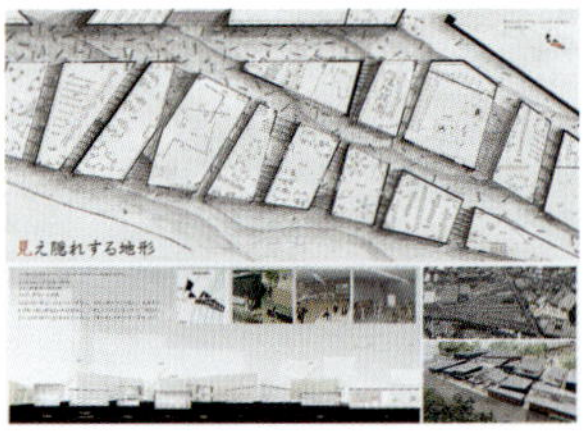

[設計趣旨]

この場所を特徴づけている3つの方向性から形態を決める。
geography : 等高線の法線
line : 操車場の線路軸
river : 神田川の法線
これらの切り抜きにより生まれた建築は、地形を顕在化する器となる。小学校の脇に併設された建築群は、子供たちの学びと遊び場として機能するだろう。切り抜きにより生まれた空白は、3種の異なる傾きを持つ坂道となる。

未完成な欲求群

[設計趣旨]

自然と共に過ごした昔の欲求。利便性をひたすら求める現代の欲求。欲求の水準が上がり、一体何が幸せをもたらすのかがあやふやになっている現代で住むことにおいて何が幸せか。いままで当たり前であった、衣食住、安全、自分の居場所、他の人からの尊厳、自己実現要素をそれぞれの住戸で揺さぶり、今までの当たり前をもう1度振り返らす。50居それぞれの住居を通じて欲求を可視化し見えない欲求を考え直す。本当の幸せとは何なのかを皆で考える集合住宅。

光の振舞い 空間の呼応

[設計趣旨]

光を「透過する」ガラスと光を「遮断する」ガラス。

相反する二つのガラスにより構成される空間は、時間とともに、ウチとソトで振舞いを変える。それは、時間とともに振舞いを変える光に対する空間の呼応である。

ここでは、日常生活では意識することのない「見えない光」が空間を定義する。

テーブルでつながる わたしと誰か

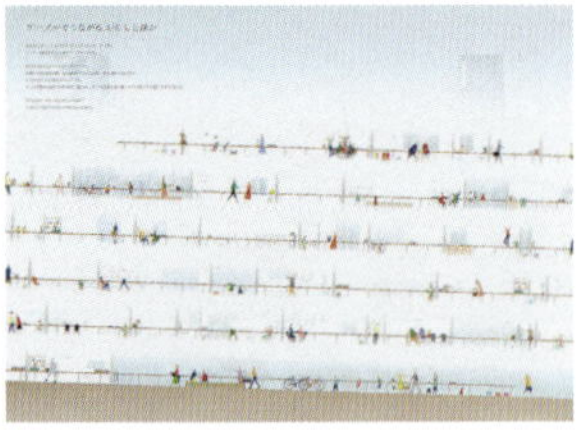

[設計趣旨]

私の住むアパートはどこにでもあるようで、少し違う。

ここには部屋を貫く大きなテーブルがある。街からのびるひとつながりのテーブル。家族との夕食や団欒、私が勉強するための机、外でBBQをする人々。いろんなことに使われるテーブル。そこで行われる様々な行為が、壁の向こうにいる見えない誰かとのつながりを感じさせてくれる。見えるテーブルと見えないつながりそれだけで私たちはいいのかもしれない。

星降るコンクリート

［設計趣旨］

ガラスの廃材を混ぜたコンクリートの壁の提案。

コンクリートの中のガラス粒子が外部からの光を伝え、内部に億千の星を降らせる。

時間の経過とともに星は見え隠れする。

コンクリートの持つ“冷たさ”“重さ”といった印象が見えたり、見えなかったりすることで、コンクリートらしさと、そうでない新たなコンクリートの表情をみせる。

POINT

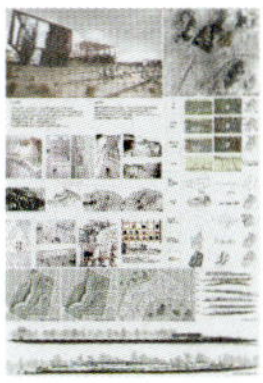

［設計趣旨］

広い敷地と斜面の view を生かした、学校と地域が織り込まれていく設計である。隣接する鶴岡八幡宮は、海から続く表参道の都市軸を受け止める設計がなされているように敷地鎌倉の設計手法を踏襲し、地域性歴史性を享受しつつ、様々な地域性の狭間に立つ小学校の立地条件をふまえ、不可視な都市軸の蝶番となることで都市を引き込み都市に開放していく。鎌倉の周辺環境にとけ込んでいない、プロトタイプ化した小学校に疑問を感じ、軸を受け止める所に POINT があるといった鎌倉の設計手法に着目し、周辺環境を多重心的に受け止める場を再構築し、様々な形で二項対立している周辺環境を繋ぐ蝶番 -POINT- として設計する。

私が蝶になる夢

［設計趣旨］

変わらない時間の流れの中で私は夢の中で蝶になって時間を翔た、そんな夢。

花の教会

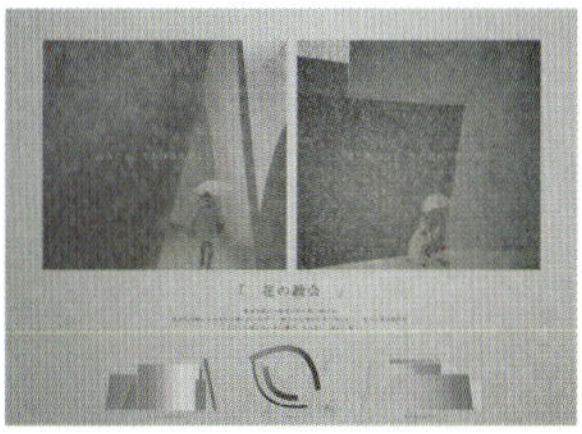

［設計趣旨］

辿ること、それは巡礼の様に。

祈ること、それは崇拝の様に。

霧靄—記憶　Fog–Memories

［設計趣旨］

Fog floating down the valley, the fog is thick and soft just like fluffy hair. Galaxy turn into the waterfall, light turn into the stars in the mist. Beitou, like the wine gourd with green moss. In this small drunk valley, the sun never rises.

見えていく希望

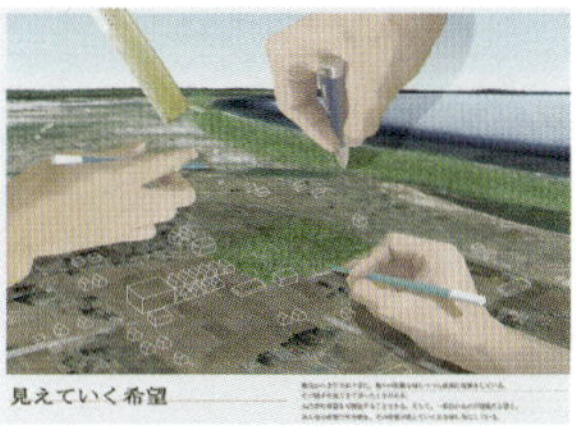

［設計趣旨］

震災から２年半がすぎた。数々の問題を残しつつも確実に復興をしている。

その様子を見てきて思ったことがある。

人は夢や希望を可視化することできる。そして、一番伝わるのが建築だと思う。みんなの希望で町を描き、その希望が見えていく日を楽しみにしている。

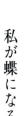

縁りの家

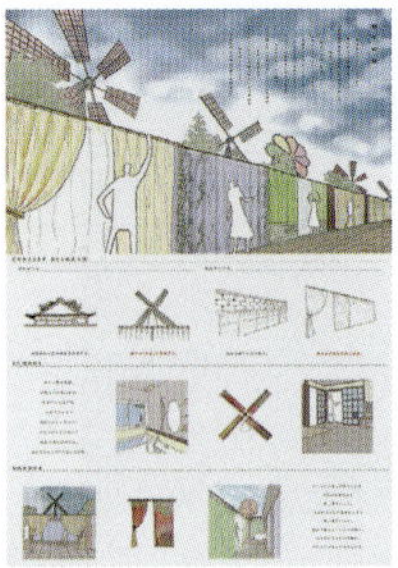

［設計趣旨］

無縁社会でも人と縁りたいという気持ちは変わらない。その気持ちが住居にも表象する。生活の中で無駄になるエネルギーを利用して屋根の上の風車が回る事で、生活を抽象化し象徴として可視化する。無縁社会の中で虚しくなる生活は、この風車で確認できる。固い石塀が柔らかいカーテンの様な塀になる事で、見えなくても生活は外とゆるやかにつながっているような気がする。無縁社会の未来にはそんな街並みが広がっていて欲しい。

Tree space

［設計趣旨］

When people live in the tree's body? Today,we live in our house, and put plant pots or trees in the room and balcony. Human is only a master on earth? We control everything, but it doesn't continue in the future.Tamsui is where I stay in. It is surround by mountain and river. Banyan is a kind of tree and adjacent to the river.Aerial roots are growing in slowly time.Tourists do not find the change of the tree,but residences can. Adults do not see something interesting in life , but childs can.

石のない墓たち

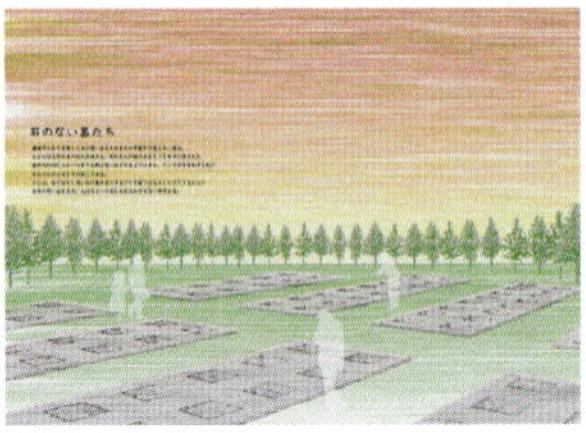

［設計趣旨］

最愛の人たちを想う人々に想い出をみせるための墓石の見えない墓地。人と人は必ず永遠の別れを迎える。別れた人の縁のあるモノを木々に囲まれた園の穴の中に入れいつまでも残る想い出となるようにする。ここで手を合わせる度にその人との日々を呼び起こさせる。

ここは、石ではなく想い出の基を前にすることで墓ではみることのできなかった日々の想い出を見せ、大切な人への慈しみを忘れさせない場である。

繋がる屋根

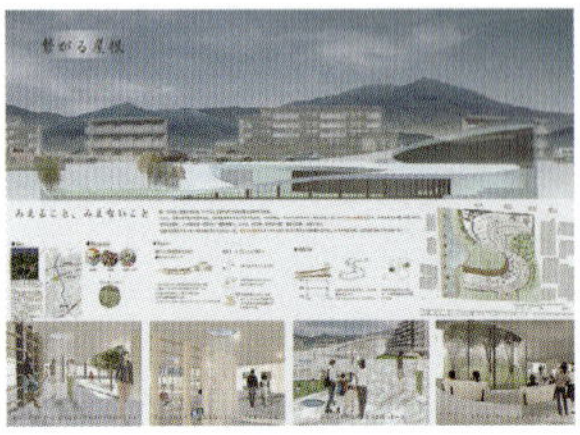

［設計趣旨］

駅、それは都市におけるノードとして最も多くの人が集まる場所である。しかし、駅前の開発は利益中心に、商業施設が建ち並ぶだけである。この屋根は、ランドスケープと一体になることによって見える風景となり人の行動が可視化される。それと同時に、この屋根は"見えない"境界を繋ぐ。人と人、駅と街、自然と建築、地面と屋根、子供と大人。交通の結節点にこのような屋根があることによって、見えない境界によって隔てられていたものの距離が近づき、人々の生活はもっと豊かになるのではないか

「こまちのだいどころ」と「みやつち」

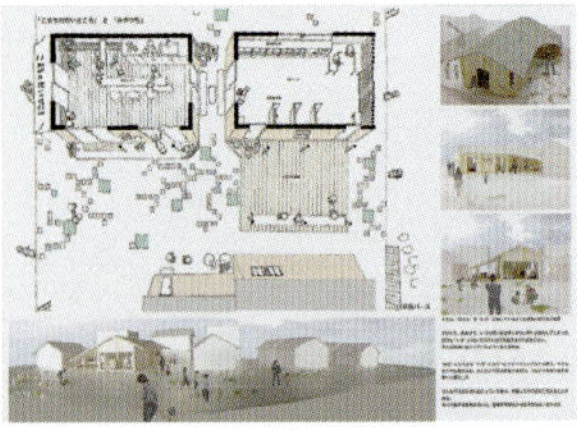

［設計趣旨］

そこは、"むかし"を"いま"に映しているような建物が建ち並ぶ風景。さびれて、色あせて、いつの間にか近寄りがたい所へと変化してしまった。流行も"いま"に付いて行くには形を変えなければならない。そんな風潮に逆らっているように見える敷地。"ある"かたちから"いる"かたちへとシフトチェンジをする事で、そこは、ささやな風を生み、人と人が一定のゆるさを持ち、つながりを作り出す空間へと変化した。そんな平凡な日常に起こっている事は、体験してみて初めて見えることがある。体に付着する自然の匂いは、建築を可視化させるのではないだろうか。

記憶の躯体

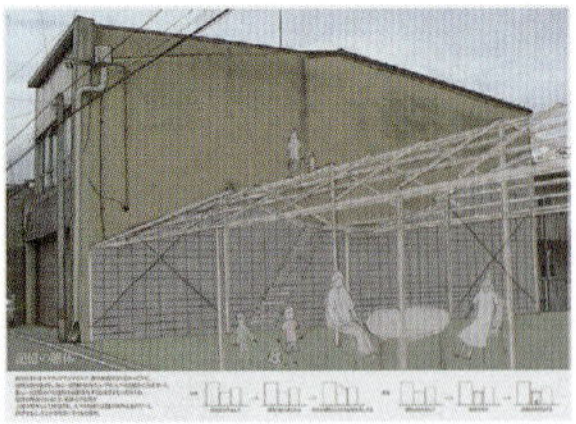

［設計趣旨］

繰り返されるスクラップアンドビルド、街の風景は日々変わっていく。建物は取り壊され、新しい建物が居座り、いずれ人々の記憶から消えていく。街という記憶の中に建物の面影を残すことはできないだろうか。

建物が解体されるとき、躯体だけを残す。

土地は場所として解放され、人々の身体に記憶は刻み込まれていく。傍げでなく、どこか寄り添いたくなる場所。

漢字とかなのイエ

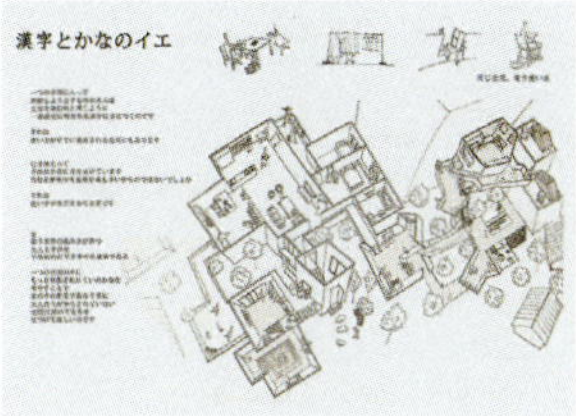

［設計趣旨］
一つの空間に入って　理解しようとする時の大人は　文章を読む時と同じように　一番最初に機能性な漢字に目につくのです　それは　使い方がすでに制限される空間にもあります　引き換えって　子供はかなに目を向けています
読むと解釈の可能性が最も多いからのではないでしょか
それは　使い方がまだ自由な空間です　家　違う空間の読み方が持つ　大人と子供を　半強制的に引き寄せる建物である　一つの空間の中に　もっと制限されにくいのかなを　増やすことで　家の中の配役である子供に大人たちが知らされていない空間活用の可能性を　見つけてほしいのです

自然↔人工

［設計趣旨］
現在、木は技術の進歩により、工場で加工され製材となって使用される。この“加工”よって木そのものの持つ魅力が隠されてしまった。
自然木の圧倒的な存在感、木組みが見えることで生まれる趣のある空間。隠れてしまった“木のもつ力”を感じるために自然木を空間造形に編み込んだ。

道から見えてくる、新しい家族とくらしの設計

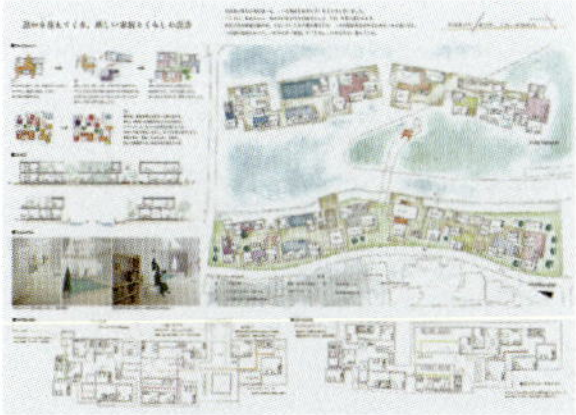

［設計趣旨］
住宅地と集合住宅の違いは、１つの敷地という地面を共有していることだと思いました。ここでは各住戸の廊下という「道」を張り巡らせるようにつくり、その全てを共有廊下とすることで、集住内で１つの地面を共有します。暮らしの変化の中で部屋を増減させながら、道が伸び縮み、重なり、組み替えられていきます。道が変わること、それはくらしや家族のかたちがかわること。そんな状態が少しずつ見えてくる集合住宅です。

遷築

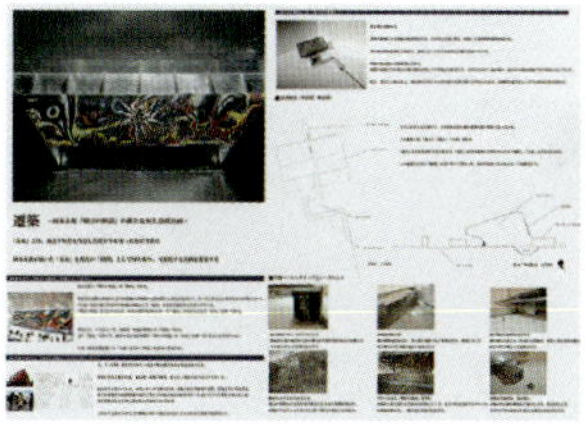

［設計趣旨］
東京都渋谷にある岡本太郎が描いた「明日の神話」を宮城県石巻に恒久設置する計画。「未来」があるべき「現在」を、瞬間として切り取り、可視化する。

ヒカリノ筒 ―海浜山がつなぐ暮らし―

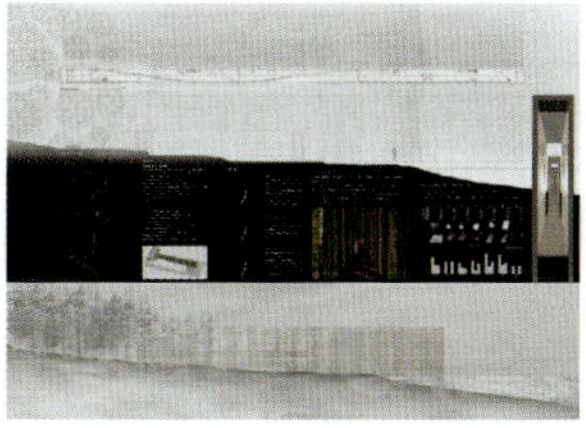

［設計趣旨］
1000年単位で繰り返される大津波に対する防災は，高い堤防をつくり，海の見えないまちで暮すことなのだろうか．本当の防災は，ハードに依存せず，海浜山のつながりを日常的に意識し，自然と人とのつながりをつくることではないのだろうか．ヒカリノ空間によって電気を用いず，自然に溶け込むように住まう空間である．ヒトはこの大きな自然体系の中に住み，環境の一部として，地球環境と共生をはかる．

MARBLE FLOW

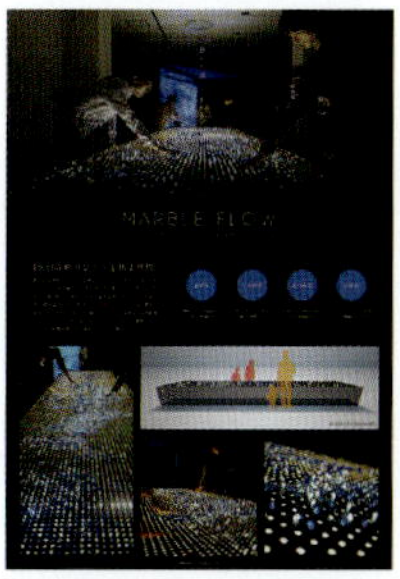

［設計趣旨］
散らばる無数のビー玉に光源を当てたインスタレーション作品です。ビー玉に触れ、かきまぜたり、転がしたりすることで互いに光の粒が干渉し、水面のような揺らめきと、心地良い音を放ちます。人の生活に欠かせない「ひかり」は、確かに見えても、カタチは見えず、触れることはできません。10,000粒のビー玉ひとつひとつを、カタチのないひかりの象徴とすることで、実態を持って、掴めるひかりに変えました。

はじまりのヴォイド

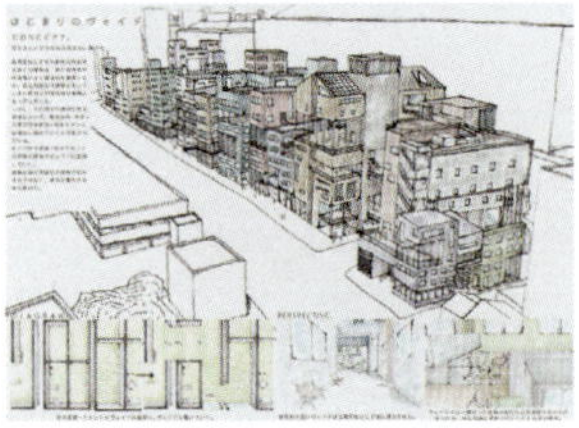

[設計趣旨]

高密度化してきた都市に存在する多くの建築は、高い容積率や床面積により経済性を獲得したが、自己完結型の建築となってしまい都市との関係性が希薄になってしまった。しかし、人口減少の渦中にある日本において、集合住宅オフィス等の空き部屋空きテナントは増加し続けていくと予測されている。そこで空き部屋空きテナントの空間を都市のヴォイドに転換していく。

建築は自己完結型の建物で終わるのではなく、都市と繋がりを持ち始める。

小さな建築

[設計趣旨]

人口が減っていく地方都市で、それでも私たちは生活を続けて行かなければならない。人口が減り、建物が減っていくなかで必要とされるのは、最小単位の建築。私たちに必要なのは、きっとそんなに大きなものではない。小さな建築で見えて来る、私たちにとって最も大切なこと。

自他の存在

[設計趣旨]

人間は常に主観の中で生きている

しかし、それによって自己の価値を見失ってしまうことがある。自他の存在を確認する空間をつくることで、自分は地球に１人しかいないということを再確認させる

半同せい生活

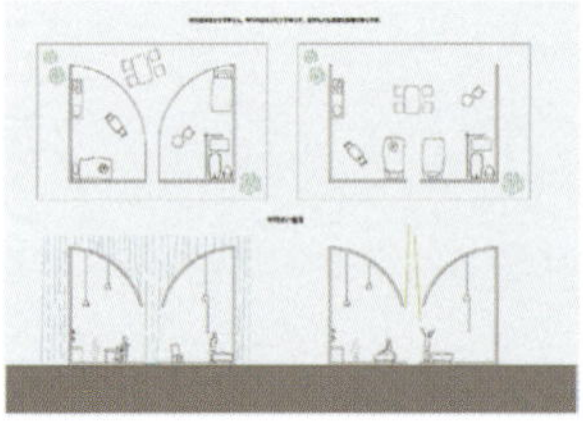

[設計趣旨]

雨の日はひとりで暮らし、晴れの日はふたりで暮らす。

自然も人も適度な距離で暮らす家。

マチとイエのヘイと庭

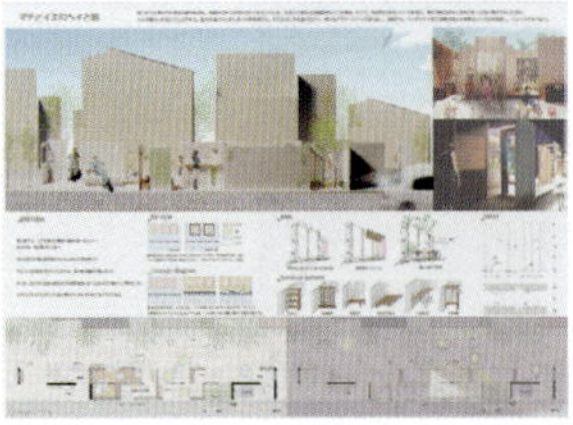

[設計趣旨]

閉じられた豊かさを求める都市型住宅。活動の広がりは内へ内へと向かっていき、外部との関わりは遮断されている現状。そこで、郊外型の住宅にヒントを得る。塀の内側には外とも内ともいえない場が広がっており、人々の賑わいを伺うことができる。街の歩道にひとまとまりの塀を建てる。そこには大きな庭が広がり、様々なアクティビティが溢れ出し、連続する。ヘイがつくりだす活動の見える風景は人々の心を開放し、イエとマチをつなぐ。

小さな家で見えてくるもの

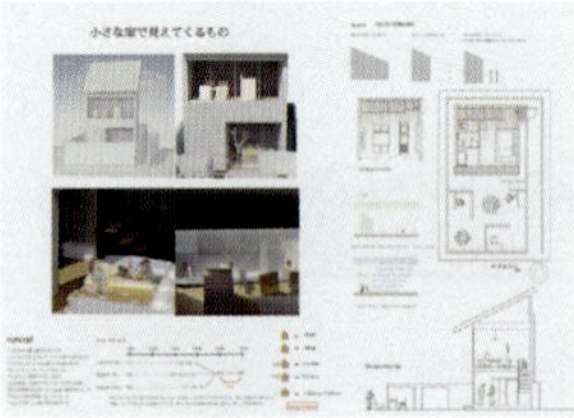

[設計趣旨]

現代では自分以外の家族の生活を見ることは、ほぼ無い。ただ見ることができるのは、帰宅から就寝までの間である。その現象は住宅が完璧を求めていることで起きている。

「就寝」という行為を、不完全な住宅をつくることで共有できる新しい住宅を提案する。

つながる つながる

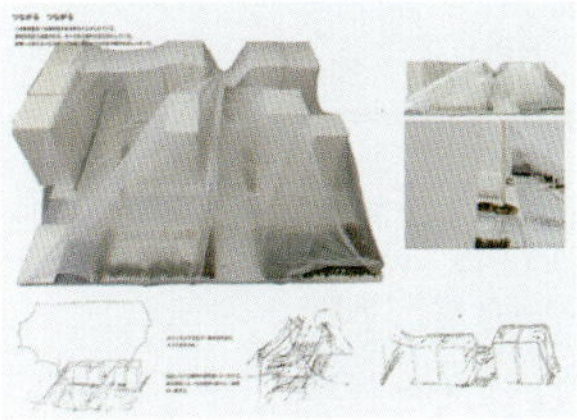

［設計趣旨］
ある開発都市にストッキングの形状の布を上から被せた街となった。伸縮性のある布と街が一体化し、街全体は見え隠れする。様々な形状に見える街がストッキングによって繋がる。見えることは人と人との繋がり、建物と建物との繋がり、1枚の布が繰り広げる繋がりが見える。見えないことは街全体の広がり方が見えない。目を凝らしても模様しか見えない。

見えるものの豊かさ

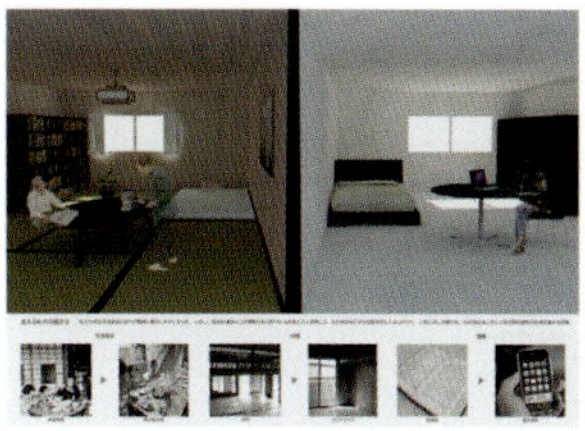

［設計趣旨］
技術の進歩により便利なものがつくられ、ものは少なくなっていく。それに対し、不便だがものがあることによる豊かさを再認識する提案

Film & Architectural Process

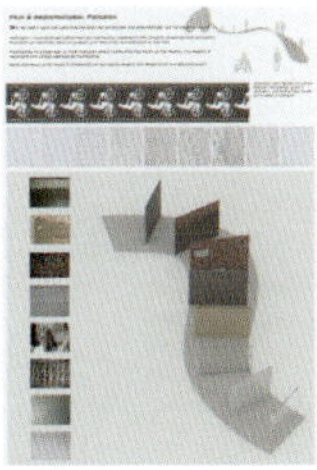

［設計趣旨］
Why we can't have the same feeling when we appreciate the architecture like we enjoy a movie?
Although, film-making and architecture design are leading by one person, director and architect. But both of them are work by a team, and they give us a product in the end.
Film-making is a process to turn pictures into a video, and the point is the result, the result is to review the whole process of film-making.
Watching movie is to enjoy the process of the movie, what's the process of the architecture?

Big Trash Box

［設計趣旨］
私たちが日常生活で出すゴミは、収集される段階で「見えるもの」から「見えないもの」へと変化する。人々の意識から離れたゴミは、決して消えることのなく、着実に都市の中に埋込まれていく。その都市スケールに肥大化した見えないもの(＝廃棄物)を建築として都心部に出現可視化させ、オープンスペースや商業施設というヒューマンスケールを結び合わせることで、廃棄物という存在を人々の意識の中の身近なものへと還元する。

future

［設計趣旨］
東京の未来は廃墟だ。
それは一秒後の未来、二十年後の世界かも知れない。それでもただ一つ残るものがある。それはかたちあるものとして存在しない「時」。
東日本大震災の記憶もいずれは風化してしまう。その記憶を孵す記念碑でもあり、もう一度東北のためにも、未来の東京のためにも今自分には何ができるかを思い起こすきっかけになってほしい。

大きな屋根と古びたハコ

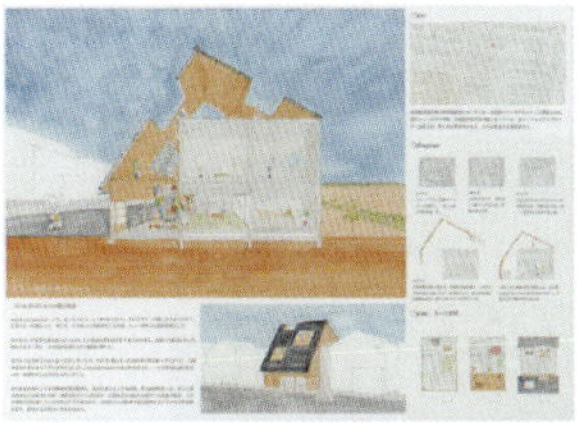

［設計趣旨］
一人のおばあさんとその家族の物語。
おばあさんとその家族は、ニュータウンに新居を購入した。こどもは大学に進学をするため上京し、夫婦二人生活になった。そして、夫は先に逝ってしまった。おばあさんは生きる目的を失った。一人で住むには広すぎる家、孤独死そんな言葉も浮かんでくる。それを見かねたこども家族と新生活が始まった。おばあさんは駄菓子屋を、こども家族はテラスを求めた。街はどこか賑わいを見せ始めた。

動く家

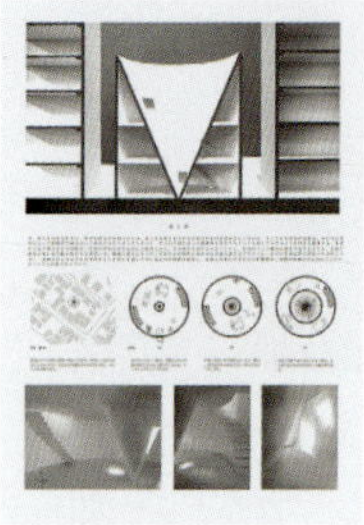

［設計趣旨］

日常生活の中で互いの関係性を自分たちでつくりだしていけるような住まいの提案。

猫小路図書館
〜キャットストリートに積層する思い出〜

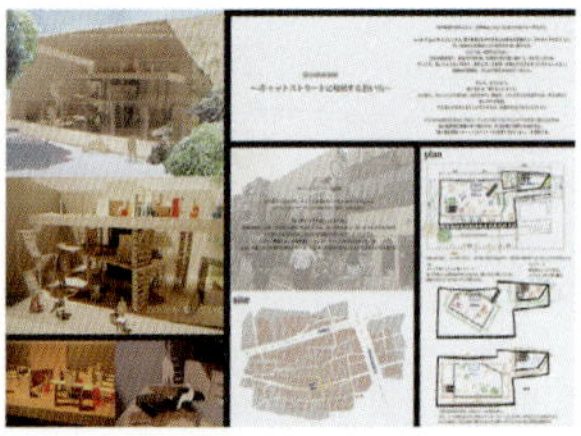

［設計趣旨］

渋谷原宿間が商業地域として発展する前、キャットストリート周辺は静かな商店街であった。しかし、急激な都市化に疲弊した周辺居住者は「もう私たちの街ではないみたいだ」と言った。

そこで、キャットストリートに訪れる若者と居住者を繋げるツールとして、持ち寄り型の図書館を提案する。みんなで作り上げるこの場所が、人を繋ぎ、まちを愛し続ける拠点になるように。

わ

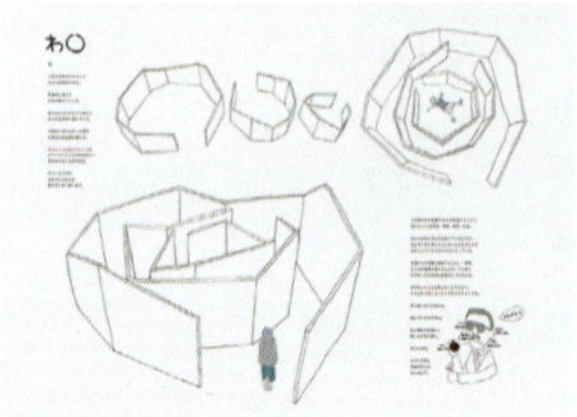

［設計趣旨］

目で見えていることを見えなくする。

すると見えないものが見えてきたりする。

私たちは８割以上も視覚からの情報に頼って過ごしているが、だからこそ見過ごしているものや忘れてしまっているものがたくさんある。

「わ」は、身近にある大切なことに気づけるような空間です。

古町花街復元計画
〜新たな層がつくりだす物語〜

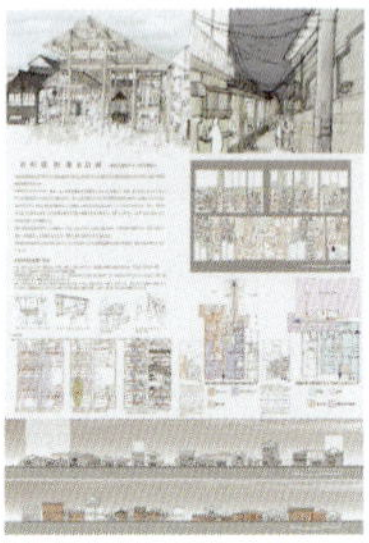

［設計趣旨］

近代の短期効率主義的な開発により中世から続く歴史的風景が壊されている。景観を成立させるため建築的エレメントを抽出し虫くいになっている花街をひとつの面として復元。それと平行に続く商店街の間に、両者をつなぐ新たな層を挿入する。

使われなくなった看板、目隠し板など花街の痕跡を家具などとして新たに転用する。層は花街が更新するための余白となり、住人商人により短期的長期的に更新され続け様々な表情をつくりだす。

居室の塔／雨のリビング
―自然環境を共有することで現出するテンポラリーコミュニティスペース―

［設計趣旨］

突如襲ってくる自然災害の度に、自然環境に対する人のどうしようもなさを痛感する。同時に集まって住むことの重要性や人々の強さも教わるのだが、そのどうしようもなさに対し受動的になるのではなく、積極的にプラスの要素として普段から生活に取り込んでみてはどうだろうか。例えばこの集住は雨の日のみ現出する大きなコミュニティスペースを持つ。人工とも自然ともつかない雄大でおおらかな屋根の下、住民の関係が育まれてゆく。

闇を覗くフォリー

［設計趣旨］

人口照明に覆われた現代社会、闇は文字通り「視えなく」なりました。しかし闇にも多様な種類があり、美しさがあります。暗いフォリーの中で多様な闇に想いをめぐらせます。

育つ育てる建築

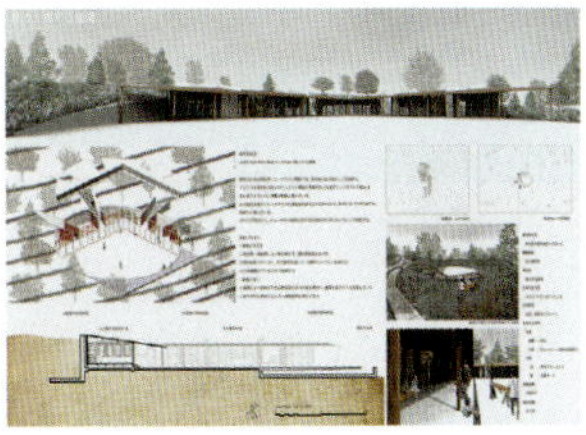

［設計趣旨］
自分たちの好きな森をつくるための種となる建築.

タイムカプセルハウス

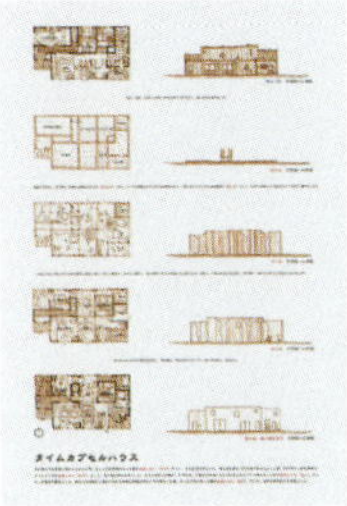

［設計趣旨］
かつての生活の延長線上に新たな生活と住まいを展開する建て替えの提案である。まず、取り壊しの際に、基礎部分のみを残す事とする。我々にとってそこには基礎以外に何も“見えない”。しかし、そこに長年住み続けた一家は、かつての空間の輪郭の上に、かつての生活の痕跡、生活風景を“見る”事ができる。目の前の基礎の上に、かつての生活風景を“見る”。そして、その上に、新たな生活を重ね、描いていく。その時、建築は断絶無く極めて自然に、そして豊かに、建て変わっていた。

四ッ谷駅 〜都市と自然のターミナル〜

［設計趣旨］
四ッ谷駅は江戸城外濠の四ッ谷見附に位置している。ここでは電車と車が自然の高低差を活かした立体交差で交わっている。しかし、これにより周辺緑地が断絶され歴史的な外濠が失われてしまった。植物の生長する下地となるフレームを組み、そこに大屋根をかけて駅舎を設計する。この大屋根によって外濠緑地の歴史的断片とともに植物が生長し、失われてしまった外濠緑地が表出する。四ッ谷駅、ここを起点に様々な人々や自然が歴史的環境とともに都市へと広がっていく。

取り戻す みえない境界

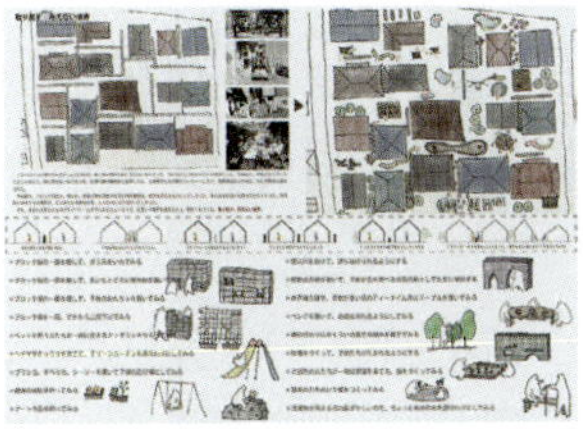

［設計趣旨］
むかしから、住宅の間に建てられた塀や壁といった境界線は存在している。しかし、プライバシーが優先される前の日本では、子供達が家の周りを走り回り、隣の家の縁側でおしゃべりしたり、境界は簡単に超えられるもので、あいまいなものだった。しかし今では、個人を優先するあまり、くっきりと境界が見えるようになってしまった。個人よりも大事なこと、ご近所さんと話したりイベントを開催したり、交流していくこと。見えない境界を取り戻すことが、今後の日本社会には必要なのではないだろうか。

Poetry of Tide

［設計趣旨］
Footprints represent the past.
With the ebb and flow,
The past goes with the tide.
Lives are endless.
Human beings are led by the abstract route.
Left the footprints behind.
Creatures are attracted by the prey.
Create the food chain.
The new visual relationship.

LINKAGE PROJECT -bridge between the era and region-

［設計趣旨］
首都高速一号上野線（日本橋－上野間）は，昭和通りに架かる，日本初の高速道路である．今年で建築 50 年を迎え，全国で目に見えないインフラの老朽化が進んでいるように，老朽化と低利用化が問題視されており、撤去が声高に叫ばれている．本計画は，上野線の撤去に合わせ，“賑わい”を通して地域を引き込む建築の提案である．“人と人のつながり”が“時代をつなぐ，地域をつなぐ架け橋”となり，文化を形成していく縁（LINK AGE）となる．

うらみちくさ

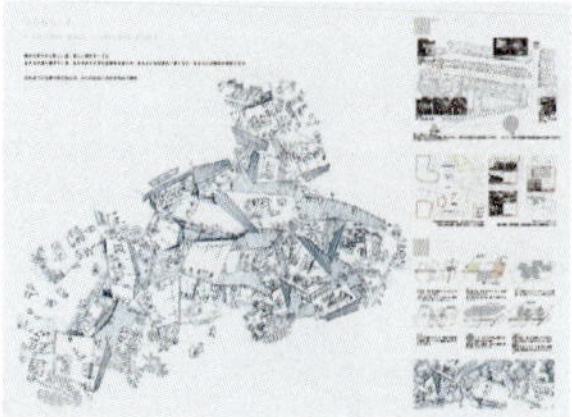

[設計趣旨]

日常の中に、人と人が出会うようなきっかけをつくる。人がたたずむ姿、通り過ぎる姿、誰かと一緒に居る姿、いろいろな人の姿が見えるところ。声や影など人の存在が感じられるところ。

人の生活に近いところ、偶然出会うようなところにそんな場所をつくる。

床のない家

[設計趣旨]

私たちは何を見ることとして見ているのだろうか。

色、形、イメージ、あるいはにおいや音など、様々な要素によって見ることができる。逆に、見えていることで見えないこともあるのではないか。見えることによって失われた見えないことの可能性を探る。見えることの要素をぼかしほんのちょっと見えないことにする。そしてその可能性に人々はそれぞれの理想を重ねて見えることに再構築していく。見えないことが、より見えることになっていく。

見える防波堤 見えない防波堤

[設計趣旨]

防波堤　外洋から打ち寄せる波を防ぐために海中に設置された構造物。これがある事により人々の海岸での生活が豊かになっている。しかし、海の上に見えてくる防波堤は地平線を隠し景観を損なう要因である。
ガラスの防波堤　室内空間を持ったガラスの防波堤を造る。見えないガラスを使う事であたかも防波堤は存在しないかのように見える。これにより本来の水平線の連続が蘇り、日の出から日の入りまで絶えず見渡せる水平線となる。
また防波堤の中に入ると、そこは海底の世界を見渡せる天然の水族館が存在する。海底の様々な生物をあらわにする防波堤は季節や時間によって様々な空間を演出する。海面では見えず、海底では見えるガラスの防波堤。

癒しの天の川

[設計趣旨]

あの日 人々を津波から守った奇跡の道に
あの日 人々を癒した光を与える
がれきで埋められた蛇籠の中には無数の星が埋められ癒しの天の川となる

見えないもの

[設計趣旨]

見えないというのは、透明であるという事ではない。

見えるものがあるから、見えないものもあるのである。

つまり、透明であると、見えないことも認識することはできない。真の見えないというのは、見えているにも関わらず、意識していない事である。

光を得る場所、失う場所

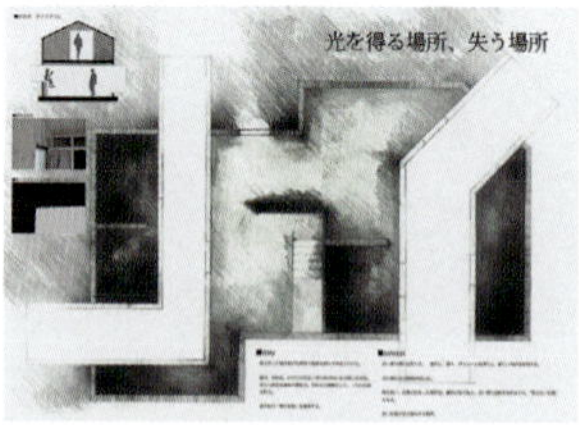

[設計趣旨]

家は、そこに建ち続けた痕跡を刻んで、存在している。

家の持つ「場の記憶」を継承する。古い家の窓から窓へ、ボリュームを挿入し、新しい内部空間を作る。

家は、窓を失い、ある場所は、光を失う。新しい内部空間は、光をふんだんに得る。光の現象によって、古い壁の傷や痕跡が、見えたり、見えなくなったり。光と影によって、この場所の記憶が見え隠れする。

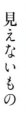

巨樹のはじまり

[設計趣旨]
そこにいつからあるか分からない。
巨樹の魅力はそのはじまりを見ることができないことであると考える。同じように、はじまりを見ることができないような建築に魅力を感じる。その場所の環境を自らを溶け込ませ周囲の環境までに魅力を与える。その場所の記憶や歴史を感じさせる。まちの中にいつからともなく 存在しているように現れる建築のあり方を提案する。まちに生まれた巨樹の存在を人が見たとき その場所にあった記憶や歴史を想像させる。「はじまり」の想像は葉を広げ、より大きな巨樹へと成長を続ける。

時空結合

[設計趣旨]
この建築の特徴は、地下が墓であるという事だ。
人類が誕生して生命力を削りながら成長する過程で人の活動力は低下するため、自分の存在居住空間が下階へと移動し、自分の墓へと近づいていく。そこに生じる居住空間の移動という空間の流れが生から死への時間の流れと結合する。この建築は、平面活動が多く過去の空間が複雑化しがちな現代に対し、stupa の様に過去の空間を縦列な空間に残す事により自分の過去をより明確にする事がでる。

Studio Kamifuru

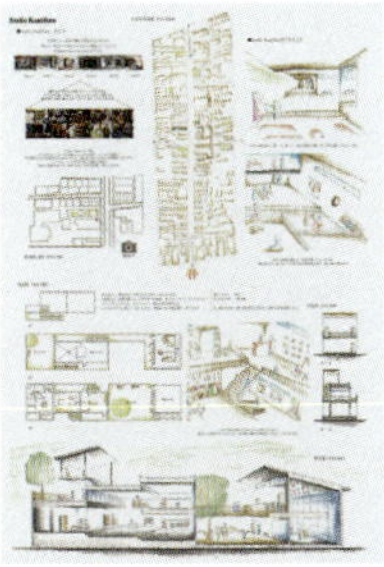

[設計趣旨]
古い物と新しいものが共存する町、「上古町」に、日常の思い出を残す写真スタジオを作ります。訪れた人は、いつもの町で、新しい服やお気に入りのもの一緒に写真を撮って思い出を残します。スタジオは、週代わりで、町の古着屋さんの店主が運営をします。見えない思い出を見える写真に残すスタジオ、いつもの上古町の姿をストックしていく場所、いつでも、いつもの自分に出会える場所。あなたもいつもの上古町、残しませんか？

路地の集合住宅

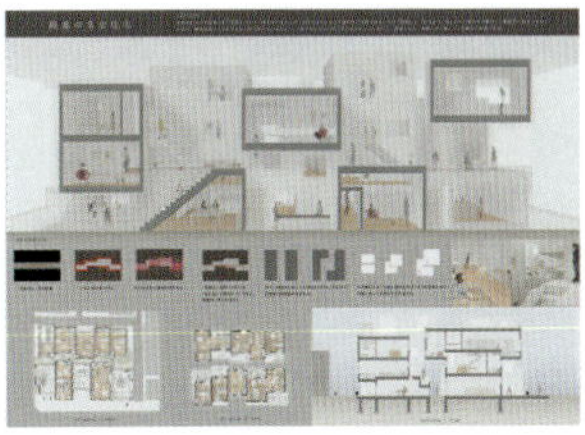

[設計趣旨]
住宅街における路地には「生活」という「見えないもの」が「見えるもの」として溢れ出す空間である。この「路地」に「凹凸をつくる」という操作を平面的に、断面的に加えてみる。すると、建築内外で「見えるもの」が「見えないもの」へ、「見えないもの」が「見えるもの」へと変化し、路地という「通路」が「場」という概念に変換される。

時差のキワ

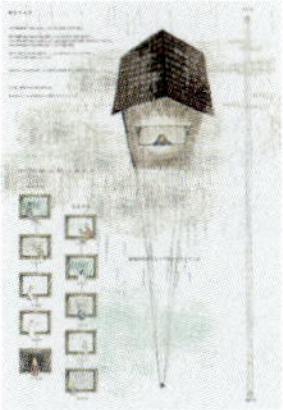

[設計趣旨]
大きな自然環境に“時差”を生む、小さな天空と地面にある家の話。例えば太陽の光は1億4960万キロの旅をし、8分19秒を経て、地球に届きます。つまり太陽と地球の間に光の時差が生まれ、地面の家は天空の家より遅れて光が降ってくるのです。それは同じ時間なのに住む環境を変更してしまう不思議な現象。雨の日、風の費、雪の日、地震の日…。それらが時差というフィルターを通して二つの同じ家に違う環境をもたらします。時差のキワ。それが見えた時、二つの家が同じ自然環境を持ち、関係性を持つのです。空に伸びる建物が生まれ始めた現代に対し、遠い見未来には、断面方向に小さな時差の生まれる建物は生まれるだろうか……。

見える跡／見えないアト

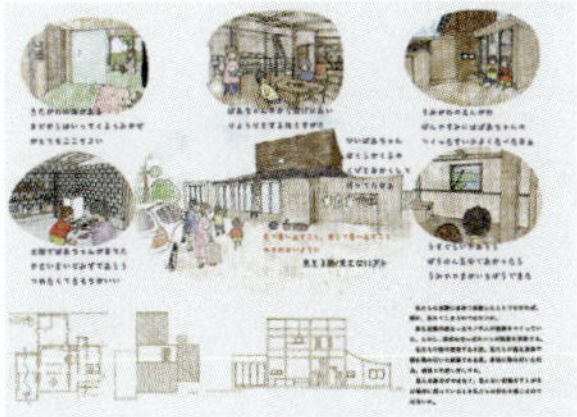

[設計趣旨]
私たちは実際に身体で体験したことでなければ、慣れ、忘れてしまのではないか。街も記憶の詰まったモノや人が風景をつくっている。しかし、現状は風景を潰し空っぽのハコが並び更新している。街の要素である家。私たちが最も身体で慣れ染み付いた要素を詰め込んだのが家である。身体に染み付いた行為、感覚を形にする。見える跡だけではなく、見えない記憶のアトがその街、場所に残っているとき私たちは安心を感じるはずだ。

緑の目隠し

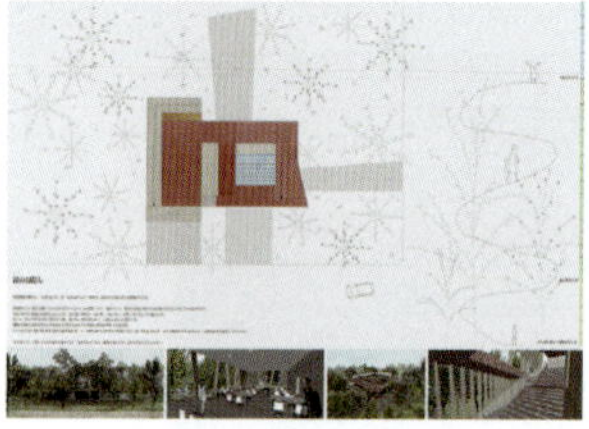

［設計趣旨］

周辺環境を頼りに、「見えること」と「見えないこと」を作り、訪れたくなるような建築をつくる。

「見えること」で屋上からの視界を提供でき、「見えないことは」建物に訪れのきっかけになるかもしれない。

+1 plan

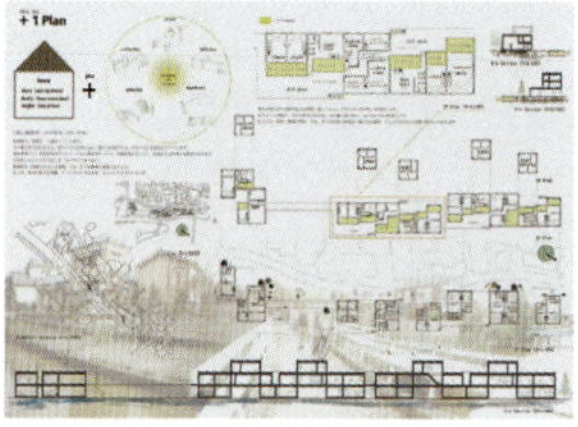

［設計趣旨］

家に、一つもう一つ空間を＋(プラス)します。＋の空間は、シアター、パーティルーム、カフェ、レストラン…何に使っても構いません。自分だけの空間です。それをみんなが歩くデッキのそばに置き、プライベートな空間を外にはみ出させ、自分だけの物を間接的に他人と共有します。住民はデッキを歩くと、直接会わずともそこにどんな人が住んでいるか想像できます。それは地域へと拡がり、つながりが生まれます。

見えてくる景色見落としてきた景色

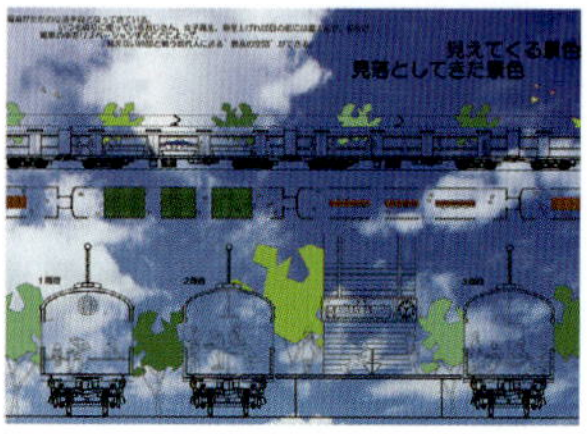

［設計趣旨］

見えない時間と戦う現代人は、電車での移動がただの交通手段となってきているように思う。電車の中をリノベーションすることにより、見えてくる景色を共有できるような空間を提案する。

ミツバチとヒト

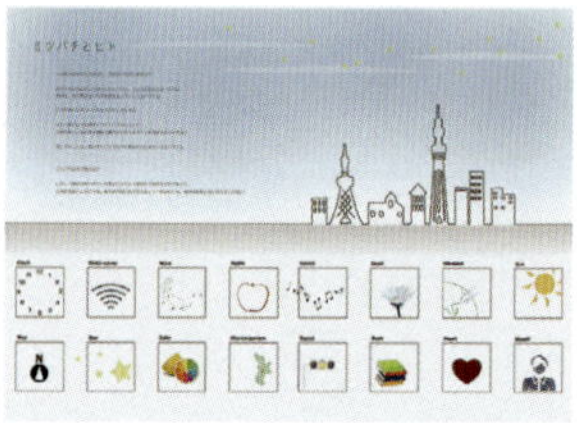

［設計趣旨］

人は見えるものにではなく、見えないものに目を注ぐ。

椅子や机が元はどこにあったかというと、人の心のなかにあったもの。それは、目に見えないものを見えるようにしたということ。この世界にはそういったものがたくさんある。当たり前のように過ぎ去っていく日々において、人間のありとあらゆる機能に働きかけるものすべてを見えるものと考えよう。そしてわしたち人間はそういったものの集合体で生きているということ。

55％の可動間仕切りの集合

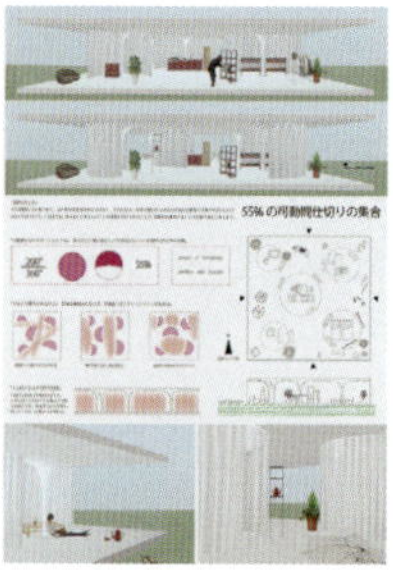

［設計趣旨］

人の視野は200度であり、360度を見渡せるわけではなく、それならば、住宅の間仕切りは自分の見える範囲だけ隠せればいいのではないだろうか。

この住宅は、見えること見えないことを柔軟に受け入れることで、流動性を獲得することが可能であると考えます。

Niigata media factory

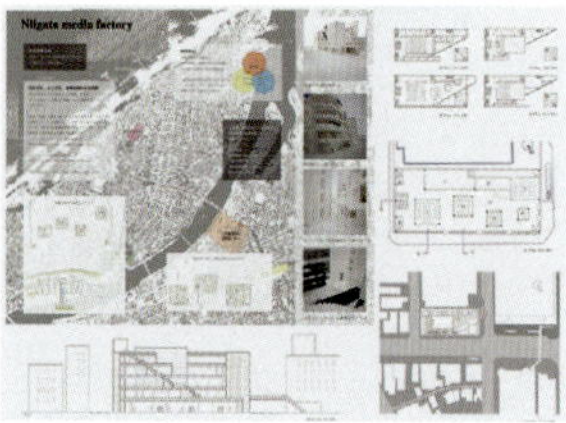

［設計趣旨］

本物が身近に感じられる場所をつくります。劇場と図書館と会議室、都市の中で不可欠な物が集まり、人の流れを生み出します。劇場の周りには本棚があり、本が背景に、そして吸音材となり、良質な音空間を生み出します。図書館に来た人は本を手に取ると裏側の劇場を覗けます。音が聞こえてきます。普段劇場に行かない人でも気軽に本物を味わえる場所、見えない世界を体験するきっかけとなる場所を提案します。

雨のち屋根

［設計趣旨］
雨のち屋根
空気と水どちらか一方だけで満たされた空間は空気と水は無いものとして捉えられる。
空気の中の水　水の中の空気
このふたつが入り交じることによってそれらは壁や屋根といった空間を作る要素となり得ないだろうか。いつもは何もなかったはずの空に突如屋根が出現し、雨が降っていないことに気付く。雨の日にだけ姿を現す空気の屋根によって、見え隠れする不思議な空間ができる。

紙と神楽坂

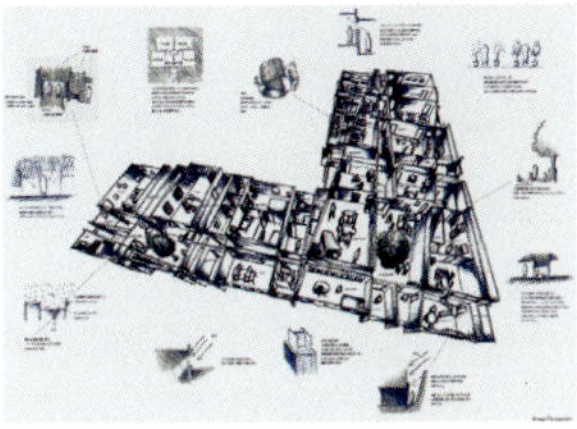

［設計趣旨］
震災以後、目に見えない言い伝えや伝統をどのように伝承していくかがもとめられている。
伝承は日常生活の中で育まれるものであるという点に着目し、街並や紙の伝統が廃れつつある神楽坂に紙の職人と共に住まう集落的集合住宅を設計する事で新しいコミュニティーのあり方を検討し、中枢から更新していく計画。

デルタカラ

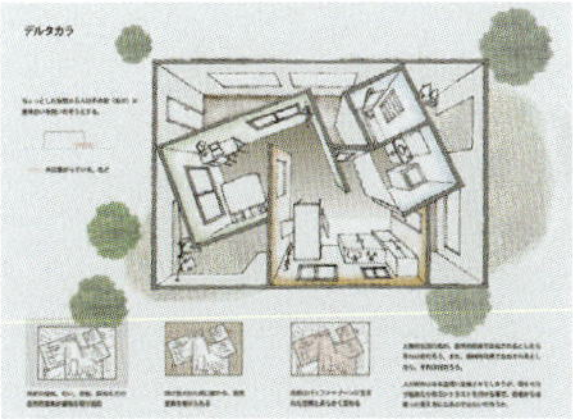

［設計趣旨］
ちょっとした隙間から人はその空（あき）に意味合いを見いだそうとする。人間の生活行為が、自然の効果で左右されるとしたらそれは何だろう。また、機械的効果で左右されるとしたら、それは何だろう。
人の所作はある空間に定義されてしまうが、弱らせたり強めたりのコントラストを付ける事で、他者からは違った見え方になるのではないだろうか。

もう一度開かれた井戸、井戸と住宅の地下室

［設計趣旨］
かつて、井戸は生活の基点であった。
しかしながら、現在では井戸を使わず蓋をしてしまい、生活から“みえないもの”となってしまっている。
使われなくなって蓋をされてしまった井戸を再び開き建物と井戸との新しいカタチを提案する。

人脈道

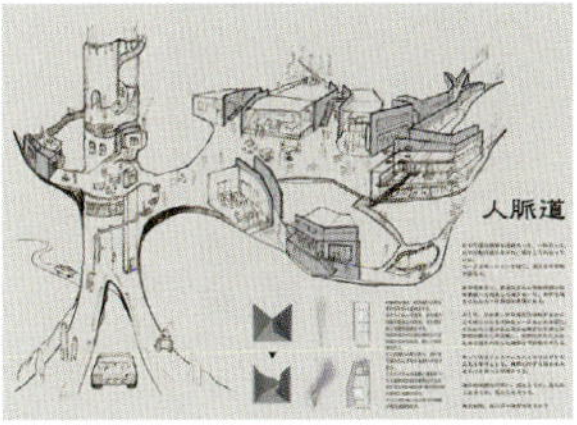

［設計趣旨］
車や電車など、高速化された移動手段の社会基盤へと成長した道において、世帯や道をこえた人々の交流は希薄になる。そこで、足や車いすの速度で移動するからこそ感じられる些細なシークエンスの変化、それに伴う豊かな人間の心理変化を道の本質的な魅力と再定義し、空間化された人のための道を内包した建築の可能性を考える。

見えるモノの『魅える』化

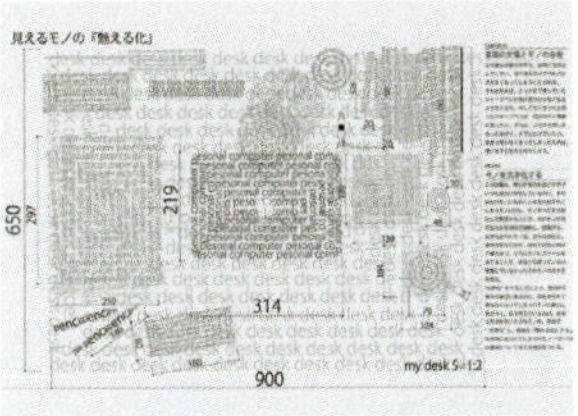

［設計趣旨］
僕らが毎日を過ごす中でいつも身近に存在しているのに、その存在がそこにあることを忘れ去られてしまうモノに対し、モノすべてを文字化して表現することで、そのモノが何であるかを改めて理解し、認識する。目で見えているのに、存在に気づかないようなモノを、改めて”可視化”し、価値を『魅える』化する。

green (seat+box) =

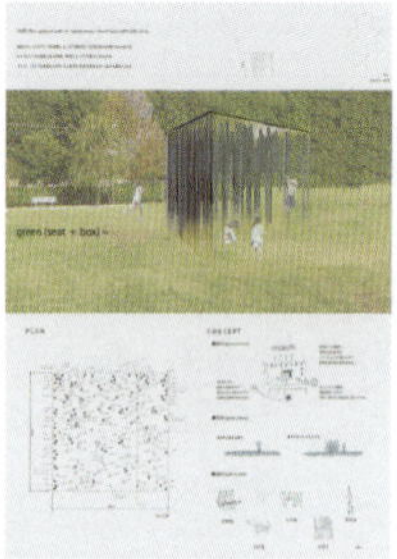

［設計趣旨］

昭和女子大学内の芝生に線材遊具を設計した。鏡面ステンレスパイプの密度によって平面的だった芝に緑の空間を立ち上げる。ボックスはパイプの配置と、見る角度、時間によって不確かに存在する。そしてパイプの粗密は子供たちと線材の多様な関係を作り出す仕組みになる。子供たちはグリーンのシートとグリーンのボックスのなかで自分の好きなことをみつける。

空から消えようとする建築

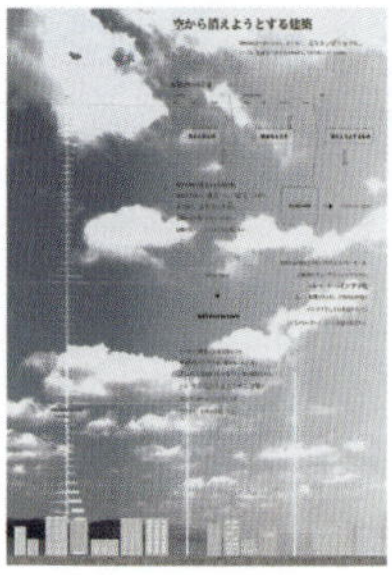

［設計趣旨］

建築は高さを追求してきた。
より高く、よりシンボリックに。
ここでは、高層化のその先を提案する。
技術の矛先は、“高さ”から“細さ”へ移り、
より細く、より微視的に。
未来の建築は、空の背景のような存在になる。

気紛れなハコ

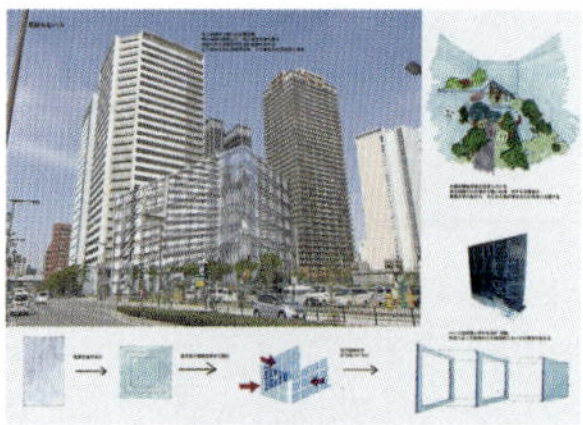

［設計趣旨］

都会の中に様々な物を映す硝子で造られたハコを建て
その中に都会の緑を内包させる　硝子の角度や外の状況の変化によって　建築物の様々な形態が現れる
私達が過ごしている日常は　気づこうとしなければ見えないものや　ふとした瞬間にしか感じることのできないものにあふれている
そういった常に鮮度のある世界を建築に反映できないかと思い　「気紛れなハコ」を考えました

空間の力

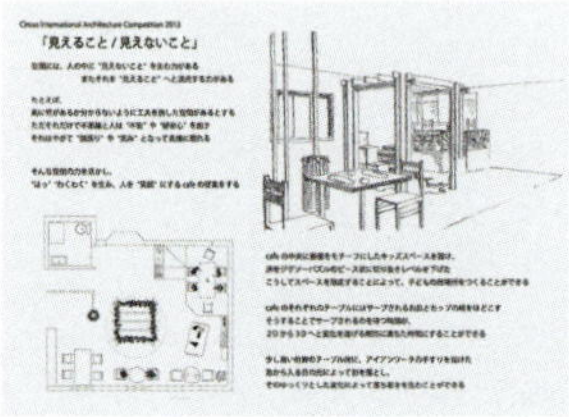

［設計趣旨］

空間には、人の中に「見えないこと」を生む力があり、またそれを「見えること」へと還元する力があると思います。そのような空間の力を活かし、「ほっ」「わくわく」を生み、人を「笑顔」にする店舗併設型の cafe を提案しました。

体重計の家

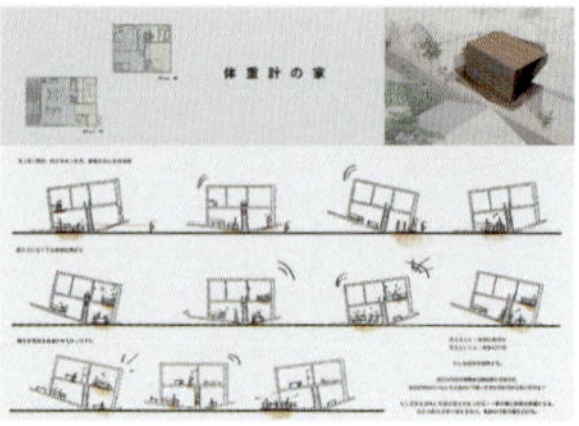

［設計趣旨］

見えること、家族の居場所。

見えないこと、家族の行動。

そんな住宅を提案する。

身近な存在の家族ほど実は見えておらず、自分が部屋にいるときに誰がいつ帰ってきたのか分からないのでは？

もし家族を包みこむ家が逆さになったら家の軸は家族の体重になる。

自分の動きが家の傾きを作り、家族の行動の幅を広げる。

まとふいえ

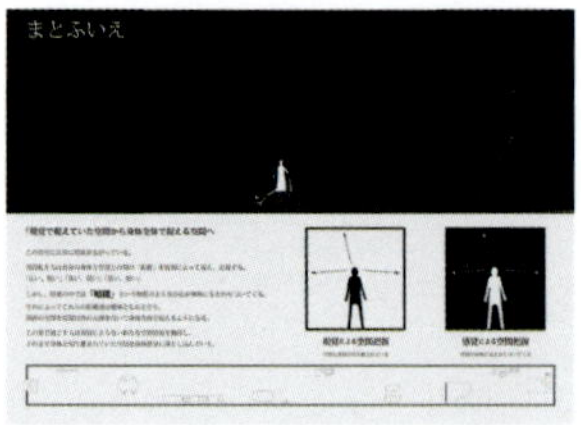

［設計趣旨］

この住宅には常に暗闇が広がっている。

普段私たちは自分の身体と空間との「距離」を視覚によって捉え、定義している。

「広い、狭い」「高い、低い」「長い、短い」

しかし、暗闇の中ではこれらの距離感は曖昧なものとなり、周囲の空間を視覚以外の五感を用いて身体全体で捉えるようになる。この家で過ごす人は視覚によらない新たな空間把握を獲得し、これまで身体と切り離されていた空間を身体感覚に落とし込んでいく。

花と雨と夜と

［設計趣旨］

ただ咲いている花を愛でるのでなく、ただ降りしきる雨音に聴き入るでなく、ただ大切な人を亡くした夜をやり過ごすのでなく、3つの奇跡が揃った時、初めて視えるものがある。夜雨に濡れながら、頬をナミダで濡らしながら、祈っても何処にも届かない不安を抱えながら、視えない明日からの生活に震えながら、あなたはここへ来た。この景色は夜が明けて、雨があがるにつれて徐々に視えなくなっていく。けれど、その頃にはあなたも明日へと行けるようになってるだろう。だから、どうかそれまでは幸福だった記憶に浸りながら、甘く、苦い感情に身を任せなさい。

Sleeping

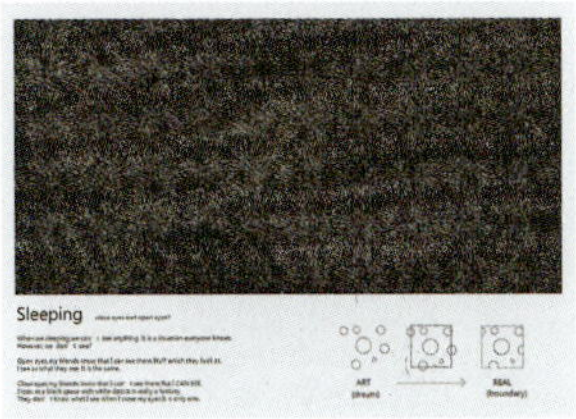

［設計趣旨］

close eyes and open eyes?
When we sleeping,we can't see anything. It is a situation everyone knows.However, we don't see?
Open eyes,my friends know that I can see them.Stuff which they look at. I see as what they see. It is the same.
Close eyes,my friends know that I can't see them.But,I CAN SEE. I look at a black space with white dots.It is really a fantasy.They don't know what I see when I close my eyes.It is only one.

Thechurchofsound

［設計趣旨］

The visible cut of the landscape , create the invisible joy of sound.

ARTIST LINE ～負の遺産を、都市の表舞台に～

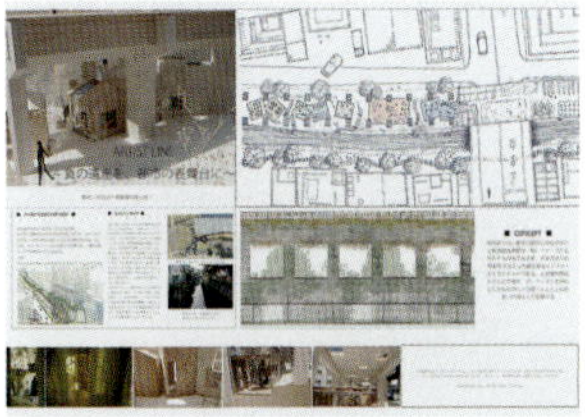

［設計趣旨］

明治通り沿い裏手に静かに佇む渋谷川と東横線高架跡は、暗いイメージから無みされがちであるが、渋谷の文化的発展を下支えした歴史あるインフラストラクチャーである。大規模再開発が迫るこの地を、アーティストを中心としたものづくり空間人と人との出会いの場として更新する。大規模開発によって作られたまちではなく、ひとの底から沸き上がってくるエネルギーを受け止める場所を渋谷に作る。ひとの持つちからは目にはみえないが、ものすごい力をもって、負の遺産をまちの表舞台へ変えてくれるはず。みえるものはもちろん、みえないものも、たいせつに。

見て見えないもの、見えなくて見えるもの

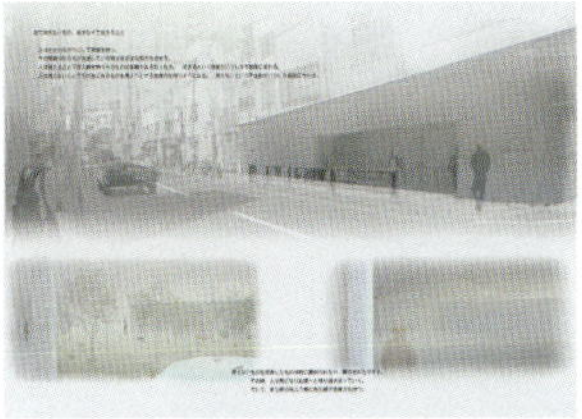

［設計趣旨］

人は見えるものには先入観を持ち、これから見ようとする、まだ見えないものには想像力を持つ。

先入観を持つと見えているものも、その物の本質が見えなくなる。

想像力を持つと、見えないものを見ようとする。

時にそれは裏切られたり、驚いたりする。そして人は、その瞬間言葉を失い、記憶へと残り、過ぎ去っていく。

そしてまた繰り返される。

見える一日と見えない一生を送る家

［設計趣旨］

死者を目の前にしても、目には見えるのにその人が感じられず「カタチ」としてしか捉えられない。しかし、私たちは目に見えないところで「ケハイ」として、その人を感じられるようになる。このお家は、家の中央には死者を祀るお墓のような場所がある。「目に見える死者」との非日常的一日と「目に見えない死者」との日常的一生を過ごしていく。人が亡くなったときに目の前にいる死者に魂は、感じられないが、部屋で悲しくで泣いているとき目の前にはいないけどそっと隣で見守ってくれてる不思議な感覚の経験もとに建築で表現しました。

時間の存在

［設計趣旨］
時間の存在を建築を通して表現した

斜碑

［設計趣旨］
津波は命を奪い、心をも襲う。
建築は心は救えるか。
半分残る建築。
津波によって刻まれる碑。
建築の欠片と建築の継目から、彼らは何を思うだろうか。

やわらかべ

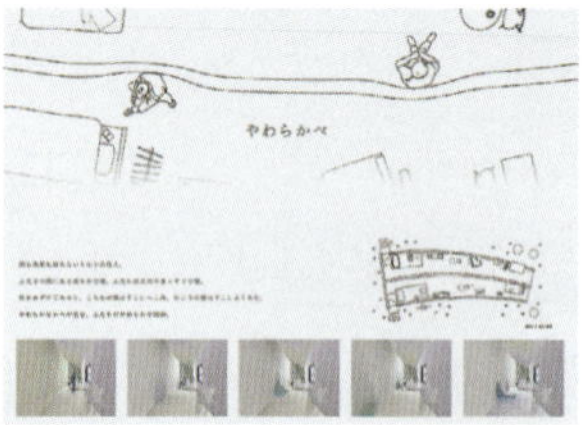

［設計趣旨］
一人で暮らす家。少しさびしさを感じさせる家。面と向かって知らない人と話をするのは得意ではない。自分から交流したいとも思わない。けれど、この土地に一人きりで暮らすのはなんだか寂しいような。顔も名前も知らないとなりの住人。ふたりの間にある柔らかな壁。ふだんはただのまっすぐな壁。体をあずけてみると、こちらの壁はへこみ、むこうの壁はふくらむ。ふくらみによって感じられる隣人の存在。寂しいときは自ら壁に寄り添ってみる。気になるときはふくらみのすこし近くに。一人になりたいときはふくらみのすこし遠くに。やわらかな壁が生む、ふたりのやわらかな距離。ふたりのやわらかな関係性。

daytime villa

［設計趣旨］
大学構内の公園に建つあずまやを考える.昼食をとったり,本を読んだりする昼の居場所である. これを〈日帰りの別荘〉と捉え、自然や他の人間と共存する，豊かな日常を送るための器となることを考えた.

Rain flows

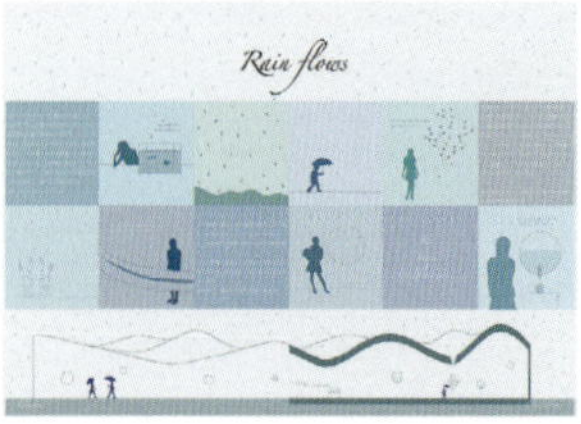

［設計趣旨］
建築の中に雨を取り込む。その形は窓の外に見える雨ではなく、形を変え建築内部に非常に直接的に介入する。その形は小さな流れであったり、花瓶の水となったり、雨という形を失う。その時雨は人々の意識の中で雨ではなく、雨が人々の生活にどのように影響していたのかを意識させるようになるのではないだろうか。雨の先に、そこには見えないものを考えさせる建築を提案する。

湯けむりを見上げると、空が美しかった

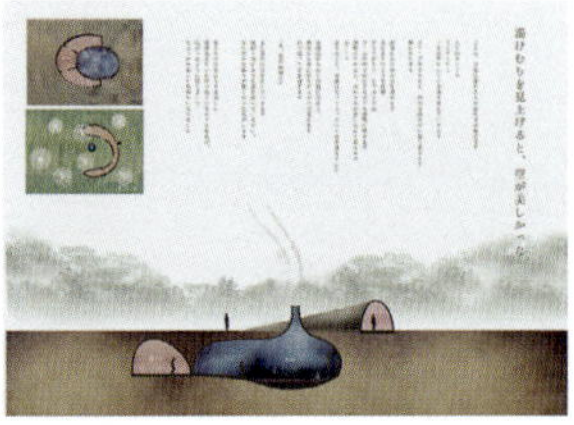

［設計趣旨］
この浴場施設に入ると普段見ているけれど見えていない世界に気付き、自分の価値観を広げることができる。
土地の傾斜に沿って一つの輪を描くヴォールト状の歩行空間と、煙突のように高く窓がのびたドーム状の風呂空間で構成されている。風呂に入って、音、光、匂いなど、普段都市の喧噪で埋もれがちな要素一つ一つに触れ、その大切さを認識すると、風呂から上がり外に出た時に空や木々など、日常に見えていた世界がいつもより美しく見える。

禅

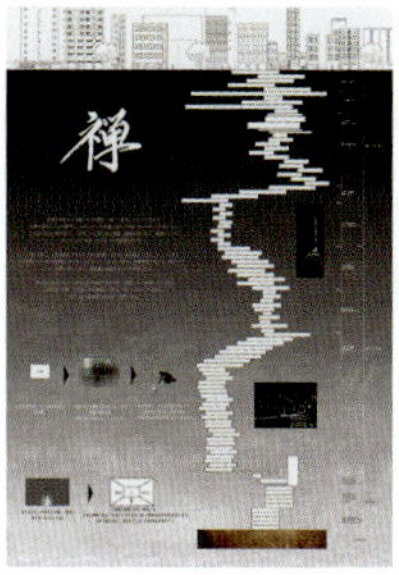

［設計趣旨］

人は生まれた瞬間から，身体より外側の空間＝「世界」からあらゆる事象＝煩悩を受取り，蓄積している．

「世界」に対し，人が本来持つ仏性＝先天的な「自己」という概念がある．「世界」から受ける煩悩により見えなくなってしまった「自己」を再発見する事＝禅により，新しい価値観を創造することができる．

見えない「自己」との対話である禅が空間として出現したとする．それは「世界」にありながら「自己」そのものである．

私とあなたと彼女とあの子と私たちの家

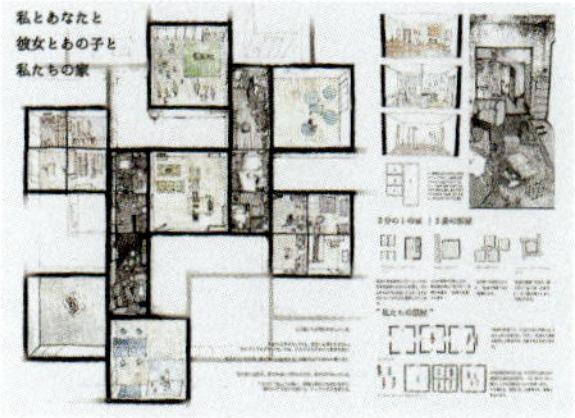

［設計趣旨］

人は誰しも多面性を持っている。

あなたに見せたい所は、彼女には見せたくない。あの子とさめざめと泣いた後、私たちはなごやかに食卓を囲む。

相手によって自然と振る舞いは変化する。距離感は伸び縮みを繰り返す。私の真の生活は、私の本当に大切なものは、私だけが知っている。

自分と“他人”の間に、明確な隔たりを持ちながら、緩やかにつながり続ける、シェアハウスを考える。

見えない家

［設計趣旨］

私たちは建築を何で判断しているのだろうか。建築のかたちだろうか。人々の営みだろうか。建築が姿を隠したとき、私たちは建築の本当の姿を見つけることができるだろうか。本作品は、建築が見えなくても建築を感じることができるかどうかに、挑んだ作品である。

SHADOW OF APRTMENT HOUSE

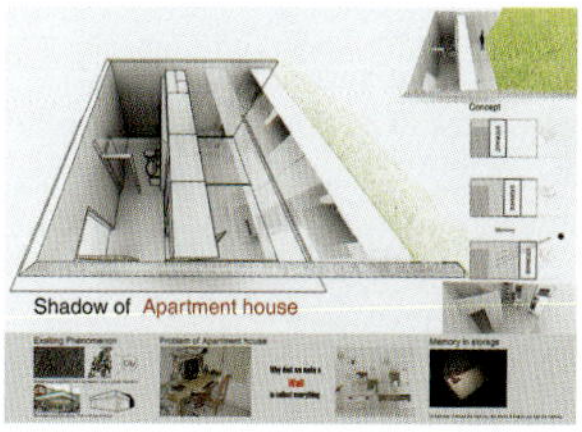

［設計趣旨］

Storing us important .In architecture world named it "storage"for a long time it is not a actor,it seems like space good or storage or to create space more nice, phantom is supplies a city needs. in the house are any kind of thing in any box shelter .....Sometime we are storing the memory things inside it like photocollective . it makes you to see the time ,the emotional events .

小さな目線美術館

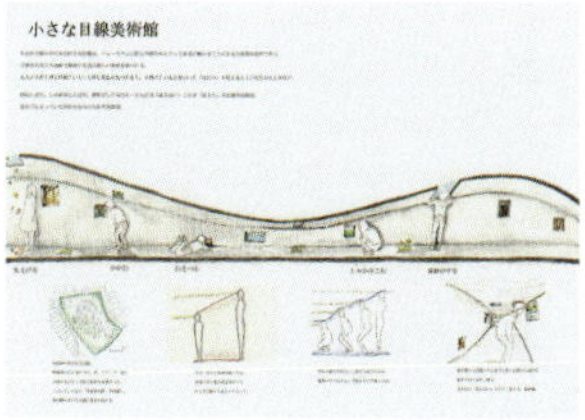

［設計趣旨］

天井を低くすることによって大人の目線を子供の目線まで下げ、壁の様々な高さにある窓で風景を切り取り、飾る。寝転んだり、しゃがみこんだり、背伸びしてみたり…大人には「見えない」ことが「見える」不思議な美術館。

JEWELLERY & ART FACTORY

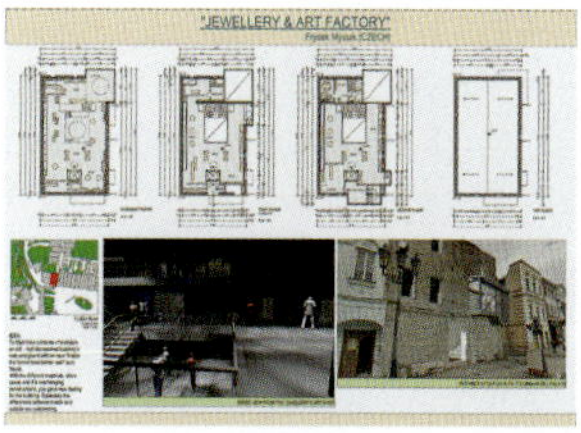

［設計趣旨］

The main Idea coinsists of maintain an old - half demolished building´s look and give it with an new "Inside the former load berrier wall" built house.
With the different materials, show cases and it´s overhanging constructions, you get a new feeling for the building. Especially the differences between inside and outside are outstanding.

日向の日だまり

［設計趣旨］

［陽光のパヴィリオン］
さんさんと降り注ぐ太陽の下でもなお光る空間
屋根を貫く無数の光ファイバーが太陽光を点光源に変換する
その光は空間の輪郭をぼんやりと可視化する
太陽の下で陽光のドームを作る

私と、貴方の、まちの境目

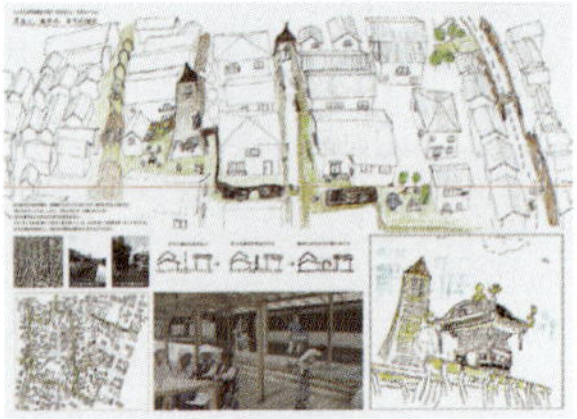

［設計趣旨］

まちの境目は確かにあるのだが中々見えてこない。近年、まちの元気がなくなっているのは、まちへの愛着や自分のまちを意識することが少なくなっているからではないだろうか。まちの境目に構築物を挿入し、境を実体化する。住民は自分のまちの範囲を、まちの境目を意識する。今まで何もなかったその場所は、新たな日常の場として、新しい風景を見せてくれるだろう。境が見えることで、住民の絆という見えないことを繋いでいくのだ。

建築中毒者の色眼鏡

［設計趣旨］

学ぶまでは考えることもなかった、些細な仕掛けに気づいた
設計者の意図を想って空間を感じた
施工者の業に心を動かされた
建物が建築に変わる
いつの間にか私たちは、建築という色眼鏡をかけていた

ヒラクヤネトジルイエツナガルマチ

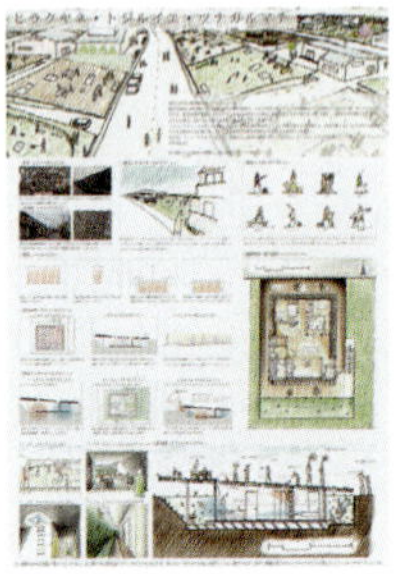

［設計趣旨］

現在の住宅は敷地境界線にとらわれている。

住宅を覆う屋根の上をパブリックスペースとして他人に提供することで“見えない壁”を消し、道路だけを公共とする狭苦しくてさみしい街を、広々とした鮮やかな街に変えていくよう提案する。街では、屋根の上に数々の趣味や考えが飛び出し、そこには、まるで商店街のような賑わいやコミュニティーが生まれる。その街にできる新たな屋根は、街の風景をまた一つ変えていく。

文化をたどる

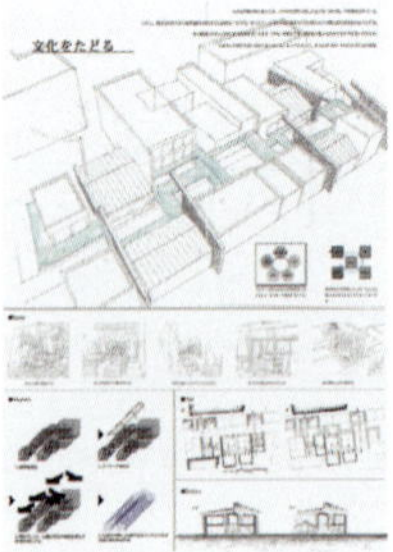

［設計趣旨］

人びとが観光地へ赴くとき、日々の生活から脱したような「非日常」の空間を求めている。しかし、観光地の多くは大規模施設の様に自己完結的な「非日常」をつくり、文化や風景から切り離された空間に観光客を集めようとする。その地域に住む人々が生活文化を継承してきた「日常」空間にこそ、観光地の魅力は存在するのではないだろうか。生産性と合理性を追い求めた末に見えなくなった、まちの息づかいを取り戻すための提案。

part≠all=architecture

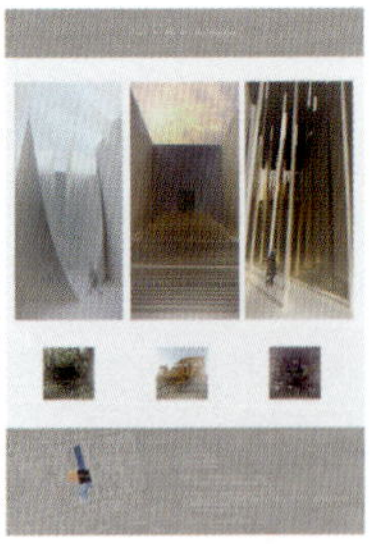

［設計趣旨］

ひとつ壁を越える。そこは現実と虚構の狭間。そして迎えるは夢の世界。現在ショッピングをする感覚に近い存在となっている映画館。しかし本来の姿は、人が目をあけて夢を見る場であると考える。敷地は埼玉県さいたま市大宮駅東口、旧ロフト跡地である。大通り商店街路地からアクセス可能な敷地の特徴を生かし、三方向から各フロアシアターへ続く映画館の提案をする。同一の建物の中で同時並行で進む、三つの世界。しかしフロア間でそれらは繋がることはない。人々は明らかに空白のある空間を馳せ、夢をみる。

ハコ×ハコ

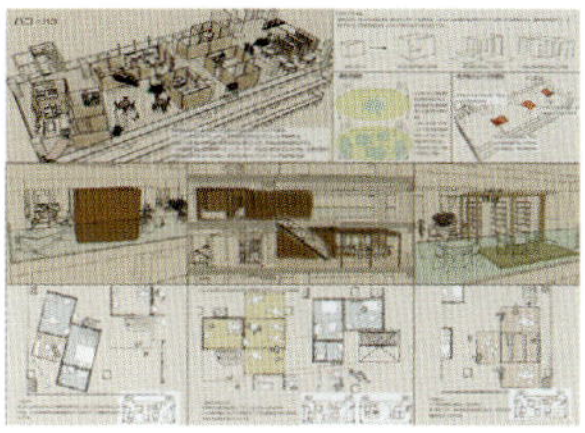

［設計趣旨］

現在増え続けている空き家。空き家の6割以上がマンションである。マンションをリノベーションし、空き家が生まれないマンションを提案する。

住民がハコを借り好きな階、好きな場所に置くことで、多様な空間が生まれてくる。ハコを展開することで商業やコミュニティスペースなども併用することができ、従来の住宅のみの閉じたマンションではなく、都市的に開いたクリエイティブな空間となる。

腰庭の家

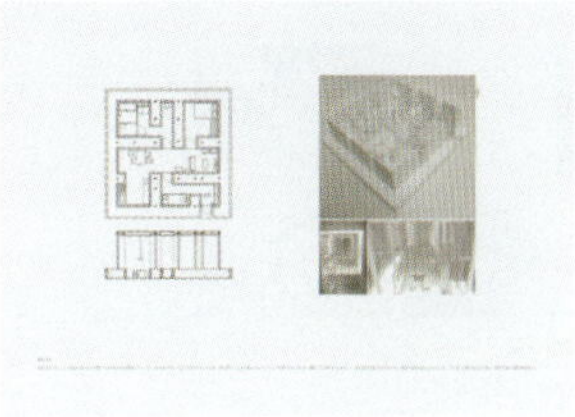

［設計趣旨］

普段見放されているような住宅に張りついた腰ほどの背の庭を外壁の周囲にめぐらせた住宅。

看板裏の楽園

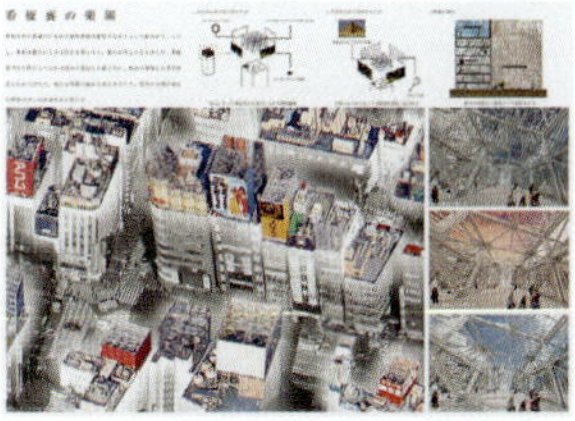

［設計趣旨］

看板は街の表層だけを見て都市環境を悪化するモノとして扱われる。しかし、看板は都市から守る大きな壁となり、都市にゆとりをもたらす。看板裏では自然がもつ大きな流れの変化しか感じない。都会の密集した空間を変えるのではなく、感じる時間の流れを変えることで、都市の人間が感じる環境は少しは改善すると考える。

色のない都市

［設計趣旨］

色は都市になくてはならない要素。それを排除することで物事の本質が見えてくるのではないか？

谷中街宿 ～街と宿坊の関係～

［設計趣旨］

東京都谷中地区。ここは70を超えるお寺が集まっている寺町である。近年街歩き観光が増えてきたこの街に宿坊をつくることで、賑わいを失っていたお寺に人々を集めかつてのようなコミュニティーを取戻し、また新たに地元民と観光客の接点の場として創造する。

あったかもしれない世界 あるかもしれない世界

［設計趣旨］

いつまでも眠らない僕らの街。

そんなに急いでどこへ行くのか。

街の明かりを通さないガラスの扉越しに見えるのは眠りについた僕らの街。

扉を開けても近づけないその世界をぼくらはいつしか求め始めるだろう。

街中にちりばめられた「今まで」と「これから」の境界が小さな気づきを生み出していく。

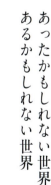

「家」という一枚絵

［設計趣旨］

ピアノ演奏者と画家
絵は湖に映り、音は家から漏れる
アーティストたちは家の中で自分の居場所を見つける。それは、制作活動をするためのテリトリーの確保でもあるが、山の四季や風の動き、湖と山の見え方など、その時、その場での自分の一番の場所を見つけるためでもある。２人は家の中で互いを意識し合い、生活し、活動する。この家には画家による作品が無数に飾られ、内と外の階段の出入りと開口部によってピアニストの演奏が外に漏れ、山の中でこだまし、湖には作品で彩られた家が映り、絵となり、２人のアーティストの生活から生まれる１つの作品となる。
２人のアーティストの生活と自然から生まれる「家」であり、「家」というアーティストの作品でもあるような建築をめざした。

空間の「黒味」

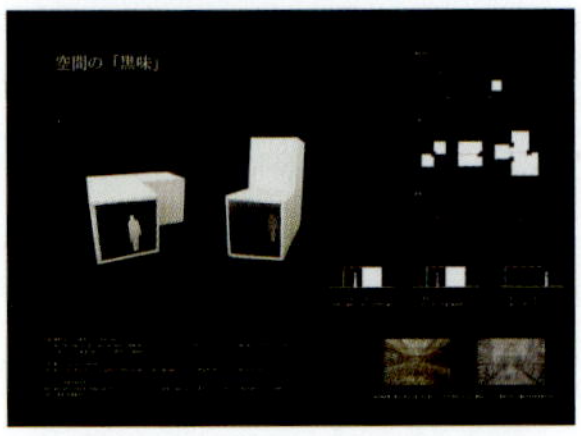

［設計趣旨］

映像の業界において、「黒味」という手法がある。

それは違う性質の映像へ切り替える際に、約３秒間だけ映像を映さないというもので、その空白を用いることによって、まったく質の違うものを受け入れるための心の切り替え、テンポの転調や次のシーンへの期待などを誘発する。

完全な黒は、100％の光を吸収する。

それに限りなく近い黒は、ほとんど光を反射せず、壁や天井の輪郭、つまり空間の輪郭を見せない。空間を黒で塗り込めると、空間に空白が生まれる。

このふたつの要素を組み合わせ、
場所と場所の間に、空間の空白を挟み込み、そこへひとが入っていき、出ていく過程で、場所の相互の文脈をゆるやかに切断し、次の物語を展開するための装置として、空間の「黒味」を提案する。

余韻と余白の鐘の家

［設計趣旨］

「間」を考えた時、「余り」という字を連想した。

「空間」＋「余り」＝「余白」､「感情」＋「余り」＝「余韻」､

「時間」＋「余り」＝「余暇」。

「余り」を加え、人々に余韻を残し、街に風土をもたらす住まいを提案をする。

鐘の響く塔のような家をつくる。鐘は時を刻み街にその音色を響かせる。塔のような造形はシンボリックであり、街の建物と建物の隙間から見え隠れする。鐘が鳴り、人は顔を上げ塔を見る。鐘の音は離れた場所にいても町中の人に塔を通じて、街を感じさせ、一瞬だけの共有する時間と空間を与える。月日が経つことでその建築が無くなり、ぽっかりと空いた空間に残響のような余韻を残す。

人々への余韻と街の記憶となる建築はいずれ街の風土となり人と街の「余韻」となる。

(Trans/Plat) form

［設計趣旨］

「見えること／見えないこと」という問いに対して、ガラスを用いた実験的都市パヴィリオンを通して、消費的な都市の中で「見えなくなってしまった日常」を「見える」ようにする計画を考える。

都市の中で捨象されている消費的な空間として、鉄道空間、車内空間がある。

鉄道は巨視的には都市の骨格を成す大きな軸を形成しているが､そこで行われているアクティビティは閉鎖的であり、目的地に向かう経路でしかない。この知覚されることのない消費的な日常空間にガラスファイバーによる光の回廊空間を挿入する。ガラスファイバーによって、日常時には気付くことの無かった､光の動き、揺らぎ､景色の変化､色彩､テクスチャの変化を感得する非日常空間へと転換し、非日常を通して日常を再認識する。

結びの象徴

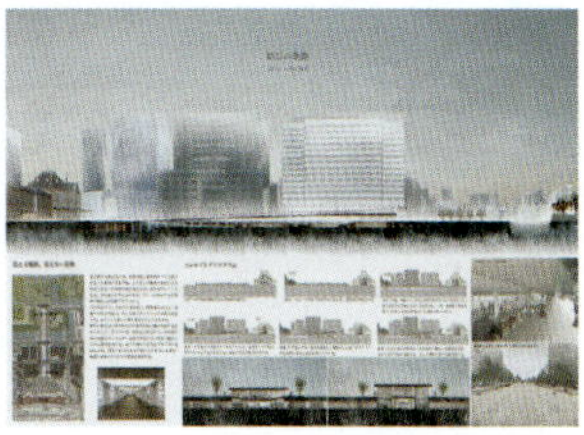

［設計趣旨］

東京都千代田区丸の内、皇居外苑と東京駅という代表する２つの象徴が存在する。この２つの象徴に挟まれた行幸通りは２つの象徴を結ぶ軸であり、またはヴォイドである。行幸通りの下には行幸ギャラリーが存在するが都市の賑わいを発揮できていない。

丸の内はオフィス街として発展し、再開発などにより高層ビルが立ち並ぶ。そして地下ネットワークが張り巡らされ、地下という新しい都市領域が広がりを見せる。

新しい都市化に押され２つの象徴を結ぶ軸の役割が見えなくなってしまっている。都市化に押されている領域の軸の地盤をめくり上げ、地盤が象徴となり皇居に向かっての上昇感を与える。地下に賑わいとなるプログラムを埋め込み、同時に地下と地上の繋がりが生まれ東京駅地盤皇居という３つの象徴が結ばれる。

Dancing Shadow in the Light, Naturality in the Standing Artificiality

［設計趣旨］

Every site has it's unique context and aboriginal species. Every time when a new building comes in, it always disturb those aboriginal.

In order to improve the situation, this project make the in-between space as the buffer zone to ease the disturb. And this project create the in-between space by different layers of filters.

The filters constructed by biodegradable wood and steel, and the filters' gap size could be control for different purpose. The filter walls change the relationship between natural and artificial, and the gap re-define the distance's relationship between aborigine and alien.

Furthermore, when the structure weather, every thing will come back to the natural.

Levitate

［設計趣旨］

In our world, we often found ourselves working non-stop for several hours. We sometimes need some time to stop and think, to relax, to meditate, to feel comfort… But we don't have the luxury to leave the office.

The concept of this project is to create a personal oasis inside the workplace. A double layered sphere, isolated from the busy outside environment, that provides an invisible comfort to the user. How? Stimulating the senses of touch, hearing and smell to recreate different scenarios inside the capsule.

Inside, a small device measures the level of relaxation of the user. Reached a point, a electromagnetic mechanism under the sphere makes the receptacle slowly levitate.

The comfort of the invisible inside, becomes visual art outside.

The concept of this project is to create a personal oasis inside the workplace. A double layered sphere, isolated from the busy outside environment, that provides an invisible comfort to the user. How? Stimulating the senses of touch, hearing and smell to recreate different scenarios inside the capsule.

Inside, a small device measures the level of relaxation of the user. Reached a point, a electromagnetic mechanism under the sphere makes the receptacle slowly levitate. The comfort of the invisible inside, becomes visual art outside.

試験内容の見直しや新傾向問題の増加等、常に試験は進化しています。
総合資格学院の合格実績は、常に「今」の試験の結果。
この実績こそ、「今」の試験に総合資格学院が、完全対応していることの証明です。

平成25年度 2級建築士設計製図試験

2級建築士を1年で取得するなら総合資格学院

当学院教室開講都道府県ストレート合格者の
およそ2人に1人は当学院現役受講生!

当学院教室開講都道府県
学科・製図ストレート合格者占有率
合格者数 2,999名中
当学院合格者数 1,363名
＜平成25年12月5日現在＞

45.4%

平成25年度 宅建試験

平成25年度も当学院の講習システムの
良さが証明されました!!

8割出席・8割宿題提出・
公開統一模試得点率8割以上
現役受講生 252名中／合格者 209名
＜平成25年12月4日現在＞

82.9%

平成26年度 1級建築施工管理技術検定 学科試験

当学院基準達成
現役受講生 合格率

8割出席・8割宿題提出
現役受講生 286名中／合格者 252名
＜平成26年7月25日現在＞

88.1%

《 開講講座 》

1級建築士／2級建築士／1級建築施工管理技士／2級建築施工管理技士／1級土木施工管理技士／2級土木施工管理技士
宅地建物取引主任者／インテリアコーディネーター／構造設計1級建築士

《 法定講習 》

一級・二級建築士定期講習／管理建築士講習／第一種電気工事士定期講習／監理技術者講習／宅建登録講習／宅建登録実務講習

法人サポートサービス

それぞれの企業のニーズに合わせて、各種サービスを実施しています。詳しくは下記までお気軽にお問合せ願います。

各種合格ガイダンス
1級・2級建築士、宅建など、各種資格試験の概要や、最新傾向、学習方法などをご説明します。

模擬試験・社内講習会
当学院が作成した模擬試験により、社員の学習レベルを診断。さらに社内講習会により、試験対策指導を行います。

新卒採用支援
当学院が発行する建設業界向けの採用情報誌により、企業と学生との橋渡し役を担います。

Web学習サービス
インターネットを利用した当学院のWeb学習サービスで、多忙な中での効率的な学習環境をご提供します。

有資格者育成オリジナル
それぞれの企業のニーズに合わせた、社員教育のプランをご提案させていただきます。

願書取り寄せサービス
面倒な受験願書の取り寄せを当学院が代行します。部署ごとなどのお取りまとめも承ります。

総合資格学院

お問合せやご相談、講座に関する資料請求は右記までお電話いただくか、当学院ホームページでも受け付けています。

東京都新宿区西新宿1-26-2 新宿野村ビル22F
TEL. 03-3340-2810 URL. http://www.shikaku.co.jp

総合資格 検索

重要なのは「今」の試験の合格実績

平成25年度も合格者数No.1

平成25年度 1級建築士設計製図試験

37都道府県での開講にもかかわらず

**全国の
合格者のおよそ6割が
当学院現役受講生！**

<平成25年12月19日 現在>

1級建築士を1年で取得するなら総合資格学院

全国合格者占有率

55.8%

全国合格者合計4,014名中、当学院現役受講生2,238名

全国ストレート合格者占有率

63.4%

全国ストレート合格者1,714名中、当学院現役受講生1,086名

平成25年度1級建築士卒業学校別実績

**下記学校卒業生合格者の
6割以上が総合資格学院の現役受講生！**

合格者2,143名中 総合資格学院現役受講生1,347名

下記学校卒業生合格者
総合資格学院 現役利用率

62.9%

［平成25年度 1級建築士設計製図試験 卒業生合格者20名以上の全学校一覧］

日本大学	卒業合格者 212	総合資格学院 利用者数 128	九州大学	卒業合格者 40	総合資格学院 利用者数 24	東北大学	卒業合格者 29	総合資格学院 利用者数 16
東京理科大学	卒業合格者 130	総合資格学院 利用者数 91	京都大学	卒業合格者 39	総合資格学院 利用者数 22	大阪大学	卒業合格者 29	総合資格学院 利用者数 18
工学院大学	卒業合格者 102	総合資格学院 利用者数 58	東京大学	卒業合格者 38	総合資格学院 利用者数 18	首都大学東京	卒業合格者 28	総合資格学院 利用者数 15
芝浦工業大学	卒業合格者 96	総合資格学院 利用者数 67	東京電機大学	卒業合格者 37	総合資格学院 利用者数 27	大阪市立大学	卒業合格者 27	総合資格学院 利用者数 18
近畿大学	卒業合格者 90	総合資格学院 利用者数 47	東京工業大学	卒業合格者 36	総合資格学院 利用者数 23	新潟大学	卒業合格者 27	総合資格学院 利用者数 14
早稲田大学	卒業合格者 62	総合資格学院 利用者数 41	神奈川大学	卒業合格者 36	総合資格学院 利用者数 24	立命館大学	卒業合格者 27	総合資格学院 利用者数 19
東海大学	卒業合格者 60	総合資格学院 利用者数 33	東京都市大学	卒業合格者 36	総合資格学院 利用者数 23	日本工業大学	卒業合格者 26	総合資格学院 利用者数 16
明治大学	卒業合格者 57	総合資格学院 利用者数 41	金沢工業大学	卒業合格者 35	総合資格学院 利用者数 19	鹿児島大学	卒業合格者 25	総合資格学院 利用者数 15
法政大学	卒業合格者 55	総合資格学院 利用者数 34	横浜国立大学	卒業合格者 35	総合資格学院 利用者数 20	関東学院大学	卒業合格者 24	総合資格学院 利用者数 14
中央工学校	卒業合格者 53	総合資格学院 利用者数 29	名古屋工業大学	卒業合格者 33	総合資格学院 利用者数 24	名古屋大学	卒業合格者 23	総合資格学院 利用者数 13
京都工芸繊維大学	卒業合格者 49	総合資格学院 利用者数 35	千葉工業大学	卒業合格者 33	総合資格学院 利用者数 24	宇都宮大学	卒業合格者 23	総合資格学院 利用者数 17
大阪工業大学	卒業合格者 48	総合資格学院 利用者数 23	熊本大学	卒業合格者 33	総合資格学院 利用者数 20	前橋工科大学	卒業合格者 23	総合資格学院 利用者数 16
神戸大学	卒業合格者 47	総合資格学院 利用者数 32	広島工業大学	卒業合格者 33	総合資格学院 利用者数 27	日本女子大学	卒業合格者 21	総合資格学院 利用者数 15
千葉大学	卒業合格者 45	総合資格学院 利用者数 24	名城大学	卒業合格者 32	総合資格学院 利用者数 22	豊橋技術科学大学	卒業合格者 21	総合資格学院 利用者数 16
関西大学	卒業合格者 45	総合資格学院 利用者数 31	東洋大学	卒業合格者 30	総合資格学院 利用者数 24	福井大学	卒業合格者 20	総合資格学院 利用者数 8
広島大学	卒業合格者 44	総合資格学院 利用者数 27	愛知工業大学	卒業合格者 29	総合資格学院 利用者数 22	室蘭工業大学	卒業合格者 20	総合資格学院 利用者数 13

※卒業学校別合格者数は、試験元である(公財)建築技術教育普及センターの発表によるものです。※総合資格学院の合格実績には、模擬試験のみの受験生、教材購入者、無料の役務提供者、過去受講生は一切含まれておりません。

わたしの心を満たす、
アイデアに溢れる家。

この家は、使い方によって何通りもの顔を見せる家。
過ごし方が何通りもあるから、“いつものわたし”
じゃなくて、“いつも違うわたし”になれる。
見た目も美しく、機能面にも優れた快適な暮らし。
どちらも譲れなかったわたしの、こだわりの家。

トヨタホーム 検索

(人生をごいっしょに。 Sincerely for You) トヨタホーム

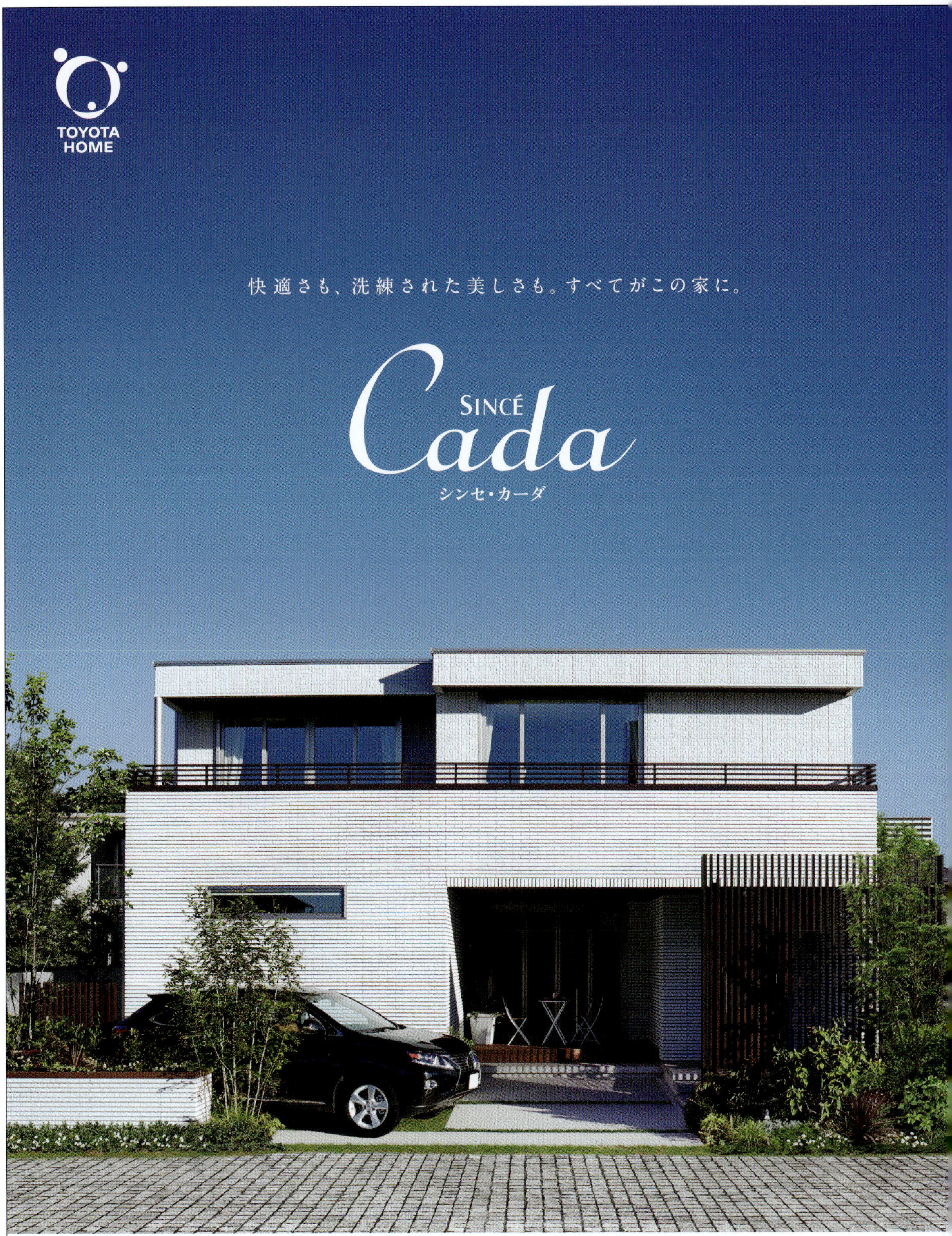

お問い合わせはこちらへ。フリーコール 0800-500-2448 無料 9:00～17:30（年中無休）　www.toyotahome.co.jp

2011

3.11後、揺れ動く価値観を象徴するテーマ。
つくり手のみならず審査員の価値観も浮き彫りになる
アイデアコンペがはじまった。

キルコス国際建築設計コンペティション2011（2012年12月発行、総合資格、1,800円＋税）

キルコス国際建築設計コンペティション2011 〈テーマ〉変わること／変わらないこと

審査員 家成俊勝+赤代武志／五十嵐淳／五十嵐太郎／大西麻貴／勝矢武之／北川啓介／倉方俊輔／近藤哲雄／鈴野浩一+禿真哉／谷尻誠／中村竜治／永山祐子／西田司／平田晃久／藤村龍至／増田信吾+大坪克亘／満田衛資／山崎亮／吉村靖孝／米澤隆

DATA 応募代表者の所属:1位 京都工芸繊維大学（43人）／2位 芝浦工業大学、名古屋工業大学（27人）
応募代表者の年齢:1位 23歳（94人）／2位 24歳（88人）／3位 22歳（58人）
応募代表者の都道府県別応募数:1位 東京都（95人）／2位 京都府（44人）／3位 愛知県（36組）
海外からの応募:ドイツ、スペイン（1人） 主なキーワード:人、空間、変化、家、建築、中、場所、自然、時、提案

2012

建築をつくる上では、避けて通れないテーマ。
応募者、審査員両面からの、
多様な表現や解釈が俯瞰できる。

キルコス国際建築設計コンペティション 2012（2014 年 3月発行、総合資格、1,800円＋税）

キルコス国際建築設計コンペティション2012 〈テーマ〉大きいこと／小さいこと

審査員 五十嵐淳／五十嵐太郎／井手健一郎／入江徹／遠藤秀平／大西麻貴／加藤比呂史＋Victoria Diemer／門脇耕三／北川啓介／栗原健太郎＋岩月美穂／倉方俊輔／光嶋裕介／近藤哲雄／坂下加代子／佐藤淳／永山祐子／藤村龍至／古谷誠章／南泰裕

DATA 応募代表者の所属：1位 九州大学（22人）／2位 京都工芸繊維大学、名古屋工業大学（18人）
応募代表者の年齢：1位 23歳（86人）／2位 22歳（82人）／3位 24歳（34人）
応募代表者の都道府県別応募数：1位 東京都（38人）／2位 愛知県（31人）／3位 福岡県（27人）
海外からの応募：ポルトガル（12人）、フランス、イギリス、イラン、デンマーク、アメリカ（1人）
主なキーワード：小さな、大きな、空間、生活、中、私、場、提案、都市、変化同じ建築を前にしても、光のあて方が変わることでその様相は変わりますし、視点の位置や向きが変わるだけでもその印象は大きく変わります。「見えること／見えないこと」をテーマに国内外から応募していただいた作品は、一見して伝わるわかりやすい事象よりも、より永続的に建築や空間としての価値を高めていく事象に着目した提案に満ちあふれていました。キルコス国際建築設計コンペティションも第3回目を終え、第1回目の「変わること／変わらないこと」、第2回目の「大きいこと／小さいこと」、今回の「見えること／見えないこと」と、人類古来からの自然の摂理であるプリミティブな事象に対して、多視点で建築の可能性を切り開く精力的な作品、そして、それらへの20組の審査員からの講評がそれぞれ相まって、互いに「見る／見られる」の関係が深みを帯びてきたと共に、次回以降も皆さんの想いを応募者と審査員と読者の全員で共有していけるよう、少なくとも十年は継続的に開催してまいりたいと、改めて企画時からの想いを確認した次第です。

まず、第三回目となるキルコス国際建築設計コンペティション２０１３の開催に際しまして、トヨタホーム株式会社、株式会社総合資格、中日新聞社をはじめとするご協賛・ご後援・ご協力いただきました各企業の皆様には、企画から運営に際しまして多大なるお力添えを賜りましたこと、厚く御礼申し上げます。

また、本著の刊行に際しまして、ご協賛に加えて企画と編集を一緒に進めていただきました株式会社総合資格学院の岸隆司社長、中部本部の竹谷繁名古屋支店長、出版局の片岡繁氏、新垣宜樹氏、また、大好評だった前回までの作品集に続いてアートディレクションにて労を厭わないご協力をいただきました伊藤尚彦氏、応募者と審査員のひと言ひと言を丁寧に精査してくださった平塚桂氏、たかぎみ江氏、執筆協力いただいた山崎泰寛氏、浅野翔氏、その他、ご協力を賜りました多くの関係各氏へ、重ねて御礼申し上げます。

最後になりますが、国内外から集まった一つひとつの応募作品を、限られたスケジュールの中で、一人ひとりで視点を定めながら評価を行い詳しく講評してくださった20組の審査員各位へ、深く感謝申し上げます。また、今回も国内外から応募してくださった多くの未来の建築家各位へ、繰り返し御礼申し上げます。

２０１４年12月25日　北川啓介

キルコス国際建築設計コンペティション2013

2015年1月20日 初版発行

監修 北川啓介

企画・編集 キルコス国際建築設計コンペティション実行委員会 http://www.circos.jp/
株式会社 総合資格 出版局 http://www.shikaku.co.jp/

アートディレクション 伊藤尚彦 http://www.itonaohiko.com/

本文構成 ぽむ企画 平塚桂/たかぎみ江 http://pomu.tv/

執筆協力 山崎泰寛/浅野翔

協力 小川砂織/伊東伴恵/坂口大史/増田憲司/浅倉和真/上間鉄平/坂井文也
桂川大/倉田駿/加藤正都/榊原崇文/田原聖/中澤真平/三浦大宗
高岸杏奈/山田愛/宮本祐里/彦坂奈那/國分由梨香

発行人 岸隆司

発行元 株式会社 総合資格
〒163-0557 東京都新宿区西新宿1-26-2 新宿野村ビル22F
TEL 03-3340-6714(出版局)
URL:総合資格学院 http://www.shikaku.co.jp/
総合資格学院出版サイト http://www.shikaku-books.jp

印刷・製本 シナノ書籍印刷

ISBN 978-4-86417-146-5

©キルコス国際建築設計コンペティション実行委員会
落丁本・乱丁本はお取替えいたします。
本書の無断転写、転載は著作権法上での例外を除き、禁じられています。

See you next year.